de Gruyter Studienbuch

W0171213

Grundlagen der Kommunikation

Herausgegeben von
Roland Posner

Franz von Kutschera

Einführung in die intensionale Semantik

Walter de Gruyter · Berlin · New York
1976

CIP-Kurztitelaufnahme der Deutschen Bibliothek

Kutschera, Franz von

Einführung in die intensionale Semantik. — Berlin, New York: de Gruyter, 1976.

(De-Gruyter-Studienbuch: Grundlagen der Kommunikation)
ISBN 3-11-006684-X

Druck: Saladruck, Berlin, Bindearbeiten: Wübben & Co., Berlin

Inhalt

Einleitung

Bevor man sich auf das Studium eines dicken und formelreichen Buches einläßt, möchte man natürlich erfahren, was darin behandelt wird und wozu es nützlich sein könnte. Diesem Anliegen Rechnung zu tragen, ist die Aufgabe einer Einleitung.

Womit also befaßt sich die intensionale Semantik? Sie ist ein relativ neuer Zweig der logischen Semantik. Diese studiert am Modell von Kunstsprachen, d.h. von Sprachen aus der Retorte von Logikern, die Zuordnung von Bedeutungen zu sprachlichen Ausdrücken, speziell die Regeln, nach denen sich die Bedeutungen zusammengesetzter Ausdrücke aus den Bedeutungen ihrer Komponenten ergeben. Da sich in jeder Sprache prinzipiell unendlich viele Sätze bilden lassen, kann man eine Sprache nicht so interpretieren, daß man jedem Satz für sich eine Bedeutung zuordnet, sondern man gibt die Bedeutungen der einfachen Wörter aus dem Grundvokabular an – wie in einem Wörterbuch – und gibt zu jeder syntaktischen Regel, die es erlaubt, aus gewissen syntaktisch wohlgeformten Ausdrücken einen neuen wohlgeformten Ausdruck zu erzeugen, eine sematische Regel an, die sagt, wie sich die Bedeutung des neuen Ausdrucks aus den Bedeutungen seiner Teile ergibt.

Die Logik war seit ihrer Neubegründung durch G. Boole, A. de Morgan und vor allem durch G. Frege um die Mitte des 19. Jahrhunderts bis etwa 1960 eine *extensionale Logik.* Das heißt, sie interpretierte ihre Kunstsprachen nur so, daß sie den wohlgeformten Ausdrücken Extensionen zuordnete. Was sind Extensionen? Die *Extension,* der *Bezug* (engl. *reference*) oder das *Designat* eines Eigennamens ist der Gegenstand, den er bezeichnet; die Extension eines Satzes ist sein Wahrheitswert („wahr" oder „falsch") und die Extension eines Prädikats ist sein Umfang, d.h. die Menge der Gegenstände, auf die es zutrifft. Extensionen sind also nur ein dürftiger Ersatz für Bedeutungen. In manchen Sprachen, speziell in der Sprache der Mathematik oder Physik, spielen aber nur Extensionen eine Rolle, so daß man in ihnen mit einer extensionalen Semantik auskommt. Für extensionale Interpretationen von Kunstsprachen also wurden die ersten und lange Zeit die einzigen exakten semantischen Regelsysteme entwickelt.

Es gibt nun aber viele Kontexte, die man mit einer extensionalen Semantik nicht interpretieren kann. Wenn die Extension eines Satzes, der aus den Ausdrücken $A_1, \ldots, A_n$ gebildet ist, nicht nur von den Extensionen der $A_1, \ldots, A_n$ abhängt, so kann man in einer extensionalen Semantik keine Wahrheitsbedingungen für ihn angeben. Solche nicht-extensionalen Sätze sind z.B. „Es ist notwendig (möglich, wahrscheinlich, erfreulich, überraschend), daß . . .", „Fritz sagt (glaubt, weiß, vermutet, hofft), daß . . ." oder „. . . ist eine Sportart (angenehme Beschäftigung, verbrecherische Handlungsweise)". Denn der Satz „Es ist notwendig, daß 2 + 2 = 4 ist" ist wahr, „Es ist notwendig, daß München 1970 1.326 Millionen Einwohner hatte" aber falsch, obwohl die Sätze „2 + 2 = 4" und „München hatte 1970 1.326 Millionen Einwohner" denselben Wahrheitswert, d.h. dieselbe Extension haben. Und trotz dieser Extensionsgleichheit können auch die Sätze „Fritz sagt, daß 2 + 2 = 4 ist" und „Fritz sagt, daß München 1970 1.326 Millionen Einwohner hatte" verschiedene Wahrheitswerte haben. Nehmen wir an, daß genau diejenigen Leute, die Polo spielen, Polopferde besitzen, so daß die Prädikate „Polospielen" und „Polopferde besitzen" extensionsgleich sind, so ist deswegen mit dem Satz „Polospielen ist eine Sportart" nicht auch der Satz wahr „Polopferde besitzen ist eine Sportart".

Solche Kontexte machen deutlich, daß für die semantische Deutung vieler Ausdrücke der Bedeutungsbegriff wesentlich enger zu fassen ist als in der extensionalen Semantik. Extensionsgleiche Ausdrükke können sehr verschiedene Bedeutungen haben. Das gilt nicht nur für Sätze und Prädikate, sondern auch für Eigennamen, wie z.B. die beiden Paare zeigen: „Morgenstern" – „Abendstern", „Schnittpunkt der Winkelhalbierenden eines Dreiecks" – „Schnittpunkt der Seitenhalbierenden eines Dreiecks".

Die Unterscheidung von *Bedeutung* und *Bezug*, von *Konnotation* und *Designation* (engl. *meaning* und *reference*) geht schon auf die Stoiker zurück. Sie wurde in die Semantik der modernen Logik von Frege in (92) eingeführt [1].

Man wird sagen, daß zwei Ausdrücke nur dann dieselbe Bedeutung haben, wenn sie sich in allen Satzkontexten *salva veritate* ersetzen lassen, d.h. ohne daß sich dadurch der Wahrheitswert dieser Kontexte ändert.

Den ersten Schritt zur Entwicklung einer intensionalen Semantik machte Carnap in dem Buch „Meaning and Necessity" von 1947, in-

---

[1] Vgl. dazu auch die Darstellung in Kutschera (71), 2.1.2 und 2.1.4. – Die Zahlen in Klammern hinter Autorennamen bezeichnen die im Literaturverzeichnis aufgeführte Arbeit des Autors nach dem Jahr ihres Erscheinens.

dem er einen Weg aufzeigte, wie sich der Bedeutungsbegriff präzisieren läßt. Bis dahin war es weitgehend unklar, was denn Bedeutungen eigentlich sind und wann zwei Ausdrücke dieselbe Bedeutung haben. Man bezeichnet üblicherweise *Begriffe* als Bedeutungen von Prädikaten und *Propositionen* oder *Sachverhalte* als Bedeutungen von Sätzen. Aber was sind Begriffe und Propositionen? Wann sind zwei Begriffe oder zwei Propositionen identisch, und wann sind sie verschieden? Solange man diese Fragen nicht beantworten kann, läßt sich mit solchen Redeweisen keine präzise Semantik aufbauen. Carnap bestimmte nun in (47) zunächst den Begriff der *Intension* als eine gute erste Näherung für den der Bedeutung in einer logisch präzisen Weise. Sein Grundgedanke war der, daß die Intension eines Ausdrucks bestimmt wird durch seine Extensionen unter allen möglichen Umständen, oder wie man auch sagt: in allen möglichen *Welten*. Wir kennen also z.B. die Intension eines Satzes, wenn wir nicht nur seinen tatsächlichen Wahrheitswert kennen, sondern seine Wahrheitsbedingungen; wenn wir wissen, unter welchen Umständen er wahr und unter welchen er falsch ist. Man kann dann die Intension eines Satzes als jene Funktion bestimmen, die für jede mögliche Welt seinen Wahrheitswert in dieser Welt angibt. Und diese Idee läßt sich so verallgemeinern, daß man die Intensionen aller Ausdrükke als Funktionen definiert, die ihnen in jeder Welt eine Extension zuordnen.

Nach dieser Bestimmung sind zwei Ausdrücke intensionsgleich, deren Extensionsgleichheit sich logisch beweisen läßt. Daher ist der Intensionsbegriff weiter als der Bedeutungsbegriff. So kann man z.B. in dem Satz „Fritz sagte, daß 2 + 2 = 4 ist" den Teilsatz „2 + 2 = 4" nicht allgemein durch den logisch äquivalenten Satz „$\frac{d \cos x}{dx} = -\sin x$" ersetzen, ohne seinen Wahrheitswert zu ändern. Aber mit einer intensionalen Semantik läßt sich doch bereits die Masse der natursprachlichen Sätze befriedigend analysieren, und zudem kann man, wiederum nach einem Vorschlag Carnaps, einen für alle Zwecke ausreichend scharfen Bedeutungsbegriff mithilfe des Intensionsbegriffs definieren. Darauf gehen wir im Abschnitt 7.4 ein. Man kann also sagen, daß die intensionale Semantik eine ausreichende Basis zur logischen Analyse aller natursprachlichen Kontexte darstellt.

Carnap hatte in (47) den Weg gezeigt, die Entwicklung der intensionalen Semantik und Logik begann jedoch im engeren Sinn erst um 1960 mit Arbeiten von S. Kripke, J. Hintikka, S. Kanger und anderen zur Modallogik [2]. Danach setzte eine stürmische Entwicklung ein, die bis heute anhält.

Dabei ergaben sich vor allem zwei Anwendungsgebiete der intensionalen Semantik – und damit kommen wir auf die Frage nach ihrer Nützlichkeit:

1. Die sogenannte „Philosophische Logik", d.h. die Logik einzelner Ausdrücke, die in philosophischen Disziplinen die Rolle von *termini technici* spielen und in dieser Rolle einer Präzisierung gegenüber ihrem alltäglichen Gebrauch bedürfen. Mithilfe der intensionalen Semantik wurde die Modallogik auf eine neue Basis gestellt, es wurden Systeme der normativen, der epistemischen Logik, der Zeitlogik, der Konditionallogik entwickelt, um nur einige Beispiele zu nennen. All diese Logiken bedürfen einer semantischen Fundierung, d.h. es genügt nicht, eine Reihe von Axiomen anzugeben, sondern die Grundterme müssen so interpretiert werden, daß man die Axiomensysteme auch als adäquat, d.h. als im Sinne der Interpretation widerspruchsfrei und vollständig erweisen kann.
2. Die logische Analyse natürlicher Sprachen. Die wichtigsten Voraussetzungen dafür hat R. Montague geschaffen, insbesondere in seiner „Universal Grammar" von 1970. Heute stehen Logiksprachen zur Verfügung, mit denen man, mit guter Aussicht auf Erfolg, die Aufgabe einer logischen Analyse natürlicher Sprachen in voller Allgemeinheit angehen kann.

Beschleunigt wurde die Entwicklung der intensionalen Semantik durch das starke Interesse der Linguistik an logischen Beschreibungsformalismen. So hat sich eine enge Zusammenarbeit von Logikern und Sprachwissenschaftlern ergeben, in der diesen von der Logik Hilfsmittel zum Aufbau präziser syntaktischer und semantischer Grammatikmodelle zur Verfügung gestellt werden, während die Logiker durch die Fülle sprachlicher Phänomene, auf die sie die Sprachwissenschaft hinweist, immer neue Anregungen zur Erweiterung ihrer Formalismen erhalten.

In einer Zeit so lebendiger Entwicklung, wo vieles noch im Fluß ist und ständig neue Resultate vorgelegt werden, kann eine Einführung in die intensionale Semantik weder Vollständigkeit anstreben, noch die jeweils neuesten Resultate berücksichtigen. Das Hauptziel dieses Buches ist es, dem Leser gewisse Grundkenntnisse der intensionalen Semantik zu vermitteln und ihn mit ihren Begriffen und Methoden so vertraut zu machen, daß er die Spezialliteratur auf diesem Gebiet studieren kann.

---

[2] Vgl. z.B. Kripke (59), (63a), (63b), Hintikka (61), (63) und Kanger (57).

Das Buch ist so angelegt, daß es die Kenntnis der elementaren Prädikatenlogik und damit eine gewisse Vertrautheit im Umgang mit logischen Formeln voraussetzt. Das 1. Kapitel enthält zwar einen Abriß der Prädikatenlogik, der jedoch als Einführung in diese Materie nicht geeignet ist, sondern nur den Ausgangspunkt der folgenden Erörterungen fixieren und die Bezugnahme auf prädikatenlogische Begriffe und Prinzipien in den folgenden Kapiteln erleichtern soll.

In den Kapiteln 2 bis 5 wird die intensionale Semantik prädikatenlogischer Sprachen behandelt. Dabei werden die Begriffsbildungen an Beispielen der Interpretation bestimmter Ausdrücke eingeführt. Diese Kapitel gehören also zum Thema „Philosophische Logik". Das 2. Kapitel behandelt die Modallogik, für die zuerst eine intensionale Semantik entwickelt worden ist und deren Interpretationsbegriff besonders einfach ist. Das 3. Kapitel bringt eine Verallgemeinerung dieses Interpretationsbegriffs als Deutung von Aussagen über bedingte Notwendigkeiten, als die sich Konditionalsätze auffassen lassen.
In den Kapiteln 4 und 5 wird gezeigt, daß die formale Struktur dieser modallogischen Interpretationsbegriffe sich auch bei der Deutung von Glaubens- und Normsätzen ergibt, d.h. in der epistemischen und in der normativen Logik, so daß sich die semantischen Begriffsbildungen der Modallogik auf diese Gebiete übertragen lassen.
Die Kapitel 2 bis 5 enthalten aber nicht nur semantische, sondern auch deduktionslogische Erörterungen, d.h. es werden auch Kalküle der Modallogik angegeben. Das lag nahe, weil die Anwendung der intensionalen Semantik für den Nachweis der Adäquatheit von Logiksystemen eine ihrer wichtigsten Aufgaben ist. Insofern enthalten diese Kapitel auch kurz gefaßte Darstellungen der Modallogik, der Konditionallogik, sowie der epistemischen und normativen Logik.

Mit dem Aufbau einer typenlogischen Sprache im Sinne von Montague (70) führt dann das 6. Kapitel eine intensionale Semantik ein, die als allgemeine Grundlage für die logische Analyse natürlicher Sprachen angesehen werden kann. Diese Sprache bereitet wegen ihrer Komplexität wesentlich größere Verständnisschwierigkeiten als die der elementaren Prädikatenlogik. Nach den Vorbereitungen der ersten Kapitel sollte jedoch ein erheblicher Teil dieser Schwierigkeiten bereits überwunden sein. Zudem wird der Darstellung der intensionalen Semantik dieser Sprache eine Exposition ihrer extensionalen Interpretation vorausgeschickt, die das Verständnis ihrer Formeln erleichtert.

Mit dem 6. Kapitel wird zugleich der Übergang vom Thema „Philosophische Logik" zum Thema „Logische Analyse natürlicher Sprachen" vollzogen, d.h. es geht nun nicht mehr um die semantische

Fundierung von Logiksystemen, sondern nur mehr darum, einen logisch-semantischen Rahmen zu entwickeln, in dem sich die semantischen Phänomene natürlicher Sprachen analysieren lassen. In diesem Sinne werden im 7. Kapitel Erweiterungen des Interpretationsbegriffs diskutiert, die den Anwendungsbereich der intensionalen Semantik für solche Analysen verbreitern.

Das abschließende 8. Kapitel weist auf Probleme und Grenzen der intensionalen Semantik in der Analyse von Natursprachen hin und erörtert ihren Stellenwert im Rahmen der allgemeinen Bedeutungstheorie, die D. Lewis in seinem Buch „Convention" von 1969 entwickelt hat.

Wer nicht an den deduktiven Systemen der philosophischen Logik interessiert ist, kann die Abschnitte 1.3, 1.4, 2.5, 2.6, 3.3, 3.5 bei der Lektüre überschlagen. Technisch etwas schwieriger sind die Abschnitte 1.4, 2.6, 3.4, 3.5, die ebenfalls ohne Gefahr für das Verständnis des folgenden unbeachtet bleiben können.

1 Die Sprache der elementaren Prädikatenlogik

Die modallogischen Sprachen und Systeme, die wir im folgenden behandeln, bauen auf der elementaren Prädikatenlogik auf. Obwohl wir diese Prädikatenlogik hier als bekannt voraussetzen, soll sie doch zunächst in ihrem Grundriß beschrieben werden, um die spätere Bezugnahme darauf zu erleichtern.

Die Darstellung schließt sich eng an die „Einführung in die moderne Logik" (im folgenden kurz „EL") von Kutschera und Breitkopf an. Als prädikatenlogisches System ***L*** wählen wir so das dort im Abschnitt 10 dargestellte System L [1]. Die folgenden Abschnitte 1.1 bis 1.4 wiederholen nur das in (EL) bereits Gesagte. Wegen der ausführlichen intuitiven Erörterungen in (EL) können wir uns hier auf die Angabe des Formalismus beschränken. In den Abschnitten 1.5 und 1.6 werden die Erweiterungen der Prädikatenlogik um Identität und Kennzeichnungen angegeben, die im Kapitel 13 von (EL) behandelt wurden. Hinzu kommt hier der Nachweis der Adäquatheit. Im Abschnitt 1.7 endlich wird die Einführung eines Existenzprädikats erörtert, von dem in (EL) nicht die Rede war.

Ein logisches System wird in drei Schritten aufgebaut; In der *Syntax* wird die Sprache charakterisiert, die dem System zugrundeliegt, in der *Semantik* wird definiert, wie eine Interpretation dieser Sprache aussieht, und mit dem *Ableitungsbegriff* wird die Menge der Theoreme des Systems festgelegt.

1.1 Die Syntax von *L*

Das *Alphabet*, das der Sprache des Systems ***L*** zugrunde liegt – wir nennen sie der Einfachheit halber ebenfalls ***L*** –, soll als Grundzeichen enthalten die logischen Symbole $\neg$, $\supset$ und $\wedge$, runde Klam-

[1] Wir werden in den Bezeichnungen im folgenden in einigen Fällen von (EL) abweichen, da gewisse der dort verwendeten Symbole als objektsprachliche Symbole der modallogischen Systeme gebraucht werden. Im übrigen halten wir uns aber möglichst eng an die dortige Darstellung.

mern und das Komma als Hilfszeichen und jeweils abzählbar unendlich viele Gegenstandskonstanten (kurz GK), Gegenstandsvariablen (GV) und Prädikatkonstanten (PK) jeder Stellenzahl $n \geqslant 1$.

Wie diese Konstanten und Variablen aussehen, brauchen wir nicht festzulegen, weil wir immer metasprachliche Variable dafür verwenden, und zwar a, b, c, . . für GK, x, y, z, . . für GV und F, G, H, . . . für PK. Die *Objektsprache*, d.h. die Sprache, über die wir reden, ist in unserem Fall ***L***, die *Metasprache*, d.h. die Sprache, die wir verwenden, wenn wir über die Objektsprache reden, ist Deutsch – angereichert um einige symbolische Ausdrücke, Abkürzungen, technische Terme etc. Wir lesen einen Ausdruck wie „F(a)∧G(a, b)", der objektsprachliche Zeichen („(", „)", „,", „∧") neben metasprachlichen Zeichen („F", „G", „a", „b") enthält, im Sinn einer *Quasianführung* [2], d.h. als metasprachliche Namen für denjenigen objektsprachlichen Ausdruck, der entsteht, wenn man die durch die metasprachlichen Symbole bezeichneten objektsprachlichen Symbole und die objektsprachlichen Symbole in der angegebenen Reihenfolge hinschreibt. Bezeichnen also im Beispiel die Symbole „F", „G", „a", „b" die objektsprachlichen Symbole „*F*", „*G*", „*a*", „*b*", so bezeichnet „F(a)∧G(a, b)" den Ausdruck „*F*(*a*)∧*G*(*a*, *b*)". Ist nicht festgelegt, welche objektsprachlichen Symbole „F", „G", „a", „b" bezeichnen, so stellt „F(a)∧G(a, b)" das *Schema* der objektsprachlichen Ausdrücke dar, die nach der Anweisung gebaut sind: Eine einstellige PK, dann eine linke Klammer, dann eine GK, dann eine rechte Klammer, dann das Zeichen ∧, dann eine zweistellige PK, dann eine linke Klammer, dann dieselbe GK wie vorher, dann ein Komma, dann eine neue GK, und endlich eine rechte Klammer.

Das Symbol „*" ist kein Symbol der Sprache ***L***. Ist A[*] eine endliche Folge von Grundzeichen von ***L*** und diesem Symbol, so soll A[B] derjenige Ausdruck sein, der aus A[*] durch Ersetzung aller Vorkommnisse von „*" durch solche von B entsteht. Ist also B ein Ausdruck von ***L***, d.h. eine endliche Folge von Grundzeichen von ***L***, so ist auch A[B] ein Ausdruck von ***L***.

Wir legen nun fest, was *wohlgeformte Ausdrücke* von ***L*** sind:

D1.1-1: *Terme* und *Sätze* von ***L***

a) Jede GK von ***L*** ist ein Term von ***L***.
b) Ist F eine n-stellige PK und sind $t_1, \ldots, t_n$ Terme von ***L***, so ist $F(t_1, \ldots, t_n)$ ein Satz von ***L***.
c) Ist A ein Satz von ***L***, so auch ¬A.

---

[2] Vgl. dazu und zur Unterscheidung Objekt- und Metasprache Kutschera (67), Abschnitt 1.3.1.1.

d) Sind A und B Sätze von *L*, so ist auch $(A \supset B)$ ein Satz von *L*.

e) Ist A[a] ein Satz, a eine GK und x eine GV von *L*, die in A[a] nicht vorkommt, so ist $\bigwedge x A[x]$ ein Satz von *L*.

Die Sätze $F(t_1, \ldots, t_n)$ nach (a), in denen $t_1, \ldots, t_n$ GK sind (bis zur Einführung von Kennzeichnungstermen in 1.6 sind alle Terme von *L* GK), nennen wir *Primformeln*. Ist A[a] ein Satz oder eine Satzform von *L*, so ist A[x] eine *Satzform* von *L*; dabei sei a eine GK und x eine GV von *L*, die in A[a] nicht vorkommt.

Wir verwenden im folgenden die Buchstaben A,B,C, . . als metasprachliche Variablen für Sätze und t,s,r, . . . als metasprachliche Variablen für Terme von *L*.

Wir definieren:

D1.1-2: a) $A \vee B := \neg A \supset B$
b) $A \wedge B := \neg(\neg A \vee \neg B)$
c) $A \equiv B := (A \supset B) \wedge (B \supset A)$
d) $\bigvee x A[x] := \neg \bigwedge x \neg A[x]$.

Ferner legen wir fest, daß äußere Klammern immer weggelassen werden können, und ebenso Klammern, die nicht mehr notwendig sind, wenn wir fordern, daß in der Reihe $\neg, \wedge, \vee, \supset, \equiv$ jeder links von einem Operator stehende Operator stärker bindet als jener.

Neben mengentheoretischen und mathematischen Symbolen verwenden wir gelegentlich auch die objektsprachlichen logischen Operatoren als metasprachliche Zeichen, um uns kurz und übersichtlich auszudrücken. Unklarheiten, ob ein objekt- oder ein metasprachlicher Satz vorliegt, werden dabei nicht auftreten.

1.2 Die Semantik von *L*

Wir kürzen im folgenden „Prädikatenlogik" durch „P.L." ab, und „prädikatenlogisch" durch „p.l.".

Den Interpretationsbegriff für die Sprache *L* legen wir in Entsprechung zu (EL), Abschnitt 9.2 so fest:

D1.2-1: Eine *Interpretation* Φ von *L* über dem nicht leeren Objektbereich U ist eine Funktion, für die gilt:

a) $\Phi(a) \epsilon U$ für alle GK a von *L*.
b) $\Phi(F) \epsilon \boldsymbol{P}(U^n)$ für alle n-stelligen PK F von *L*.
c) $\Phi(F(s_1, \ldots, s_n)) = w$ genau dann, wenn $\Phi(s_1), \ldots, \Phi(s_n) \epsilon \Phi(F)$, wo F eine n-stellige PK ist.

d) $\Phi(\neg A) = w$ genau dann, wenn $\Phi(A)=f$.
e) $\Phi(A \supset B)=w$ genau dann, wenn $\Phi(A)=f$ oder $\Phi(B)=w$.
f) $\Phi(\bigwedge x A[x])=w$ genau dann, wenn für alle Φ' mit $\Phi' \underset{a}{=} \Phi$ gilt $\Phi'(A[a])=w$. Dabei sei a eine GK, die in $\bigwedge x A[x]$ nicht vorkommt.

$\alpha \epsilon M$ besagt, daß α ein Element der Menge M ist; $\alpha_1, \ldots, \alpha_n \epsilon M$ besagt, daß das n-tupel $\langle \alpha_1, \ldots, \alpha_n \rangle$, d.h. die geordnete Folge von $\alpha_1, \ldots, \alpha_n$ ein Element von M ist. M^n ist die *n-te Cartesische Potenz* der Menge M, d.h. die Menge der n-tupel, die sich aus Elementen von M bilden lassen. $\boldsymbol{P}(M)$ ist die *Potenzmenge* der Menge M, d.h. die Menge aller Teilmengen von M (aller in M enthaltenen Mengen), so daß $\boldsymbol{P}(U^n)$ die Menge aller Mengen ist, die n-tupel von Objekten aus U als Elemente enthalten. $\Phi' \underset{a}{=} \Phi$ besagt, daß die Interpretation Φ' mit Φ übereinstimmt bis auf höchstens die Werte, die sie der GK a zuordnen; Φ' und Φ stimmen also sowohl in dem ihnen zugrundeliegenden Objektbereich U überein, wie in allen Werten $\Phi'(u)$, $\Phi(u)$, wo u eine von a verschiedene Konstante ist.

In den Bedingungen (c) bis (f) sollen die zu interpretierenden Ausdrücke immer wohlgeformte Ausdrücke im Sinn der einschlägigen Bestimmungen von D1.1–1 sein.

Neben dem Interpretationsbegriff sind die Begriffe der logischen Wahrheit und der logischen Folge die grundlegenden semantischen Begriffe:

D1.2-2: Wir sagen, eine Interpretation Φ *erfülle* den Satz A, wenn gilt $\Phi(A)=w$. Ein Satz A von $\boldsymbol{L}$ heißt *p.l. wahr,* wenn alle Interpretationen ihn erfüllen. A heißt *p.l. falsch,* wenn $\neg A$ p.l. wahr ist. Und A heißt *p.l. indeterminiert,* wenn A weder p.l. wahr noch p.l. falsch ist.

D1.2-3: Ein Schluß von den Prämissen $A_1, \ldots, A_n$ auf die Konklusion B heißt *p.l. gültig* (wir schreiben dafür $(A_1, \ldots, A_n \rightarrow B)$, wenn jede Interpretation, die alle Prämissen $A_1, \ldots, A_n$ erfüllt, auch die Konklusion B erfüllt.

Die beiden grundlegenden semantischen Theoreme sind

T1.2-1 (*Koinzidenztheorem*): Gilt $\Phi' \underset{a}{=} \Phi$ und kommt die GK a nicht in dem Satz A vor, so gilt $\Phi'(A)=\Phi(A)$.

Wir beweisen diesen Satz durch Induktion nach dem Grad g des Satzes A. Als *Grad* von A bezeichnen wir die Anzahl der Vorkommnisse logischer Operatoren in A. Für g=O ist die Behauptung trivial. Und gilt sie für alle Sätze vom Grad $\leqslant$ n, so gilt sie auch für Sätze A vom Grad n+1: Hat A die Gestalt $\neg B$, so gilt $\Phi(\neg B)=w$ genau dann, wenn $\Phi(B)=f$ (nach D1.2-1d). Nach Induktionsvoraussetzung

(B hat den Grad n) gilt das genau dann, wenn $\Phi'(B)=f$, also genau dann, wenn $\Phi'(\neg B)=w$. Also gilt $\Phi'(\neg B)=\Phi(\neg B)$. Hat A die Gestalt $B \supset C$, so gilt $\Phi(B \supset C) = w$ genau dann, wenn $\Phi(B)=f$ oder $\Phi(C)=w$, nach Induktionsvoraussetzung (B und C haben Grade $\leqslant n$) gilt das genau dann, wenn $\Phi'(B)=f$ oder $\Phi'(C)=w$, also genau dann, wenn $\Phi'(B \supset C) = w$. Hat A endlich die Gestalt $\bigwedge xB[x]$ und ist $\Phi(\bigwedge xB[x])=f$, dann gibt es nach D1.2-1f eine Interpretation Φ^+ mit $\Phi^+ \underset{b}{=} \Phi$ und $\Phi^+(B[b])=f$, wobei b eine Gegenstandskonstante ist, die in $\bigwedge xB[x]$ nicht vorkommt und die von a verschieden ist. Definieren wir nun eine Interpretation Φ'^+ durch $\Phi'^+ \underset{b}{=} \Phi'$ und $\Phi'^+(b)=\Phi^+(b)$, so gilt $\Phi'^+ \underset{a}{=} \Phi^+$, d.h. wir können unsere Voraussetzungen auf die Interpretationen Φ^+ und Φ'^+ statt auf Φ und Φ' anwenden und erhalten so $\Phi'^+(B[b])=\Phi^+(B[b])=f$, da B[b] vom Grad n ist. Es gibt dann also eine Interpretation Φ'^+ mit $\Phi'^+ \underset{b}{=} \Phi'$ und $\Phi'^+(B[b])=f$, d.h. nach (d) gilt $\Phi'(\bigwedge xB[x])=f$. Ebenso zeigt man, daß aus $\Phi'(\bigwedge xB[x])=f$ auch folgt $\Phi(\bigwedge xB[x])=f$, d.h. daß gilt $\Phi'(\bigwedge xB[x])=\Phi(\bigwedge xB[x])$. Damit ist das Koinzidenztheorem bewiesen.

Intuitiv besagt es, daß die Deutung eines Satzes nur abhängt von der Deutung der Konstanten, die im Satz vorkommen, und dem Objektbereich, über dem der Satz interpretiert wird.

T1.2-2: (*Überführungstheorem*): Gilt $\Phi' \underset{a}{=} \Phi$ und $\Phi'(a) = \Phi(b)$, so gilt $\Phi'(A[a])=\Phi(A[b])$ für alle Sätze A[a], wobei die Gegenstandskonstante a nicht in dem Satz A[b] vorkommt.

Auch diese Behauptung beweisen wir durch Induktion nach dem Grad des Satzes A[a]. Ist A[a] vom Grad O, ist also A[a] eine Primformel, z.B. der Gestalt F(a, b, c), so gilt nach D1.2-1c $\Phi'(F(a, b, c))=w$ genau dann, wenn $\Phi'(a), \Phi'(b), \Phi'(c) \in \Phi'(F)$. Wegen $\Phi' \underset{a}{=} \Phi$ ist nun $\Phi'(b)=\Phi(b)$, $\Phi'(c)=\Phi(c)$, $\Phi'(F)=\Phi(F)$, wegen $\Phi'(a)=\Phi(b)$ gilt also $\Phi'(F(a, b, c))=w$ genau dann, wenn $\Phi(b), \Phi(b), \Phi(c) \in \Phi(F)$, d.h. genau dann, wenn $\Phi(F(b, b, c))=w$. Es sei die Behauptung für alle Sätze A[a] vom Grad $\leqslant n$ bewiesen und der Grad von A[a] sei nun n+1. Hat dann A[a] die Gestalt $\neg B[a]$ oder $B[a] \supset C[a]$, so erhält man die Behauptung in einfacher Weise aus der Induktionsvorausetzung. Hat A[a] die Gestalt $\bigwedge xB[x, a]$ und gilt $\Phi'(\bigwedge xB[x, a])=f$, so gibt es nach D1.2-1f eine Interpretation Φ'^+ mit $\Phi'^+ \underset{c}{=} \Phi'$ und $\Phi'^+(B[c, a])=f$, wobei c eine Gegenstandskonstante ist, die in $\bigwedge xB[x, a]$ nicht vorkommt und die von a und b verschieden ist. Definiert man nun Φ^+ durch $\Phi^+ \underset{c}{=} \Phi$ und $\Phi^+(c)=\Phi'^+(c)$, so gilt $\Phi^+ \underset{a}{=} \Phi'^+$ und $\Phi^+(b)=\Phi(b)=\Phi'(a)=\Phi'^+(a)$, also nach der Induktionsvoraussetzung, die wir nun auf die beiden Interpretationen Φ^+ und Φ'^+ anwenden können, $\Phi^+(B[c,b])=f$. Es gibt also eine Interpretation Φ^+ mit $\Phi^+ \underset{c}{=} \Phi$ und $\Phi^+(B[c,b])=f$, d.h. es gilt $\Phi(\bigwedge xB[x,b])=f$. Ebenso erhält man aus $\Phi(\bigwedge xB[x,b])=f$ auch $\Phi'(\bigwedge xB[x,a])=f$. Es gilt also $\Phi'(\bigwedge xB[x,a])= \Phi(\bigwedge xB[x,b])$.

1.3 Der Deduktionsbegriff von *L*

Die Menge der prädikatenlogischen Theoreme als Menge der logisch wahren Sätze oder der logisch gültigen Schlüsse wird bereits durch die Semantik festgelegt. Man kann ihn aber auch syntaktisch durch die Angabe von Axiomen und Deduktionsregeln festlegen. In (EL) haben wir im Abschnitt 10 folgenden Kalkül angegeben (wir nannten ihn dort L, hier nennen wir ihn wieder *L*):

Axiome von *L* sind alle Sätze der Sprache *L* der Gestalt:

A1: $A \supset (B \supset A)$
A2: $(A \supset (B \supset C)) \supset ((A \supset B) \supset (A \supset C))$
A3: $(\neg A \supset \neg B) \supset (B \supset A)$
A4: $\Lambda x A[x] \supset A[a]$, wo a eine GK ist.
Deduktionsregeln von *L* sind
R1: $A, A \supset B \vdash B$
R2: $A \supset B[a] \vdash A \supset \Lambda x B[x]$, falls a eine GK ist, die nicht in der Konklusion vorkommt.

Dabei besagt die Schreibweise $A_1, \ldots, A_n \vdash B$, daß man aus den Sätzen $A_1, \ldots, A_n$ (den Prämissen) den Satz B (die Konklusion) gewinnen kann.

Ein Beweis eines Satzes B im Kalkül *L* ist eine endliche Folge von Sätzen, deren letztes Glied B ist und für deren sämtliche Glieder gilt: entweder sind sie Axiome von *L* oder sie lassen sich aus vorhergehenden Gliedern durch eine (einmalige) Anwendung einer der Deduktionsregeln von *L* gewinnen.

Eine *Ableitung* eines Satzes B aus Annahmeformeln (kurz AF) $A_1, \ldots, A_n$ in *L* ist eine endliche Folge von Sätzen, deren letztes Glied B ist und für deren sämtliche Glieder gilt: sie sind entweder Axiome von *L*, oder AF der Ableitung, oder sie lassen sich aus vorhergehenden Gliedern durch (einmalige) Anwendung einer der Deduktionsregeln von *L* gewinnen.

Wir schreiben $\vdash B$ für die Behauptung, daß B in *L* beweisbar ist (daß es einen Beweis für B in *L* gibt), und $A_1, \ldots, A_n \vdash B$, wenn B in *L* aus $A_1, \ldots, A_n$ ableitbar ist. Wo das zur Unterscheidung der Deduktionsbegriffe verschiedener Systeme notwendig ist, versehen wir das Symbol „$\vdash$" mit der Bezeichnung des Bezugssystems.

Zur Formulierung des *Deduktionstheorems* der Prädikatenlogik definiert man folgende Hilfsbegriffe:

D1.3-1: Ist die Satzfolge $G = C_1, \ldots, C_n$ eine Ableitung von B ($=C_n$) aus den AF $A_1, \ldots, A_m$, so heißt C_i ($i=1, \ldots, n$) in *G von der AF* A_k ($k=1, \ldots, m$) *abhängig*, wenn $C_i = A_k$ ist oder wenn C_i in *G* Konklusion der Anwendung einer Deduktionsregel von *L* mit Prämissen ist, von denen eine von A_k abhängt.

D1.3-2: In einer Ableitung *G* wird eine GK a für eine AF A_k *eliminiert,* wenn a in A_k vorkommt und *G* eine Anwendung von R2 auf einen in *G* von A_k abhängigen Satz C_i enthält, bei der a durch eine GV ersetzt wird.

Das *Deduktionstheorem* lautet dann:

T1.3-1: Gibt es eine Ableitung von B aus $A_1, \dots, A_n$ in *L*, bei der für A_n keine GK eliminiert wird, so gibt es auch eine Ableitung von $A_n \supset B$ aus $A_1, \dots, A_{n-1}$, bei der keine neuen GK für irgendwelche AF eliminiert werden.

Gibt es eine Ableitung von B aus $A_1, \dots, A_n$, bei der für keine AF eine GK eliminiert wird, so schreiben wir auch $A_1, \dots, A_n \vdash_0 B$.

Der Beweis des Deduktionstheorems wird so geführt, daß man zeigt: Eine Ableitung *G* von B aus AF $A_1, \dots, A_n$, bei der für A_n keine GK eliminiert wird, läßt sich umformen in eine Ableitung *G′* von $A_n \supset B$ aus $A_1, \dots, A_{n-1}$, in der keine neuen GK eliminiert werden. *G* sei die Folge $C_1, \dots, C_m$ von Sätzen mit C_m=B. Es sei *G″* die Folge der Sätze $A_n \supset C_i$ (i=1, . . . , m). Wir ergänzen *G″* durch Einschiebungen zur Ableitung *G′*.

1. Ist C_i ein Axiom, so ersetzen wir die Zeile $A_n \supset C_i$ durch
   $C_i \supset (A_n \supset C_i)$ A1
   C_i Axiom
   $A_n \supset C_i$ R1.
2. Ist $C_i = A_n$, so lassen wir die Zeile $A_n \supset A_n$ stehen, die ein Theorem von *L* ist (vgl. (EL), 6.2).
3. Ist C_i eine der AF $A_1, \dots, A_{n-1}$, so ersetzen wir die Zeile $A_n \supset C_i$ durch
   $C_i \supset (A_n \supset C_i)$ A1
   C_i AF
   $A_n \supset C_i$ R1.
4. Ist C_i in *G* Resultat einer Anwendung von R1 auf $C_h \supset C_i$ und C_h, so treten in *G″* vor der Zeile $A_n \supset C_i$ die Zeilen (1) $A_n \supset (C_h \supset C_i)$ und (2) $A_n \supset C_h$ auf. Wir ersetzen dann die Zeile $A_n \supset C_i$ durch
   $(A_n \supset (C_h \supset C_i)) \supset ((A_n \supset C_h) \supset (A_n \supset C_i))$ A2
   $(A_n \supset C_h) \supset (A_n \supset C_i)$ R1 (mit (1))
   $A_n \supset C_i$ R1 (mit (2)).
5. Ist C_i in *G* Resultat einer Anwendung von R2 auf $C_h = D \supset E[a]$, so hat C_i die Gestalt $D \supset \Lambda x E[x]$, wobei die GK a nicht in C_i vorkommt, und in *G″* tritt der Satz (1) $A_n \supset C_h$ vor $A_n \supset C_i$ auf.

Nach der Voraussetzung, daß für A_n keine GK eliminiert wird, kommt entweder a nicht in A_n vor, oder C_h hängt nicht von A_n ab. Im ersten Fall ersetzen wir die Zeile

$A_n \supset C_i$ in *G''* durch

$A_n \wedge D \supset E[a]$	aussagenlogisch aus $A_n \supset C_h$
$A_n \wedge D \supset \bigwedge x E[x]$	R2
$A_n \supset (D \supset \bigwedge x E[x])$	aussagenlogisch.

Im zweiten Fall gibt es eine Ableitung *G'''* von C_h aus den AF $A_1, \ldots, A_{n-1}$, die wir ergänzen um die Zeilen

$D \supset \bigwedge x E[x]$	R2 (aus C_h)
$(D \supset \bigwedge x E[x]) \supset (A_n \supset (D \supset \bigwedge x E[x]))$	A1
$A_n \supset (D \supset \bigwedge x E[x])$	R1

und für die Zeile $A_n \supset C_i$ in *G''* einsetzen.

Führt man diese Ersetzungen für alle Zeilen $A_n \supset C_i$ von *G''* durch, so ist die entstehende Satzfolge *G'* eine Ableitung von $A_n \supset B$ aus $A_1, \ldots, A_{n-1}$.

1.4 Die Adäquatheit von *L*

Der Nachweis, daß der Kalkül *L* eine adäquate Formalisierung der P.L. darstellt, vollzieht sich im Beweis der semantischen Widerspruchsfreiheit und Vollständigkeit von *L*.

D1.4-1: Wir nennen einen Kalkül *K* semantisch *widerspruchsfrei* bzgl. einer Menge von Interpretationen ***M*** genau dann, wenn alle in *K* beweisbaren Sätze durch alle Interpretationen aus ***M*** erfüllt werden. *K* heißt *vollständig* bzgl. ***M***, wenn alle Sätze, die von allen Interpretationen aus ***M*** erfüllt werden, in *K* beweisbar sind.

T1.4-1: *L* ist semantisch widerspruchsfrei bzgl. der Interpretationen nach D1.2-1. D.h. alle Theoreme von *L* sind p.l. wahr.

Zum Beweis hat man zu zeigen: 1. Alle Axiome von *L* sind allgemeingültig, und 2. wenn alle Prämissen einer Deduktionsregel von *L* allgemeingültig sind, so gilt das auch für die Konklusion. Dieser einfache Nachweis sei dem Leser überlassen [3].

Da wir das Schema des p.l. Vollständigkeitsbeweises im folgenden wiederholt verwenden, wollen wir den Beweis hier angeben.

T1.4-2: *L* ist vollständig bzgl. der Interpretationen nach D1.2-1. D.h. alle p.l. wahren Sätze sind in *L* beweisbar.

---

[3] Vgl. dazu (EL), 11.1.

Der Vollständigkeitsbeweis folgt den Gedanken von L. Henkin nach einer Modifikation von G. Hasenjäger.

D1.4-2: Wir nennen eine Satzmenge ***A*** *L-konsistent*, wenn es keinen Satz der Gestalt $\neg(C \supset C)$ gibt mit $\mathbf{A} \vdash_0 \neg(C \supset C)$. ***A*** heißt *L-maximal*, wenn ***A*** *L*-konsistent ist, alle Erweiterungen von ***A*** aber *L*-inkonsistent (d.h. wenn für alle Sätze B, die nicht in ***A*** enthalten sind, die Mengen $\mathbf{A} \cup \{B\}$ *L*-inkonsistent sind; „∪" ist das Symbol für die Mengenvereinigung, $\{B\}$ stellt die Menge dar, die B als einziges Element enthält). *L* heißt *normal*, wenn jeder Satz der Form $\bigwedge x A[x]$ in ***A*** enthalten ist, für den die Sätze A[a] für alle GK a in ***A*** enthalten sind.

Ist ***A*** eine unendliche Satzmenge, so soll $\mathbf{A} \vdash B$ gelten genau dann, wenn es eine endliche Teilmenge $\mathbf{A}'$ von ***A*** gibt mit $\mathbf{A}' \vdash B$.

Der Beweis von T1.4-2 vollzieht sich nun in drei Schritten. Wir zeigen:

1. Ist der Satz A nicht in *L* beweisbar, so ist die Menge $\{\neg A\}$ *L*-konsistent.
2. Zu jeder *L*-konsistenten Satzmenge ***A***, in deren Elementen unendlich viele GK nicht vorkommen, gibt es eine normale *L*-maximale Menge ***B*** mit $\mathbf{A} \subset \mathbf{B}$.
3. Zu jeder normalen *L*-maximalen Menge ***B*** gibt es eine Interpretation Φ, die genau die Sätze aus *L* erfüllt.

Danach gilt: Ist A nicht in *L* beweisbar, so gibt es eine Interpretation Φ, die $\neg A$ erfüllt, d.h. A falsch macht. Ist also A nicht beweisbar, so ist A nicht allgemeingültig. Ist also A allgemeingültig, so ist A auch in *L* beweisbar.

Zu (1): Wäre $\{\neg A\}$ *L*-inkonsistent, wo würde gelten $\neg A \vdash_0 \neg(C \supset C)$, also nach T1.3-1 $\vdash \neg A \supset \neg(C \supset C)$, also $\vdash (C \supset C) \supset A$, also $C \supset C \vdash A$, also $\vdash A$, im Widerspruch zur Annahme, A sei in *L* nicht beweisbar [4].

Zu (2): Es sei $A_1, A_2, \ldots$ eine Abzählung aller Sätze von *L*, $a_1, a_2, \ldots$ eine Abzählung aller GK von *L*. Wir setzen $\mathbf{A}_0 = \mathbf{A}$, $\mathbf{A}_{n+1} = \mathbf{A}_n \cup \{B[a] \supset \bigwedge x B[x]\}$, wenn A_{n+1} die Gestalt $\bigwedge x B[x]$ hat; a sei die erste GK der Folge $a_1, a_2, \ldots$, die weder in $\bigwedge x B[x]$ noch in den Sätzen aus $\mathbf{A}_n$ vorkommt. (Da in ***A*** unendlich viele GK nicht vorkommen, gibt es immer solche neuen GK.) Andernfalls sei $\mathbf{A}_{n+1} = \mathbf{A}_n$. Es sind nun alle Mengen $\mathbf{A}_n$ *L*-konsistent. Das gilt nach Voraussetzung für $\mathbf{A}_0$ und gilt es für $\mathbf{A}_n$, so auch für $\mathbf{A}_{n+1}$: Ist

4 Wir setzen hier die Gültigkeit einiger prädikatenlogischer Theoreme in *L* voraus. Vgl. dazu die Beweise in (EL).

$A_{n+1} = A_n$, so ist das trivial, ist $A_{n+1} = A_n \cup \{B[a] \supset \wedge x B[x]\}$, so folgt aus der L-Inkonsistenz von A_{n+1} die L-Inkonsistenz von A_n: Aus

A_n, $B[a] \supset \wedge x B[x] \vdash_0 \neg(C \supset C)$ folgt nach T1.3-1

$A_n \vdash_0 (B[a] \supset \wedge x B[x]) \supset \neg(C \supset C)$, also

$A_n \vdash_0 (C \supset C) \supset \neg(B[a] \supset \wedge x B[x])$, mit R2 also

$A_n \vdash_0 (C \supset C) \supset \wedge x \neg(B[x] \supset \wedge x B[x])$ (a soll nicht in C vorkommen), also

$A_n \vdash_0 (C \supset C) \supset \neg(\wedge x B[x] \supset \wedge x B[x])$, da in L das Theorem gilt $\wedge x(A[x] \wedge B) \supset \wedge x A[x] \wedge B$ [5], also wegen $\vdash C \supset C$

$A_n \vdash_0 \neg(\wedge x B[x] \supset \wedge x B[x])$.

Sind aber alle A_n L-konsistent, so auch deren Vereinigung $A' = \bigcup_n A_n$, d.h. die Menge A', die alle Sätze enthält, die in mindestens einer der Mengen A_n enthalten sind. Denn würde gelten $A' \vdash_0 \neg(C \supset C)$, so gäbe es eine endliche Teilmenge A'' von A' mit $A'' \vdash_0 \neg(C \supset C)$, und wenn m die höchste Nummer eines Satzes aus A'' in der Abzählung $A_1, A_2, \ldots$ ist, würde dann auch gelten $A_m \vdash_0 \neg(C \supset C)$.

Wir erweitern nun A' wie folgt zu einer L-maximalen Menge B: Es sei $B_0 = A'$ und $B_{n+1} = B_n \cup \{A_{n+1}\}$, falls diese Menge L-konsistent ist; sonst sei $B_{n+1} = B_n$. Es sei $B = \bigcup_n B_n$. Dann sind die B_n L-konsistent nach Konstruktion, und die L-Konsistenz von B ergibt sich wie die von A' oben.

B ist nun L-maximal, denn ist der Satz A_n nicht in B, so ist $B_{n-1} \cup \{A_n\}$ L-inkonsistent, also auch $B \cup \{A_n\}$. Ist also A_n mit B verträglich (d.h. ist $B \cup \{A_n\}$ L-konsistent), so ist A_n in B_n, also auch in B enthalten.

Für das folgende ist es auch wichtig zu bemerken: Gibt es Sätze $B_1, \ldots, B_n$ aus B mit $B_1, \ldots, B_n \vdash_0 D$, so ist $D \in B$; d.h. B ist *deduktiv abgeschlossen*. Denn wäre D nicht in B, so wäre $B \cup \{D\}$ L-inkonsistent, es gäbe also Sätze $E_1, \ldots, E_m$ aus B mit $E_1, \ldots, E_m, D \vdash_0 \neg(C \supset C)$, also würde gelten $B_1, \ldots, B_n, E_1, \ldots, E_m \vdash_0 \neg(C \supset C)$, d.h. B wäre L-inkonsistent.

B ist auch normal, denn sind die Sätze $B[a] \in B$ für alle GK a, so ist nach Konstruktion von A_n – $\wedge x B[x]$ sei der Satz A_n – $B[a] \supset \wedge x B[x]$ in B_n, also in B; wegen der deduktiven Abgeschlossenheit von B ist dann aber auch $\wedge x B[x]$ in B.

Zu (3): Es sei U die Menge der natürlichen Zahlen 1, 2, ... Wir definieren eine Interpretation Φ über U durch die Festlegungen $\Phi(a_i) = i$ für alle GK, $\Phi(F) = \{\langle n_1, \ldots, n_m \rangle : F(a_{n_1}, \ldots, a_{n_m}) \in B\}$ für alle m-stelligen PK F. Es ist dann für alle Sätze A: $\Phi(A) = w$ genau

[5] Vgl. (EL), 10.

dann, wenn Aϵ***B***. Das beweisen wir durch Induktion nach dem Grad g von A: Ist g=O, so gilt: Ist $\Phi(F(a_{n_1}, \ldots, a_{n_m}))$=w, so ist $\Phi(a_{n_1}), \ldots, \Phi(a_{n_m})\epsilon\Phi(F)$, also $n_1, \ldots, n_m \epsilon \Phi(F)$, also $F(a_{n_1}, \ldots, a_{n_m})\epsilon$***B***. Ist umgekehrt $F(a_{n_1}, \ldots, a_{n_m})\epsilon$***B***, so gilt $n_1, \ldots, n_m \epsilon \Phi(F)$, also $\Phi(a_{n_1}), \ldots, \Phi(a_{n_m})\epsilon\Phi(F)$, also $\Phi(F(a_{n_1}, \ldots, a_{n_m}))$=w.

Ist die Behauptung bereits bewiesen für alle Sätze mit Graden $\leqslant$n, so gilt sie auch für alle Sätze A vom Grad n+1: Hat A die Gestalt $\neg$ B, so gilt: $\Phi(\neg B)$=w genau dann, wenn Φ(B)=f, nach Induktionsvoraussetzung also genau dann, wenn nicht Bϵ***B***. Wegen der Maximalität von ***B*** gilt dann ***B*** $\vdash_0 \neg$ B, also wegen der deduktiven Abgeschlossenheit $\neg$ Bϵ***B***. Wegen der Konsistenz von ***B*** gilt umgekehrt auch $\neg$ Bϵ***B*** nur dann, wenn B nicht in ***B*** ist. Hat A die Gestalt B$\supset$C, so gilt: $\Phi(B\supset C)$=w genau dann, wenn Φ(B)=f oder Φ(C)=w, also nach Induktionsvoraussetzung genau dann, wenn nicht Bϵ***B*** oder Cϵ***B***. Ist Cϵ***B***, so wegen C $\vdash_0$ B$\supset$C auch B$\supset$C. Ist B nicht in ***B***, so $\neg$ Bϵ***B***, wegen $\neg$ B $\vdash_0$ B$\supset$C also B$\supset$C in ***B***. Ist B$\supset$C umgekehrt in ***B***, so ist B nicht in ***B***, oder wegen der deduktiven Abgeschlossenheit und R1 Cϵ***B***.

Hat A endlich die Gestalt $\wedge$xB[x], so gilt: Ist $\Phi(\wedge xB[x])$=w, so gilt Φ(B[a])=w für alle GK a, also nach Induktionsvoraussetzung B[a]ϵ***B*** für alle a, also wegen der Normalität von ***B*** $\wedge$xB[x]ϵ***B***. Ist $\wedge$xB[x] umgekehrt in ***B***, so gilt wegen der deduktiven Abgeschlossenheit B[a]ϵ***B*** für alle GK a, also nach Induktionsvoraussetzung Φ(B[a])=w für alle a. Wäre $\Phi(\wedge xB[x])$=f, so gäbe es ein Φ' mit $\Phi' \underset{b}{=} \Phi$ und Φ'(B[b])=f für eine GK b, die in $\wedge$xB[x] nicht vorkommt. Ist Φ'(b)=n, so würde nach dem Überführungstheorem T1.2-2 aber gelten: $\Phi(B[a_n])$=f, so daß wir einen Widerspruch erhielten.

Aus T1.4-1 und T1.4-2 folgt mit dem Deduktionstheorem sofort das Korollar

T1.4-3: Die Ableitbarkeitsbeziehung $A_1, \ldots, A_n \vdash_0 B$ gilt in *L* genau dann, wenn der Schluß $A_1, \ldots, A_n \rightarrow B$ p.l. gültig ist.

1.5 Identität

Wenn man Aussagen über die Identität von Gegenständen machen will, so hat man zur Sprache *L* das Identitätssymbol = hinzuzunehmen und muß die Formregeln D1.1-1 ergänzen um die Bestimmung

f) Sind s und t Terme, so ist (s = t) ein Satz.

Wir definieren
D1.5-1: $s \neq t := \neg(s = t)$.
Die so aus ***L*** entstehende Sprache sei ***LI***. Wir kürzen „Identitätslogik" durch „I.L." ab, und „identitätslogisch" durch „i.l.".

Wir definieren für ***LI*** Interpretationen durch:
D1.5-2: Eine *Interpretation* von ***LI*** ist eine p.l. Interpretation Φ (im Sinne von D1.2-1), für die gilt: $\Phi(s=t) = w$ genau dann, wenn $\Phi(s) = \Phi(t)$.

Auch für solche Interpretationen gilt das Koinzidenz- und das Überführungstheorem. Die i.l. Wahrheit und Gültigkeit wird in Entsprechung zu D1.2-2 und D1.2-3 definiert.

Den p.l. Kalkül ***L*** ergänzen wir zu einem i.l. Kalkül ***LI*** durch Hinzunahme der Axiome

A5: $a=a$
A6: $a=b \supset (A[a] \supset A[b])$.

Die Geltung des Deduktionstheorems wird dadurch nicht berührt. Aus A5 und A6 folgt

T1: a) $a=b \supset b=a$
b) $a=b \wedge b=c \supset a=c$
c) $a=b \supset (A[a] \equiv A[b])$,

wie man leicht beweist.
Es gilt nun der Satz
T1.5-1: Der Kalkül ***LI*** ist semantisch widerspruchsfrei und vollständig.

Die Widerspruchsfreiheit ergibt sich wieder in einfacher Weise. Die Vollständigkeit beweist man wie folgt:

Es sei A ein in ***LI*** nicht beweisbarer Satz. Nach dem Beweis von T1.4-2 gibt es dann eine p.l. Interpretation Φ über der Menge U der natürlichen Zahlen mit $\Phi(A)=f$, die alle Axiome von ***LI*** erfüllt. Dabei wird „=" wie eine 2-stellige PK interpretiert. Zu Φ konstruieren wir nun eine i.l. Interpretation Φ' mit $\Phi'(A)=f$. $\Phi(=)$ ist nach A5, A6 eine Äquivalenzrelation ρ auf der Menge U. Es sei $[n]=\{m: \rho(n, m)\}$ und n^* ein ausgezeichnetes Element aus $[n]$. U' sei $\{n^*: n \epsilon U\}$ und wir definieren Φ' über U' durch die Festsetzungen $\Phi'(a_n)=n^*$, $\Phi'(F)=\{\langle n^*_1, \ldots, n^*_m\rangle: \Phi(F(a_{n^*_1}, \ldots, a_{n^*_m}))=w\}$ für alle m-stelligen PK F. Es ist dann $\Phi'(a_n=a_m)=w$ genau dann, wenn $\Phi'(a_n), \Phi'(a_m) \epsilon \Phi'(F)$, d.h., wenn $\Phi(a_{n^*}=a_{m^*})=w$, d.h. wenn $\rho(n^*, m^*)$, also wenn $n^*=m^*$, d.h. wenn $\Phi'(a_n)=\Phi'(a_m)$. Φ' ist also eine Interpretation im Sinne von D1.5-2. Wir zeigen nun durch Induktion nach dem Grad g von B, daß für alle Sätze B von ***LI*** gilt

$\Phi'(B)=\Phi(B)$, also speziell $\Phi'(A)=\Phi(A)=f$: Ist $g=O$, so hat B die Gestalt $F(a_{n_1}, \ldots, a_{n_m})$ und es gilt: $\Phi'(F(a_{n_1}, \ldots, a_{n_m}))=w$ genau dann, wenn $\Phi'(a_{n_1}), \ldots, \Phi'(a_{n_m}) \epsilon \Phi'(F)$, d.h. wenn $\Phi(F(a_{n^*_1}, \ldots, a_{n^*_m}))=w$. Das gilt aber genau dann, wenn $\Phi(F(a_{n_1}, \ldots, a_{n_m}))=w$ ist; denn es gilt $\rho(n_1, n_1^*), \ldots, \rho(n_m, n_m^*)$ und aus $\rho(n_i, n_j)$ folgt $\Phi(a_{n_i}=a_{n_j})=w$, wegen $\Phi(a_{n_i}=a_{n_j} \supset (F(a_{n_1}, \ldots, a_{n_i}, \ldots, a_{n_m}) \equiv F(a_{n_1}, \ldots, a_{n_j}, \ldots, a_{n_m})))=w$ also $\Phi(F(a_{n_1}, \ldots, a_{n_i}, \ldots, a_{n_m}))=\Phi(F(a_{n_1}, \ldots, a_{n_j}, \ldots, a_{n_m}))$. Ist die Behauptung bereits bewiesen für alle $g \leqslant n$ und ist nun $g=n+1$, so hat B die Gestalt $\neg C$, $C \supset D$ oder $\wedge x C[x]$. In den ersten beiden Fällen folgt die Behauptung in einfacher Weise aus der Induktionsvoraussetzung. Ist $\Phi'(\wedge x C[x])=f$, so gibt es ein Φ'^{+} mit $\Phi'^{+} \underset{a}{=} \Phi'$ und $\Phi'^{+}(C[a])=f$ (a komme in $\wedge x C[x]$ nicht vor). Wählt man Φ^{+} so, daß gilt $\Phi^{+} \underset{a}{=} \Phi$ und $\Phi^{+}(a)=\Phi'^{+}(a)$, so gilt nach Induktionsvoraussetzung (angewandt nun auf Φ^{+} und Φ'^{+}) $\Phi^{+}(C[a])=f$, also $\Phi(\wedge x C[x])=f$. Umgekehrt schließt man ebenso, wobei man setzt $\Phi'^{+}(a)=\Phi^{+}(a)^*$.

Damit ist die Vollständigkeit von ***LI*** bewiesen.

Es gilt auch wieder

T1.5-2: Die Ableitbarkeitsbeziehung $A_1, \ldots, A_n \vdash_{0} B$ gilt in ***LI*** genau dann, wenn der Schluß $A_1, \ldots, A_n \rightarrow B$ i.l. gültig ist.

1.6 Kennzeichnungen

Wenn man Ausdrücke der Form „dasjenige Ding, für das gilt: es ist ein . . ." formalisieren will, muß man zu der Sprache ***LI*** den Kennzeichnungsoperator ι hinzunehmen und die Formregeln D1.1-1 ergänzen um die Bestimmung

g) Ist A[a] ein Satz, a eine GK und x eine GV, die in A[a] nicht vorkommt, so ist $\iota x A[x]$ ein Term.

Die so aus ***LI*** entstehende Sprache sei ***LK***.

Definiert man

D1.6-1: $\vee^{=1} x A[x] := \vee x \wedge y(A[y] \equiv y=x)$,

so stellt $\vee^{=1} x A[x]$ die *Normalbedingung* für die Anwendung des Kennzeichnungsterms $\iota x A[x]$ dar. Es ist aber praktisch, Kennzeichnungsterme nicht nur zu interpretieren, wenn diese Normalbedingung erfüllt ist, sondern ihnen auch für $\neg \vee^{=1} x A[x]$ ein Objekt zuzuordnen, das sie bezeichnen. Andernfalls müßte man mit partiellen Interpretationen arbeiten [6].

Wir legen daher fest:

D1.6-2: Eine *Interpretation* von ***LK*** über dem Bereich U ist eine i.l. Interpretation Φ (im Sinne von D1.5-2) über U, für die gilt:

---

[6] Vgl. dazu den Abschnitt 7.1.

Gibt es genau ein Φ' mit $\Phi' \overset{}{\underset{a}{=}} \Phi$ und $\Phi'(A[a])=w$, so sei $\Phi(\iota xA[x])= \Phi'(a)$ für dieses Φ'. Andernfalls sei $\Phi(\iota xA[x]) = \Phi(a_0)$.
Dabei sei a eine GK, die in $\iota xA[x]$ nicht vorkommt, und a_0 sei eine feste GK von ***LK***.

Die Gültigkeit des Koinzidenz- und Überführungstheorems bleibt erhalten, k.l. Wahrheit und k.l. Gültigkeit werden entsprechend wie in D1.2-2 und D1.2-3 erklärt. „k.l.", bzw. „K.L." steht für „kennzeichnungslogisch", bzw. „Kennzeichnungslogik".

Wir erhalten aus ***LI*** einen Kalkül der K.L. ***LK***, indem wir die Axiome hinzunehmen:

A7: $\iota xA[x]=b \equiv V^{=1}xA[x] \land A[b] \lor \neg V^{=1}xA[x] \land b=a_0$

A8: $\iota xA[x]=b \supset (B[b] \supset B[\iota xA[x]])$.

A7 stellt eine Definition für Kennzeichnungsterme dar, durch die die Interpretation solcher Terme im Sinne von D1.6-2 eindeutig festgelegt wird. Jede i.l. Interpretation, die A7 erfüllt, ist also eine k.l. Interpretation (im Sinne von D1.6-2). Daneben benötigen wir noch A8, da wir in A6 das Substitutionsprinzip nur für GK formuliert haben.

In ***LK*** gelten nun folgende Sätze

T2: $\land xA[x] \supset A[s]$ (für beliebige Terme s von ***LK***).

Beweis: Ist s eine GK, so gilt die Behauptung nach A4. Hat s die Gestalt $\iota xB[x]$, so finden wir: Aus A7 folgt mit R2

$\land y(V^{=1}xB[x] \land B[y] \lor \neg V^{=1}xB[x] \land y=a_0 \supset \iota xB[x]=y)$, also
$Vy(V^{=1}xB[x] \land B[y] \lor \neg V^{=1}xB[x] \land y=a_0) \supset Vy(\iota xB[x]=y)$, also
$V^{=1}xB[x] \land VyB[y] \lor \neg V^{=1}xB[x] \land Vy(y=a_0) \supset Vy(\iota xB[x]=y)$, wegen
$V^{=1}xB[x] \supset VyB[y]$, $V^{=1}xB[x] \lor \neg V^{=1}xB[x]$ und
$Vy(y=a_0)$, also $Vy(\iota xB[x]=y)$. Ferner gilt
$\land xA[x] \land Vy(\iota xB[x]=y) \supset Vy(\iota xB[x]=y \land A[y])$, wegen A8 gilt
$\land y(\iota xB[x]=y \supset (A[y] \supset A[\iota xB[x]]))$, also
$\land xA[x] \supset A[\iota xB[x]]$.

T3: $A[s] \supset VxA[x]$.

Das folgt sofort aus T2.

T4: a) $s=s$
b) $s=t \supset (A[s] \supset A[t])$
c) $s=t \supset t=s$
d) $s=t \land t=r \supset s=r$

Beweis: (a) Aus A5 folgt $\land x(x=x)$, mit T2 also $s=s$. Ebenso erhält man (b) aus A6 und (c), (d) aus T1.

T5: $B[\iota xA[x]] \equiv V^{=1}xA[x] \land Vx(A[x] \land B[x]) \lor \neg V^{=1}xA[x] \land B[a_0]$.

Beweis: $B[\iota xA[x]] \supset \vee y(\iota xA[x]=y \wedge B[y])$ mit T3, T4a
$B[\iota xA[x]] \supset \vee y((\vee^{=1}xA[x] \wedge A[y] \vee \neg \vee^{=1}xA[x] \wedge y=a_0) \wedge B[y])$ nach A7, also
$B[\iota xA[x]] \supset \vee^{=1}xA[x] \wedge \vee y(A[y] \wedge B[y]) \vee \neg \vee^{=1}xA[x] \wedge B[a_0]$.
$\vee^{=1}xA[x] \wedge \vee y(A[y] \wedge B[y]) \supset \vee y(\iota xA[x]=y \wedge B[y])$ nach A7
$\vee^{=1}xA[x] \wedge \vee y(A[y] \wedge B[y]) \supset B[\iota xA[x]]$ A8.
$\neg \vee^{=1}xA[x] \wedge B[a_0] \supset \vee y(\iota xA[x]=y \wedge B[y]$ nach A7
$\neg \vee^{=1}xA[x] \wedge B[a_0] \supset B[\iota xA[x]]$ A8. Also
$\vee^{=1}xA[x] \wedge \vee x(A[x] \wedge B[x]) \vee \neg \vee^{=1}xA[x] \wedge B[a_0] \supset B[\iota xA[x]]$.

Es wäre natürlich einfacher gewesen, A4, A5 und A6 gleich in der Form T2, T4a und T4b zu formulieren und sich mit A7 oder dem gleichwertigen T5 als einzigem Kennzeichnungsaxiom zu begnügen. Durch unser Vorgehen wollen wir jedoch die Behandlung von Kennzeichnungstermen in der Modallogik vorbereiten.

T1.6-1: Der Kalkül ***LK*** ist semantisch widerspruchsfrei und vollständig.

Die Vollständigkeit ergibt sich so: A' sei derjenige Satz, der sich aus A durch Elimination der Kennzeichnungsterme nach T5 ergibt. Ist A z.B. der Satz $\wedge xF(\iota yG(y, \iota zH(z, y)), x)$, so gilt nach T5 $A \equiv \vee^{=1}yG(y, \iota zH(z, y)) \wedge \vee y(G(y, \iota zH(z, y)) \wedge \wedge xF(y, x)) \vee \neg \vee^{=1}yG(y, \iota zH(z, y)) \wedge \wedge xF(a_0, x)$, also $A \equiv \vee^{=1}y(\vee^{=1}zH(z, y) \wedge \vee z(H(z, y) \wedge G(y, z)) \vee \neg \vee^{=1}zH(z, y) \wedge G(y, a_0)) \wedge \vee y((\vee^{=1}zH(z, y) \wedge \vee z(H(z, y) \wedge G(y, z)) \vee \neg \vee^{=1}zH(z, y) \wedge G(y, a_0)) \wedge \wedge xF(y, x)) \vee \neg \vee^{=1}y(\vee^{=1}zH(z, y) \wedge \vee z(H(z, y) \wedge G(y, z)) \vee \neg \vee^{=1}zH(z, y) \wedge G(y, a_0)) \wedge \wedge xF(a_0, x)$. Dieser letztere Satz ist A'. Ist nun A k.l. wahr, so ist auch A' k.l. wahr; da A' keine Kennzeichnungsterme mehr enthält, ist A' dann i.l. wahr, also nach T1.5-1 in ***LI*** beweisbar, und daher auch in ***LK***.

1.7 Existenz

Wir wollen in die Sprache ***LK*** auch ein Existenzprädikat E(x) einführen, so daß ein Satz E(s) besagt, daß das durch s bezeichnete Objekt existiert. Wir fassen also den Bereich U, den *universe of discourse*, den wir den Interpretationen Φ zugrundegelegt haben, als Menge der *möglichen Objekte* auf, und zeichnen eine Teilmenge U' von U als Menge der existierenden Objekte aus. Es soll gelten $\Phi(E)=U'$.

Ein solcher Ansatz wird durch folgende Überlegungen nahegelegt: In natürlichen Sprachen kommen Ausdrücke vor, die syntaktisch als

Eigennamen charakterisiert sind, die aber keine existierenden Objekte bezeichnen, sowie Eigennamen für nicht mehr existierende Objekte, z.B. für nicht mehr lebende Personen. Die Sätze „Odysseus ging in Ithaka an Land", „Pegasus ist ein geflügeltes Pferd", „Sokrates war der Lehrer Platons", „Nixon erinnert sich an Eisenhower" sind Beispiele für die sinnvolle Verwendung solcher Namen, die keine (gegenwärtig) existierenden Objekte oder Personen bezeichnen.

Kommen nun in ***LK*** Namen für solche Objekte vor, so kann man wegen der Allgemeingültigkeit des Prinzips $A[s] \supset \bigvee x A[x]$ den Quantor $\bigvee x$ nicht mehr lesen als „Es existiert ein Ding x, für das gilt: ...". $\bigvee x A[x]$ besagt nur mehr, daß es ein *mögliches* Ding mit der durch $A[x]$ ausgedrückten Eigenschaft gibt. Um über *existierende* Dinge zu quantifizieren, wird man daher andere Quantoren verwenden.

Es sei ***LKE*** die um die einstellige PK E erweiterte Sprache ***LK***. In ***LKE*** definieren wir:

D1.7-1 a) $\bigwedge.xA[x] := \bigwedge x(E(x) \supset A[x])$
b) $\bigvee.xA[x] := \neg \bigwedge.x\neg A[x]$
c) $\iota.xA[x] := \iota x(E(x) \wedge A[x])$
d) $\bigvee.^{=1}xA[x] := \bigvee x \bigwedge.y(A[y] \equiv y=x)$.

Den Interpretationsbegriff für ***LKE*** definieren wir nun so:

D1.7-2: Eine *Interpretation* von ***LKE*** über dem nichtleeren Bereich U möglicher Objekte und dem (evtl. leeren) Bereich U′ existierender Objekte mit $U' \subset U$ ist eine k.l. Interpretation Φ über U, für die gilt $\Phi(E)=U'$.

Da wir keine speziellen Annahmen über E machen (U′ kann leer sein, kann aber auch mit U zusammenfallen), setzen wir keine Axiome für E an. Es gelten nach D1.7-1 folgende Theoreme: $\bigwedge.y(A[y] \supset \bigvee.xA[x])$ und $A[t] \wedge E(t) \supset \bigvee.xA[x]$, aber nicht $A[t] \supset \bigvee.xA[x]$; $\bigwedge.y(\bigwedge.xA[x] \supset A[y])$ und $\bigwedge.xA[x] \wedge E(t) \supset A[t]$, aber nicht $\bigwedge.xA[x] \supset A[t]$; $\bigvee.^{=1}xA[x] \supset \bigwedge.x(A[x] \equiv x=\iota.yA[y])$, aber nicht $\bigvee^{=1}xA[x] \supset \bigwedge x(A[x] \equiv x=\iota.yA[y])$.
Ferner gilt das Prinzip $\bigwedge.xA[x] \supset \bigvee.xA[x]$ nicht.

Es gilt der Satz

T1.7-1: Ist A ein k.l. wahrer Satz von ***LK***, in dem keine GK vorkommt, und geht A* aus A hervor, indem man alle Vorkommnisse der Operatoren $\bigwedge$, $\bigvee$ und ι durch solche von $\bigwedge.$, $\bigvee.$ und $\iota.$ ersetzt, so ist auch der Satz $\bigvee.x(B[x] \vee \neg B[x]) \supset A^*$ für beliebige B[x] k.l. wahr.

Beweis: Gibt es eine Interpretation Φ über U und U′ von ***LKE***, die den Satz $\bigvee.x(B[x] \vee \neg B[x]) \supset A^*$ nicht erfüllt, so ist U′ wegen $\Phi(\bigvee.x(B[x] \vee \neg B[x]))=w$ nicht leer. Ist Φ' eine k.l. Interpretation von ***LK*** über U′, für die gilt $\Phi'(a)=\Phi(a)$ für $\Phi(a)\epsilon U'$ und $\Phi'(F)=\{\langle\alpha_1, \ldots, \alpha_n\rangle: \alpha_1\epsilon U' \wedge \ldots \wedge \alpha_n\epsilon U' \wedge \alpha_1, \ldots, \alpha_n\epsilon\Phi(F)\}$, so gilt für alle Sätze C, die nur GK a enthalten mit $\Phi(a)\epsilon U'$: $\Phi'(C)=\Phi(C^*)$, wo C*, wie in T1.7-1 angegeben, aus C entsteht. Es gilt dann wegen $\Phi(A^*)=f$ also $\Phi'(A)=f$, so daß A nicht k.l. wahr ist. Man beweist die Behauptung $\Phi'(C)=\Phi(C^*)$ leicht durch Induktion nach dem Grad von C.

2 Notwendigkeit

2.1 Modalbegriffe

Die Modallogik im engeren Sinn des Wortes – im weiteren Sinn kann man alle intensionalen Logiksysteme als „modallogisch" bezeichnen – befaßt sich mit Aussagen über Notwendigkeit, Möglichkeit, Unmöglichkeit und Kontingenz. Diese vier Begriffe heißen *Modalbegriffe*.

Die Wörter „notwendig", „möglich" etc., bzw. „notwendigerweise", „möglicherweise" etc. sind Adjektive, bzw. Adverbien, die Sachverhalte oder Attribute charakterisieren. Betrachten wir die Sätze

1) *Es ist möglich, daß Fritz kommt.*
2) *2+2 ist notwendigerweise 4.*
3) *Fritz ist ein möglicher Kandidat für den Posten.*
4) *Es ist Hans möglich zu kommen.*
5) *Skifahren ist möglich.*

In (1) und (2) charakterisieren „möglich" und „notwendigerweise" Sachverhalte (daß Fritz kommt, bzw. daß 2+2=4 ist). In diesen Fällen können wir die Sätze immer in der *Normalform* „Es ist notwendig (möglich, unmöglich, kontingent), daß ..." schreiben, wo „..." für einen (vollständigen) Satz steht. Das geht aber nicht ohne weiteres auch in den Fällen (3) bis (5), in denen „möglich" sich auf ein Prädikat bezieht. Die Sätze

3') *Es ist möglich, daß Fritz ein Kandidat für den Posten ist.*
4') *Es ist möglich, daß Hans kommt.*
5') *Für jeden, der Skifahren kann, gilt: es ist möglich, daß er Ski fährt.*

haben nicht genau dieselbe Bedeutung wie (3) bis (5). „Möglich sein" wird auch im Sinne von „können", „in Frage kommen", „geeignet sein", „in der Lage (fähig) sein" verwendet, und in diesem Sinn würde man (3) bis (5) besser so wiedergeben:

3'') *Fritz ist ein geeigneter Kandidat für den Posten (kommt als Kandidat in Frage).*

4″) *Hans ist in der Lage zu kommen (kann kommen).*
5″) *Man kann Skifahren (Die Schneeverhältnisse erlauben es, Ski zu fahren).*

Solche Fälle, in denen die Wörter „möglich", „notwendig" etc. im Sinne anderer, deskriptiver Ausdrücke verwendet werden und durch sie ersetzbar sind, sind für uns hier nicht von Interesse. Uns geht es nur um Verwendungen dieser Wörter in Sätzen, in denen sie nicht durch andere ersetzbar sind, und solche *Modalsätze* können wir immer in der angegebenen Normalform schreiben.

Man kann nun je drei der vier Modalbegriffe durch den vierten definieren. Wir wählen die Notwendigkeit als Grundbegriff. Schreiben wir

NA für *Es ist notwendig, daß A,*
MA für *Es ist möglich, daß A,*
UA für *Es ist unmöglich, daß A,* und
CA für *Es ist kontingent, daß A,*

so können wir definieren

$MA := \neg N(\neg A)$
$UA := N(\neg A)$
$CA := \neg NA \wedge \neg N(\neg A)$.

Ein Sachverhalt ist *unmöglich*, wenn er notwendigerweise falsch ist; er ist *möglich*, wenn er nicht unmöglich ist, d.h. wenn es nicht notwendig ist, daß er falsch ist; und er ist *kontingent*, wenn er weder notwendig noch unmöglich ist.

Neben den vier angegebenen Modalbegriffen gibt es noch andere interessante Begriffe, die sich mit ihnen definieren lassen, wie z.B. die *strikte Implikation*, die man durch $N(A \supset B)$ darstellen kann.

Die vier Symbole N, M, U, C bezeichnen wir als *Modaloperatoren*. Modalopratoren sind Satzoperatoren, d.h. sie werden auf ganze Sätze angewendet und erzeugen aus ihnen neue Sätze. Die Modalbegriffe beziehen sich dagegen auf Sachverhalte oder Propositionen. Es sind also *Sachverhalte*, die notwendig, möglich, unmöglich oder kontingent sind. Der Kürze wegen sagt man aber auch oft, ein *Satz* sei notwendig, möglich etc., ebenso wie man neben Sätze auch Sachverhalte als wahr oder falsch bezeichnet. Man kann ja festlegen: Ein *Satz* ist notwendig (möglich, wahr etc.) genau dann, wenn der Sachverhalt notwendig (möglich, wahr etc.) ist, den er ausdrückt.

Was soll es nun heißen, wenn wir sagen, ein Sachverhalt p sei notwendig? Das heißt zunächst, daß p nicht nur tatsächlich (zufällig) wahr ist, sondern gar nicht falsch sein könnte. Aber es gibt verschiedene Aspekte, unter denen man sagen kann, ein Satz könne nicht falsch sein:

a) *Analytische Notwendigkeit:* Im engsten Sinn ist ein Satz notwendig, wenn seine Wahrheit sich aus seiner Bedeutung ergibt; wenn er eine Bedeutungswahrheit darstellt. Ein solcher Satz gilt unabhängig von Tatsachenfragen, d.h. unter allen (konsistenterweise) denkbaren Umständen. Alle logisch wahren Sätze und alle mathematischen Theoreme sind analytisch nowendig, daneben aber auch Sätze wie „Alle Junggesellen sind unverheiratet" oder „Was rot ist, ist nicht grün", etc.

b) *Naturgesetzliche Notwendigkeit:* In einem weiteren Sinn ist ein Satz notwendig, wenn er zwar nicht aufgrund seiner Bedeutung wahr sein muß, wenn es also denkbar ist, daß er falsch ist, wenn aber die Annahme, er sei falsch, den Naturgesetzen widerspricht. In diesem Sinn gilt z.B. der Satz „Es ist notwendig, daß die Geschwindigkeit eines Körpers kleiner ist als die Lichtgeschwindigkeit" oder „Es ist notwendig, daß in einem Kreisleiter ein Strom fließt, wenn man einen Magneten hindurchführt". Beide Sätze sind dagegen nicht analytisch notwendig.

c) *Notwendigkeit als naturgesetzliche Verträglichkeit:* Notwendig in diesem Sinn ist alles, was naturgesetzlich so sein muß, damit die Welt so ist, wie sie ist. Möglich ist alles, was mit dem gegenwärtigen Zustand der Welt naturgesetzlich verträglich ist. Eine Aussage über vergangene Weltzustände ist also möglich, wenn die Welt, wie sie jetzt ist, nach den Naturgesetzen aus derartigen Weltzuständen entstanden sein könnte. Und eine Aussage über künftige Weltzustände ist möglich, wenn sich solche Zustände aus dem gegenwärtigen Weltzustand naturgesetzlich ergeben könnten. Jeder Satz, der gegenwärtig wahr ist, ist also in diesem Sinn auch notwendig.

d) *Epistemische Notwendigkeit:* In (a) bis (c) stellt sich die Notwendigkeit als ontische Modalität dar. Deutet man aber z.B. N(A) im Sinne von „Es ist bekannt, daß A", wo „bekannt sein" „wahr sein" impliziert, so erhält man eine epistemische Deutung von „notwendig" [1].

Das sind nur einige von vielen Deutungen des Notwendigkeitsbegriffes. Wir wollen uns im folgenden nicht auf eine bestimmte Deutung des Wortes „notwendig" beziehen, sondern die Modallogik als Rahmen für verschiedene Interpretationen dieses Wortes aufbauen und nur gewisse formale Mindestforderungen an diese Interpretationen stellen. In diesen Rahmen passen alle Notwendigkeitsbegriffe, der

[1] Vgl. dazu den Abschnitt 4.5.

engste Begriff der analytischen Notwendigkeit und der weiteste Begriff, nach dem Notwendigkeit mit Wahrheit zusammenfällt.

Die Modallogik geht auf Aristoteles zurück. Im Rahmen der modernen Logik wurden modallogische Systeme von C.I. Lewis seit etwa 1914 eingeführt [2]. Ein systematischer Vergleich der verschiedenen Systeme, eine Analyse der ihnen zugrundeliegenden Ideen und ein Nachweis der Adäquatheit, speziell der Vollständigkeit dieser Systeme wurde jedoch erst im Rahmen der modallogischen Semantik möglich, wie er von S. Kripke und anderen seit ca. 1960 entwickelt worden ist. Als eine in diesem Sinn voll ausgereifte Theorie ist also die Modallogik im Vergleich zur extensionalen Logik eine noch sehr junge Disziplin.

2.2 Die Sprache *N*

Die Sprache *N* der Modallogik soll eine Erweiterung der p.l. Sprache *L* sein, wie sie in 1.1 aufgebaut wurde. Diese Erweiterung ergibt sich dadurch, daß wir N, den modallogischen Operator für Notwendigkeit, als Satzoperator zum Alphabet von *L* hinzunehmen.

Wir erhalten dann folgende *Formregeln:*

D2.2-1: a) Jede GK von *N* ist ein Term von *N*.
b) Ist F eine n-stellige PK und sind $t_1, \ldots, t_n$ Terme von *N*, so ist $F(t_1, \ldots, t_n)$ ein (Prim-) Satz von *N*.
c) Ist A ein Satz von *N*, so sind auch $\neg A$ und NA Sätze von *N*.
d) Sind A und B Sätze von *N*, so ist auch $(A \supset B)$ ein Satz von *N*.
e) Ist A[a] ein Satz, a eine GK und x eine GV von *N*, die in A[a] nicht vorkommt, so ist $\bigwedge x A[x]$ ein Satz von *N*.

Wir übernehmen die Klammerregeln und die Definitionen D1.2-2 von *L* für *N*. Der Operator N soll stärker binden als die aussagenlogischen Operatoren. Für $N(A \wedge B)$ können wir also nicht $NA \wedge B$ schreiben.

D2.2-2: 1) Wir definieren den *Modalgrad* – kurz MG – von Sätzen so:

---

[2] Vgl. insbesondere Lewis und Langford (32). – Für die historische Entwicklung der Modallogik vgl. z.B. I.M. Bochenski (56) und W. und M. Kneale (62). Die gegenwärtig wohl beste moderne Darstellung der Modallogik ist Hughes und Cresswell (68).

a) Alle Primsätze haben bzgl. aller Vorkommnisse von GK in ihnen den MG 0.

b) Hat A bzgl. eines Vorkommnisses einer GK den MG n, so hat $\neg$ A bzgl. dieses Vorkommnisses den MG n und NA den MG n+1.

c) Hat A, bzw. B bzgl. eines Vorkommnisses einer GK den MG n, so auch $(A \supset B)$.

d) Hat A[a] bzgl. eines Vorkommnisses einer GK den MG n, so auch $\bigwedge x A[x]$ (falls dieses Vorkommnis nicht durch x ersetzt worden ist).

2) Ein Satz A[a] hat bzgl. a den MG n, wenn n das Maximum der MG von A[a] bzgl. derjenigen Vorkommnisse von a ist, die in A[*] nicht enthalten sind.

3) Eine Satzform A[x] hat bzgl. x denselben MG wie A[a] bzgl. a.

4) Ein Satz A hat den MG n, wenn n das Maximum der MG von A bzgl. aller Vorkommnisse von GK in A ist.

Wir definieren:

D2.2-3: a) $MA := \neg N \neg A$. (A ist möglich)

b) $CA := MA \wedge M \neg A$. (A ist kontingent)

c) $A \supset B := N(A \supset B)$ (Strikte Implikation)

d) $A \mathrel{\dot{\equiv}} B := N(A \equiv B)$ (Strikte Äquivalenz)

2.3 Intensionen

Modaloperatoren sind im Gegensatz zu den aussagenlogischen Satzoperatoren *nicht extensional,* d.h. der Wahrheitswert eines Satzes NA hängt nicht nur vom Wahrheitswert von A ab. Wenn ich weiß, daß A wahr ist, so weiß ich damit noch nicht, ob NA wahr ist oder falsch. Und wenn man in dem Satz „Es ist notwendig, daß 2+2=4 ist" den Satz „2+2=4" durch den ebenfalls wahren Satz „Florence Nightingale starb 1910" ersetzt, so ändert sich sein Wahrheitswert. Daher lassen sich Sätze der Form NA mithilfe der prädikatenlogischen Semantik nicht so interpretieren, daß die Art und Weise deutlich wird, wie die Bedeutung von NA von der Bedeutung von A abhängt. Ist Φ eine Interpretation im Sinne von D1.2-1, so hängt $\Phi(NA)$ nicht nur von $\Phi(A)$ ab, so daß sich $\Phi(NA)$ nicht rekursiv bestimmen läßt. Extensionale Interpretationen, wie die nach D1.2-1, ordnen den wohlgeformten Ausdrücken einer Sprache nur Extensionen zu: den Termen Objekte, den n-stelligen Prädikaten Mengen von n-tupeln von Objekten, den Sätzen Wahrheitswerte. Da die Extension von NA aber nicht nur von der Extension von A abhängt, genügt die Zuordnung von Extensionen nicht mehr für eine rekursive Definition der Extensionen von Ausdrücken, die Modaloperatoren enthalten, und man muß zu Interpretationen übergehen, die den Ausdrücken auch so etwas wie Bedeutungen zuordnen.

Es stellt sich also die Frage, was für eine Art von Entitäten Bedeutungen sind, bzw. wie man Bedeutungen logisch darstellen kann.

Man kann sagen, daß eine extensionale Interpretation Φ die Wahrheitswerte der Sätze in unserer Welt festlegt. Es war nun Carnaps Idee, informationsreichere Interpretationen so zu bestimmen, daß sie die Wahrheitswerte der Sätze nicht nur in einer, nämlich unserer Welt, der „wirklichen" Welt, festlegen, sondern ihre Wahrheitswerte in allen möglichen Welten. Eine *mögliche Welt* ist dabei nicht als ein ferner Kosmos zu denken, sondern als unsere Welt, wie sie aussehen könnte, wenn sie nicht so beschaffen wäre, wie sie ist. Irreale Redeweisen sind uns allen geläufig; wir reden davon, was hätte passieren können, wenn nicht die und die Ereignisse eingetreten wären. Wir reden dabei über mögliche Sachverhalte. Wie unsere Welt nach Wittgenstein „alles ist, was der Fall ist", d.h. die Menge der tatsächlich bestehenden Sachverhalte, so ist eine mögliche Welt nichts anderes als eine Menge möglicher Sachverhalte. Wenn man über unsere Welt redet, so redet man über bestehende Sachverhalte, d.h. Tatsachen; wenn man über mögliche Welten redet, so redet man über mögliche Sachverhalte, d.h. über Sachverhalte, die entweder bestehen oder bestehen könnten, wenn die Welt anders aussähe, als es der Fall ist. Wenn man den Unterschied zwischen *Sachverhalt* und *Tatsache* (als bestehendem Sachverhalt) macht, so kann man sich auch das Wort „möglich" sparen und „Sachverhalt" für „möglicher Sachverhalt" sagen, und „Welt" statt „mögliche Welt". Eine mögliche Welt ist dann eine Menge von Sachverhalten, die logisch konsistent ist und in dem Sinn vollständig, daß für jede Tatsache in unserer Welt sie selbst oder ihre Negation in dieser Menge enthalten ist. Sie stellt also eine konsistente und komplette fiktive Erzählung über diese Welt dar [3].

Carnaps Überlegung war nun diese: Wenn man die Bedeutung eines Ausdrucks kennt, so kann man prinzipiell in allen möglichen Welten (unter allen Umständen) seine Extension feststellen. Wenn ich den Sinn eines Eigennamens kenne, kann ich unter beliebigen Umständen feststellen, welches Objekt er bezeichnet. Und wenn ich die Bedeutung eines Prädikats wie „rot" kenne, d.h. weiß, daß es

[3] Vgl. dazu auch D. Lewis (73), 4.1.

für die Eigenschaft ‚rot' steht, so kann ich unter allen Umständen kraft der Fähigkeit, rote und nicht rote Dinge zu unterscheiden, sagen, auf welche Dinge dieses Prädikat zutrifft. Weniger subjektiv formuliert: Wenn die Bedeutung eines Ausdrucks festliegt, liegen auch seine Extensionen in allen möglichen Welten fest. Das ist zunächst unproblematisch.

Problematisch ist dagegen die Umkehrung: Kann man sagen, daß auch die Bedeutung eines Ausdrucks eindeutig bestimmt ist, wenn seine Extension in allen möglichen Welten festliegt? Diesem Problem können wir aber zunächst aus dem Wege gehen, indem wir nicht von *Bedeutungen* reden, sondern von *Intensionen* und diesen Begriff gerade so festlegen, daß gilt:

Die Intension eines Ausdrucks bestimmt seine Extensionen in allen möglichen Welten, und umgekehrt.

Oder äquivalent:

Zwei Ausdrücke haben dieselbe Intension genau dann, wenn sie in jeder möglichen Welt dieselbe Extension haben.

Wir können dann durch Abstraktion eine Definition der Intension gewinnen:

D2.3-1: Die *Intension* eines Ausdrucks A ist jene Funktion, die jeder möglichen Welt die Extension von A in dieser Welt zuordnet.

Eine intensionale Interpretation der Sätze einer Sprache über einer Menge I möglicher Welten ist nun eine zweistellige Funktion $\Phi_i(A)$, die jeder Welt $i \in I$ und jedem Satz A der Sprache den Wahrheitswert von A in i zuordnet. Die Intension von A ist dann die Funktion $\Phi_i(A)$ als Funktion von i – wir schreiben dafür $\lambda i \Phi_i(A)$ –, eben jene Funktion mit dem Definitionsbereich I, die jedem Argument i den Wert $\Phi_i(A)$, d.h. die Extension (den Wahrheitswert) von A in i zuordnet.

Formal gesehen ist also eine intensionale Interpretation eine Menge von extensionalen Interpretationen; die Menge der Φ_i für alle $i \in I$. Ist F ein extensionaler Satzoperator, so daß F(A) nur vom Wahrheitswert von A abhängt, so hängt $\Phi_i(F(A))$ für jedes i nur von $\Phi_i(A)$ ab. Ist F dagegen ein intensionaler, z.B. ein modaler Operator, so hängt $\Phi_i(F(A))$ nicht nur von $\Phi_i(A)$, sondern auch von Werten $\Phi_j(A)$ für gewisse $j \neq i$ ab. Eine solche Semantik, die mit Mengen von extensionalen Interpretationen arbeitet, ist ein wesentlich stärkeres Instrument als die Semantik, die nur mit einzelnen solchen Interpretationen arbeitet.

Mit D2.3-1 hat man nun im extensionalen Begriffsgerüst, in der Sprache der (extensionalen) Mengenlehre, die von Klassen und Funktionen handelt, einen präzisen Begriff der Intension gewonnen, der nicht weniger exakt ist als die Begriffe, mit denen die extensionale Logik arbeitet, und der als eine gute Näherung für den Bedeutungsbegriff dienen kann, mit der wir in der Modallogik zunächst auskommen [4]. Dieser Ansatz liefert uns genaue Kriterien für Intensionsgleichheit und -verschiedenheit, und man kann genau angeben, was unter der Intension von Eigennamen, Prädikaten und Sätzen zu verstehen ist. Die Intension eines *Eigennamens* a ist jene Funktion, die für jede mögliche Welt angibt, welchen Gegenstand a in ihr bezeichnet. Für primitive Eigennamen ist es umstritten, ob man ihnen neben einer Extension überhaupt eine Bedeutung oder Intension zuordnen soll [5]. Wenn man – wie das unten begründet wird – allen Welten aus I denselben Objektbereich U zugrunde legt, dann wird man solche primitiven Namen als *Standardnamen* interpretieren, d.h. man wird festlegen, daß sie in jeder Welt dasselbe Objekt bezeichnen. Denn es gibt keinen vernünftigen intuitiven Grund, mit demselben Eigennamen, wie z.B. „Walter Scheel" in verschiedenen Welten verschiedene Dinge zu bezeichnen; vielmehr besteht die einzige semantische Funktion solcher Namen in der Bezeichnung eines bestimmten Gegenstands. Bei Standardnamen bestimmt also ihre Extension ihre Intension; diese ist durch die Extension eindeutig festgelegt. Insofern kann man sagen, daß solche Namen keine *selbständige* Intension haben; sie haben aber, wie alle Ausdrücke, eine Intension, nicht nur eine Extension. Anders liegt der Fall bei zusammengesetzten Namen, wie z.B. Kennzeichnungstermen. Hier wird man natürlich annehmen, daß z.B. der Ausdruck „Der gegenwärtige Präsident der Bundesrepublik Deutschland" in verschiedenen Welten verschiedene Personen bezeichnen kann, so daß die Extension dieses Ausdrucks in unserer Welt (Walter Scheel) nicht schon seine Intension eindeutig bestimmt.

Die Intension eines *Prädikats* F ist jene Funktion, die jeder möglichen Welt i aus I den Umfang von F in i zuordnet. Dieser Umfang wird von Welt zu Welt in der Regel verschieden sein. Es gibt aber auch Prädikate, speziell Gattungsnamen, denen man evtl. in allen Welten denselben Umfang zuordnen wird: Ist ein Objekt α aus U ein Mensch, so liegt es nahe, zu sagen, daß α in allen möglichen Welten ein Mensch ist, da ein Mensch in der Welt i z.B. nicht mit

---

4 Auf einen engeren Bedeutungsbegriff werden wir erst im Abschnitt 7.4 eingehen.

5 Vgl. dazu z.B. Kripke (70) oder Kutschera (71), 2.1.2.

einem Vogel in der Welt j identisch sein könne [6]. Aber das hängt davon ab, welche Grenzen man der Phantasie zieht; ob man nicht auch Märchenwelten als möglich zuläßt, in denen sich Menschen in Vögel verwandeln, wie in der Geschichte vom Kalif Storch. In dieser Hinsicht wollen wir uns daher hier nicht festlegen.

Die Intension eines *Satzes* A endlich ist jene Funktion, die jedem $i \epsilon I$ den Wahrheitswert von A in i zuordnet. Ich kenne die Intension von A also, wenn ich weiß, unter welchen Bedingungen (in welchen Welten) A wahr ist; d.h. wenn ich die analytischen Wahrheitsbedingungen für A kenne.

Beim Aufbau der intensionalen Semantik ist nun vor allem die Frage umstritten, ob man allen Welten i aus I denselben Individuenbereich U zugrunde legen soll, so daß alle Interpretationen Φ_i Interpretationen über U im Sinne von D1.2-1 sind, oder ob man jeder Welt i einen eigenen Bereich U_i von Objekten zugrundelegen soll, so daß die U_i und U_j für $i \neq j$ sich nur teilweise überschneiden oder gänzlich disjunkt sind.

Wir wollen im folgenden den einfachsten Weg wählen und allen Welten aus I denselben Individuenbereich zugrunde legen. Dabei fassen wir allerdings U im Sinn von 1.7 als Menge *möglicher* Objekte auf und ordnen jeder Welt $i \epsilon I$ eine Menge U_i von in i *existierenden* Objekten zu [7], denn es würde die Menge der möglichen Welten zu sehr einschränken, wenn wir verlangten, daß in ihnen allen dieselben Objekte existieren.

Gegen diesen Ansatz kann man einwenden, daß wir Individuen immer nur nach Maßgabe ihrer Attribute identifizieren oder unterscheiden können im Sinne des Leibnizprinzips, daß zwei Objekte identisch sind genau dann, wenn sie dieselben Eigenschaften haben. Anstelle dieses Leibnizprinzips müßte dann ein anderes Prinzip der *trans-world-identity* treten, das besagt, unter welchen Bedingungen (nach Maßgabe welcher gemeinsamen Eigenschaften) Objekte aus verschiedenen Welten als identisch anzusehen sind. Als Einwand gegen unseren Ansatz ist dieses Argument aber nicht stichhaltig: Man kann die Identität von Individuen auch als Grundbegriff ansehen, wie wir das tun; oder man könnte sie auf der Grundlage von Eigenschaften identifizieren, die nicht durch Prädikate der zu interpretierenden Sprache ausgedrückt werden.

---

6 Solche Gattungsnamen könnte man dann auch als Standardnamen für Klassen auffassen. Sie würden dann „essentielle" Eigenschaften darstellen.

7 In 2.4 werden wir der Einfachheit halber zunächst die Mengen U_i nicht einführen und das auf den Abschnitt 2.9 verschieben.

Überzeugender ist der Gedanke, daß man den semantischen Ansatz verallgemeinern kann, indem man, wie D. Lewis in (68) und (71) vorschlägt, jeder Welt $i \epsilon I$ einen eigenen Individuenbereich U_i zugrundelegt, so daß $U_i \cap U_j = \Lambda$ ist (die leere Menge) für $i \neq j$, und dann eine Korrespondenzrelation (*counterpart relation*) zwischen Objekten verschiedener Welten definiert. In jedem Fall bedarf es aber einer solchen Korrespondenzrelation oder Identität zwischen den Objekten verschiedener Welten, damit man die Intensionen von Prädikaten sinnvoll festlegen kann: Wenn keine Beziehung zwischen den Individuen verschiedener Welten besteht, besagt die Angabe der Intension eines Prädikats nichts über seine Bedeutung; eine Angabe, daß soundsoviele Objekte in dieser Welt unter das Prädikat F fallen und soundsoviele Objekte in jener Welt, gibt mir keine hinreichende Auskunft über die Bedeutung von F.

Größere Allgemeinheit ist nun aber nicht immer ein Vorzug. Allgemeinheit ist hier, wie auch sonst oft, nur um den Preis höherer Komplexität zu haben. Solange daher interessante neue Anwendungsmöglichkeiten für den allgemeineren Ansatz nicht in Sicht sind, ist es vorteilhafter, bei dem einfachen Ansatz eines Individuenbereichs für alle Welten zu bleiben.

Was wir bisher erörtert haben, sind allgemeine Grundgedanken der intensionalen Semantik. Wie lassen sich nun in diesem Rahmen Modalsätze interpretieren? Man kann zunächst jeder Welt i aus I eine nichtleere Menge S_i von Welten zuordnen, die bzgl. i möglich sind. Wenn man z.B. S_i mit einer zweistelligen Relation R auf I definiert durch $S_i = \{j \epsilon I\colon iRj\}$ (die Klasse der j aus I mit der Eigenschaft iRj), so kann man iRj lesen als: „Die Welt j ist möglich bzgl. der Welt i (von i aus gesehen)", oder auch: „j ist *zugänglich* (*accessible*) von i aus". Dann wird man die in i möglichen Sätze bestimmen als diejenigen Sätze, die in *mindestens einer* Welt aus S_i wahr sind, und die in i notwendigen Sätze als die in *allen* Welten aus S_i wahren Sätze.

Wenn gilt $S_i=\{i\}$, bzw. $\Lambda ij(iRj \supset j=i)$, so fällt Notwendigkeit mit Möglichkeit und Wahrheit zusammen. Wenn gilt $S_i=I$, bzw. $\Lambda ij(iRj)$, so fällt Notwendigkeit mit analytischer Notwendigkeit zusammen, mit Wahrheit in allen möglichen Welten. Das sind die beiden Extremfälle. Die physikalische Notwendigkeit wird sich darstellen als Wahrheit in einer mehr oder minder großen Teilmenge von I. Bei einer Deutung von „möglich" im Sinne von „mit dem gegenwärtigen Weltzustand naturgesetzlich verträglich" besagt iRj, daß die Welt j von i aus gesehen naturgesetzlich möglich ist. Wenn man jede Welt j als Zustand der Welt zu einem bestimmten *Zeitpunkt* t(j) versteht, so besagt iRj also, daß j ein früherer Weltzustand als i ist, aus dem i nach den Naturgesetzen entstanden sein kann, oder ein späterer Weltzustand als i, in den i nach den Naturgesetzen übergehen kann, oder ein gleichzeitiger, mit i identischer Zustand [8].

Der Notwendigkeitsbegriff wird also durch die Funktion S_i, bzw. die Relation iRj festgelegt. Da jede Welt bzgl. ihrer selbst möglich ist, wird man zunächst die *totale Reflexivität* von R fordern: d.h. $\bigwedge i(iRi)$, bzw. $i \epsilon S_i$. Diese Reflexivität führt dazu, daß das fundamentale Prinzip $NA \supset A$ gilt – was notwendig ist, ist wahr.

Es liegt nahe, auch die *Symmetrie* der Relation R zu fordern: $\bigwedge ij(iRj \supset jRi)$ – wenn j bzgl. i möglich ist, so ist auch i bzgl. j möglich. Diese Forderung führt u.a. zu dem Prinzip $A \supset NMA$ – Was wahr ist, ist notwendigerweise möglich.

Eine weitere naheliegende Forderung ist die der *Transitivität* von R: $\bigwedge ijk(iRj \wedge jRk \supset iRk)$ – wenn k bzgl. j möglich ist und j bzgl. i, so ist auch k bzgl. i möglich. Das führt u.a. zu dem Prinzip $NA \supset NNA$: Was notwendig ist, ist notwendigerweise notwendig. Transitivität und Symmetrie führen zusammen dazu, daß im Rahmen der Aussagenlogik mehrstufige Modalitäten, wie sie in dem Satz NMNNA vorkommen, auf einstufige Modalitäten reduziert werden können.

Für physikalische und analytische Notwendigkeit gelten sowohl Symmetrie wie Transititvität. Wir werden diese Eigenschaften jedoch im folgenden nicht generell fordern, sondern die Konsequenzen dieser Prinzipien in verschiedenen modallogischen Systemen verfolgen.

2.4 Die Semantik der Sprache *N*

Nach den im vorigen Abschnitt skizzierten Grundgedanken der intensionalen Semantik und den intuitiven Überlegungen zum Begriff der Notwendigkeit bauen wir nun die Semantik von *N* wie folgt auf:

D2.4-1: Eine *Interpretation* der Sprache *N* ist ein Quadrupel $\langle U, I, R, \Phi \rangle$, für das gilt:

1. U ist eine nichtleere Menge von (möglichen) Objekten (der *Objektbereich* der Interpretation).
2. I ist eine nichtleere Menge von Welten.

[8] Dieses Beispiel zeigt, daß die möglichen Welten ebenso momentane Weltzustände sein können wie Welten in der zeitlichen Erstreckung ihrer Veränderung.

3. R ist eine totalreflexive binäre Relation auf I.
4. Φ_i ist für jedes i∈I eine Funktion, für die gilt:
   a) $\Phi_i(a)=\Phi_j(a)$ für alle i, j∈I und alle GK a von *N*.
   b) Φ_i erfüllt die Bedingungen (a) bis (f) für p.l. Interpretationen von ***L*** über U nach D1.2-1.
   c) $\Phi_i(NA)=w$ genau dann, wenn für alle j mit iRj gilt $\Phi_j(A)=w$.

Die Bedingung $\Phi' \underset{a}{=} \Phi$ in D1.2-1f ist nun sinngemäß so zu verstehen, daß ⟨U, I, R, Φ'⟩ eine Interpretation ist, die mit ⟨U, I, R, Φ⟩ übereinstimmt bis evtl. auf die Werte $\Phi'_j(a)$ und $\Phi_j(a)$ für beliebige Welten j∈I. Würde man fordern, daß sich Φ und Φ' nur höchstens bzgl. der Werte $\Phi_i(a)$, $\Phi'_i(a)$ *für die jeweilige Bezugswelt* i unterscheiden, so würde man damit den Sinn einer Quantifikation über Objekte (anstatt über Intensionen) nicht korrekt erfassen. Dieser Unterschied entfällt aber bei der Verwendung von Standardnamen. Entsprechend verstehen wir die Aussage $\boldsymbol{M}' \underset{a}{=} \boldsymbol{M}$ für ***M'*** = ⟨U', I', R', Φ'⟩ und ***M***=⟨U, I, R, Φ⟩ so, daß gilt U'=U, I'=I, R'=R und $\Phi' \underset{a}{=} \Phi$.

Intuitiv besagt iRj, wie im letzten Absatz besprochen wurde, daß j eine bzgl. der Welt i mögliche Welt ist. Die Forderung der Reflexivität in (3) beinhaltet also, daß jede Welt bzgl. ihrer selbst möglich ist. Die Forderung 4c beinhaltet, daß wir eine Proposition als notwendig ansehen in einer Welt i genau dann, wenn sie in allen bzgl. i möglichen Welten gilt.

Wir definieren:

D2.4-2: Eine Interpretation ***M***=⟨U, I, R, Φ⟩ *erfüllt* einen Satz A in i∈I, wenn $\Phi_i(A)=w$ ist. A heißt *gültig* in ***M***, wenn ***M*** A in allen i∈I erfüllt. A heißt m.l. (modallogisch) *gültig*, wenn A in allen Interpretationen von *N* gültig ist.

D2.4-3: Eine Interpretation ***M***=⟨U, I, R, Φ⟩ von *N*, für die R transitiv ist, nennen wir eine *1-Interpretation*. Ist R transitiv und symmetrisch, so nennen wir ***M*** eine *2-Interpretation*. Ist R nur symmetrisch, so ist ***M*** eine *3-Interpretation*. Gilt für alle i, j∈I iRj, so ist ***M*** eine *4-Interpretation*. Wir nennen m.l. Interpretationen im Sinne von D2.4-1 auch *O-Interpretationen*.

Ist ein Satz A gültig in allen r-Interpretationen (r=0, 1, 2, 3, 4), so nennen wir A *r-gültig*.

D2.4-4: Ein *Schluß* von den Sätzen $A_1, \ldots A_n$ auf den Satz B heißt *gültig* in einer Interpretation ***M***=⟨U, I, R, Φ⟩, wenn für alle i∈I gilt: Ist $\Phi_i(A_1)=w$ und ... und $\Phi_i(A_n)=w$, so ist auch $\Phi_i(B)=w$. Der Schluß heißt *r-gültig* (r=0, 1, 2, 3), wenn er gültig ist bei allen r-Interpretationen. Wir drücken die r-Gültigkeit des Schlusses symbolisch aus durch $A_1, \ldots, A_n \underset{r}{\rightarrow} B$.

Wir geben nun einige semantische Theoreme an:
T2.4-1: Gilt $A_1, \ldots, A_n \rightarrow B$, so gilt auch $A_1, \ldots, A_n \underset{r}{\rightarrow} B$. Das ist eine direkte Folge davon, daß die Interpretationen von N nach D2.4-4b die Bedingungen für prädikatenlogische Interpretationen erfüllen.
T2.4-2: (*Koinzidenztheorem*): Gilt $\langle U, I, R, \Phi\rangle \underset{a}{=} \langle U', I', R', \Phi'\rangle$ und kommt die GK a nicht in A vor, so gilt $\Phi_i(A) = \Phi_i'(A)$ für alle $i\epsilon I$.
Beweis: Wir schließen an den Beweis dieses Theorems für ***L*** in 1.2 an, und haben im Induktionsschritt nur den Fall hinzuzufügen, daß A die Gestalt NB hat. Ist $\Phi_i(NB)=w$, so gilt für alle j mit iRj $\Phi_j(B)=w$. Wegen $R'=R$ gilt dann aber auch für alle j mit $iR'j$ nach Induktionsvoraussetzung $\Phi_j'(B)=w$ also $\Phi_i'(NB)=w$.
Umgekehrt schließt man ebenso.
T2.4-3: (*Überführungstheorem*): Gilt $\langle U, I, R, \Phi\rangle \underset{a}{=} \langle U', I', R', \Phi'\rangle$ und $\Phi'(a)=\Phi(b)$, so gilt $\Phi_i'(A[a])=\Phi_i(A[b])$ für alle Sätze A[a] und für alle $i\epsilon I=I'$, wenn die GK a nicht in A[b] vorkommt.

Wir schließen an den Beweis dieses Theorems in 1.2 an und haben im Induktionsschritt wiederum nur noch den Fall zu untersuchen, daß A[a] die Gestalt NB[a] hat. Gilt $\Phi_i(NB[b])=w$, so gilt für alle $j\epsilon I$ mit iRj : $\Phi_j(B[b])=w$. Nach Induktionsvoraussetzung gilt also auch $\Phi_j'(B[a])=w$, also wegen $R'=R$: $\Phi_i'(NB[a])=w$. Umgekehrt schließt man ebenso.

Man beachte, daß dieser Beweis von der Deutung der GK als Standardnamen Gebrauch macht. Andernfalls könnte man aus der Bedingung $\Phi'(a) = \Phi(b)$ – d.h. $\Phi_i'(a) = \Phi_i(b)$ für irgendwelche i – nicht mehr die Induktionsvoraussetzung im m.l. Fall gewinnen. Es wäre dann vielmehr $\Phi_j'(a) = \Phi_j(b)$ für alle $j\epsilon I$ zu fordern.

Wegen der Interpretation der GK im Sinn von Standardnamen ist es auch möglich, die Schlußweisen $NA[a] \rightarrow \vee xNA[x]$ und $\wedge xNA[x] \rightarrow NA[a]$ für GK a aufrechtzuerhalten, d.h. in modallogische Kontexte hineinzuquantifizieren.

In der Diskussion der Modallogik hat die Frage eine wichtige Rolle gespielt, ob man in dieser Weise in modallogische Kontexte hineinquantifizieren kann, d.h. ob Sätze wie $\wedge xNA[x]$ oder $\vee xNA[x]$ sinnvoll sind, und spezielle solche fundamentalen p.l. Gesetze wie

1) $NA[a] \supset \vee xNA[x]$ und
2) $\wedge xNA[x] \supset NA[a]$.

Die Frage bezweifelt also nicht nur die Geltung spezieller m.l. Gesetze, sondern allgemein den Sinn von Aussagen über Modalitäten *de re*. Die Unterscheidung von Modalitäten *de dicto* und solchen *de re* hängt mit dem von uns in 2.1 erörterten Unterschied von adjektivischen und adverbialen Verwendungen von Modalbegriffen zusammen. Wird ein

Sachverhalt (*dictum*) als notwendig charakterisiert, so spricht man von einer Modalität *de dicto*, wird ein Objekt (*res*) als möglich charakterisiert, so spricht man von einer Modalität *de re*. Da wir die Modaloperatoren immer nur auf Sätze anwenden, fällt dieser Unterschied für uns mit dem Unterschied der Anwendung von Modaloperatoren auf Sätze, wie in N⋀xA[x], bzw. auf Satzformen, wie in ⋀xNA[x] zusammen, so daß der Gebrauch von Modalitäten *de re* bedeutet, daß man in Modalkontexte hineinquantifiziert.

Wäre nun nur eine m.l. Aussagenlogik möglich, so wären der Anwendbarkeit der Modallogik natürlich enge Grenzen gesetzt. Die Problematik von Quantifizierungen in modallogische Texte hat insbesondere Quine hervorgehoben [9]. Eine Aussage wie VxNA[x] besagt, daß es ein *Objekt* x gibt, das notwendigerweise die Eigenschaft A hat. Das läßt sich sinnvoll nur so verstehen, daß *dasselbe* Objekt x in allen zugänglichen Welten diese Eigenschaft hat. Das setzt eine Identifizierbarkeit von Objekten in verschiedenen Welten voraus. Ferner müssen alle Objekte der realen Welt auch Objekte der von ihr aus zugänglichen Welten sein. Und die Geltung einer Aussage wie NA[a] ⊃ VxNA[x] setzt endlich auch voraus, daß die Geltung von NA[a] nur von der Extension von a abhängt, wie das für Standardnamen gilt [10]. Alle diese Voraussetzungen sind bei unserem Ansatz erfüllt, und man kann sich leicht überlegen, daß die beiden Sätze (1) und (2) m.l. gültig sind: Zu (1): Es sei $\Phi_i(NA[a])=w$. Setzen wir $\Phi' \underset{b}{=} \Phi$ und $\Phi'(b)=\Phi(a)$, wo die GK b nicht in NA[a] vorkommt, so gilt nach dem Überführungstheorem $\Phi'_i(NA[b])=w$, also $V\Phi'(\Phi' \underset{b}{=} \Phi \wedge \Phi'_i(NA[b])=w)$, also $\Phi_i(VxNA[x])=w$.
Zu (2): Es sei $\Phi_i(\bigwedge xNA[x])=w$, also $\bigwedge\Phi'(\Phi' \underset{b}{=} \Phi \supset \Phi'_i(NA[b])=w)$, wo b nicht in ⋀xNA[x] vorkommt. Es sei $\Phi' \underset{b}{=} \Phi$ und $\Phi'(b)=\Phi(a)$. Dann gilt also $\Phi'_i(NA[b])=w$, nach dem Überführungstheorem also $\Phi_i(NA[a])=w$.

T2.4-4: Die 4-gültigen Sätze sind genau die 2-gültigen Sätze.
Beweis: Ist ein Satz A nicht 4-gültig, so ist er auch nicht 2-gültig, da alle 4-Interpretationen 2-Interpretationen sind. Ist A nicht 2-gültig, so gibt es eine Interpretation $M=\langle U, I, R, \Phi\rangle$ und ein $i\epsilon I$ mit $\Phi_i(A)=f$. R ist dann eine Äquivalenzrelation. [i] sei die Menge der Welten j mit

---

9 Vgl. Quine (53).

10 Dieser Satz gilt auch in Systemen, in denen die GK nicht als Standardnamen gedeutet werden, Unsere Behauptung ist aber, daß seine Geltung dort intuitiv nicht überzeugend begründet ist, wenn man ihn im normalen Sinn versteht. Im Abschnitt 2.8 wird gezeigt, daß (1) und (2) für Kennzeichnungsterme nicht gelten.

iRj. Dann ist M'=⟨U, [i], R', Φ'⟩ eine 4-Interpretation, wo R' die Relation R, beschränkt auf [i], und Φ' die Funktion Φ, beschränkt auf [i] ist. Es gilt dann $\Phi'_j(B)=\Phi_j(B)$ für alle j∈[i] und alle Sätze B, also $\Phi_i(A)$=f.

Wir können also im folgenden auf eine gesonderte Betrachtung von 4-Interpretationen verzichten.

2.5 Fundamentale Axiomensysteme der Modallogik

Wir betrachten zunächst drei Grundsysteme der Modallogik. Der Kalkül N_0 entsteht aus dem p.l. Kalkül ***L***, d.h. den Axiomen A1 bis A4 und den Regeln R1 und R2, durch Hinzunahme der folgenden Regel und Axiome:

N1: NA ⊃ A
N2: N(A⊃B) ⊃ (NA ⊃ NB)
N3: ΛxNA[x] ⊃ NΛxA[x].
RN: A ⊢ NA.

Der Kalkül N_1 entsteht aus N_0 durch Hinzunahme des Axioms
N4: NA ⊃ NNA.

Der Kalkül N_2 entsteht aus N_1 durch Hinzunahme des Axioms
N5: MA ⊃ NMA.

N_3 entstehe aus N_0 durch Hinzunahme von
N6: A ⊃ NMA.

N_0 ist, abgesehen vom prädikatenlogischen Teil, das System T von R. Feys in (37) und das System M von G.H. von Wright in (51). Es stellt das modallogische Basissystem dar [11]. N3 ist die *Barcan-Formel*, benannt nach Ruth C. Barcan, die dieses Prinzip zuerst diskutiert hat. Der prädikatenlogische Teil von N_0 ist damit, wie wir im folgenden noch sehen werden, sehr stark. N_1 ist, wieder abgesehen vom prädikatenlogischen Teil, äquivalent mit dem System S4 in Lewis und Langford in (32) und dem System M' von G.H. von Wright in (51). N_2 ist im aussagenlogischen Teil äquivalent mit den Systemen S5 von Lewis und Langford in (32) und M'' von Wright in (51). N_3 ist im aussagenlogischen Teil das „Brouwersche System". N6 ist das „Brouwersche Axiom", das in Becker (30) angegeben wurde. Sein Name erklärt sich aus seiner Funktion bei der Rekonstruktion der intuitionistischen Logik als Modalsystem; L.E.J. Brouwer ist der Begründer der intuitionistischen Logik.

---

[11] Für schwächere Systeme vgl. Kripke (65). Wie im semantischen Vollständigkeitsbeweis für diese Systeme deutlich wird, fehlt ihnen jedoch eine überzeugende intuitive Deutung, so daß wir sie hier nicht behandeln.

In den Kalkülen N_r(r=0, 1, 2, 3) gilt wieder das Deduktionstheorem. Wir definieren:

D2.5-1: Wir nennen eine AF A in einer Ableitung ***K*** *kritisch,* wenn ***K*** eine Anwendung von RN auf eine Formel enthält, die in ***K*** von A abhängt [12].

Das Deduktionstheorem für N_r lautet nun

T2.5-1: Gibt es eine Ableitung von B aus $A_1, \ldots, A_n$ in N_r, in der für A_n keine GK eliminiert wird und in der A_n nicht kritisch ist, so gibt es auch eine Ableitung von $A_n \supset B$ aus $A_1, \ldots, A_{n-1}$ in N_r, bei der weder neue GK für AF eliminiert werden, noch neue AF kritisch werden.

Schreiben wir wieder $A_1, \ldots, A_n \vdash_0 B$, falls es eine Ableitung von B aus $A_1, \ldots, A_n$ gibt, in der für keine AF eine GK eliminiert wird und in der keine AF kritisch ist, so können wir T2.5-1 auch kürzer, wenn auch weniger informativ, so ausdrücken: Aus $A_1, \ldots, A_n \vdash_0 B$ folgt $A_1, \ldots A_{n-1} \vdash_0 A_n \supset A$.

Beweis: Wir schließen direkt an den Beweis des Deduktionstheorems für ***L*** in 1.3 an und haben dann nur mehr folgenden Schritt hinzuzufügen:

In der ursprünglichen Ableitung ***K*** entsteht der i-te Satz C_i durch Anwendung von RN auf den Satz C_h.C_i hat also die Gestalt NC_h. Dann hängt nach Voraussetzung C_h nicht von A_n ab, d.h. es gibt eine Ableitung von C_h aus den AF $A_1, \ldots, A_{n-1}$. Diese Ableitung ergänzen wir um die Zeilen:

NC_h	RN
$NC_h \supset (A_n \supset NC_h)$	A1
$A_n \supset NC_h$	R1.

Die Beschränkung auf nicht kritische AF A_n in T2.5-1 ist wesentlich, da man sonst aus RN das Theorem $A \supset NA$ erhalten würde, mit N1 also $NA \equiv A$, so daß Notwendigkeit mit Wahrheit zusammenfiele.

Theoreme von N_0

TN1: $A \supset B \vdash NA \supset NB$

Beweis:	$A \supset B$	AF
	$N(A \supset B)$	RN
	$NA \supset NB$	N2

TN2: $A \equiv B \vdash NA \equiv NB$

Das folgt direkt aus TN1.

---

[12] Vgl. dazu die Definition D1.3-1.

TN3: $NA \wedge NB \equiv N(A \wedge B)$

Beweis: $A \wedge B \supset A$ p.l.

$N(A \wedge B) \supset NA$ TN1

$N(A \wedge B) \supset NB$ ebenso TN1

$N(A \wedge B) \supset NA \wedge NB$ p.l.

Umgekehrt erhalten wir

$A \supset (B \supset A \wedge B)$ p.l.

$NA \supset N(B \supset A \wedge B)$ TN1

$NA \supset (NB \supset N(A \wedge B))$ N2

$NA \wedge NB \supset N(A \wedge B)$ p.l., also

$NA \wedge NB \equiv N(A \wedge B)$ p.l.

TN4: $NA \vee NB \supset N(A \vee B)$

Beweis: $A \supset A \vee B$ p.l.

$NA \supset N(A \vee B)$ TN1

$NB \supset N(A \vee B)$ ebenso, also

$NA \vee NB \supset N(A \vee B)$ p.l.

TN5: $NA \supset \neg N \neg A$

Beweis: Aus NA und $N \neg A$ folgt nach T2 $N(A \wedge \neg A)$, nach N1 $A \wedge \neg A$.

TN6: $(A \equiv B) \supset (NA \equiv NB)$

Das erhält man nach D2.2-3c mit N2 und TN3.

TN7: $N \bigwedge x A[x] \supset \bigwedge x NA[x]$

Beweis: $\bigwedge x A[x] \supset A[a]$ A4, a komme in $\bigwedge x A[x]$ nicht vor.

$N \bigwedge x A[x] \supset NA[a]$ TN1

$N \bigwedge x A[x] \supset \bigwedge x NA[x]$ R2.

TN8: $\bigvee x NA[x] \supset N \bigvee x A[x]$

Beweis: $A[a] \supset \bigvee x A[x]$ p.l., a komme in $\bigvee x A[x]$ nicht vor.

$NA[a] \supset N \bigvee x A[x]$ TN1

$\bigvee x NA[x] \supset N \bigvee x A[x]$ mit R2.

TN9: $A \supset MA$

Aus $\neg MA$ folgt nach D2.2-3a $N \neg A$, nach N1 also $\neg A$.

TN10: $NA \supset MA$

Mit TN5 und D2.2-3a.

TN11: $A \supset B \vdash MA \supset MB$

Aus $\vdash A \supset B$ folgt $\vdash \neg B \supset \neg A$, nach TN1 also $\vdash N \neg B \supset N \neg A$, also $\vdash \neg N \neg A \supset \neg N \neg B$, also $MA \supset MB$.

TN12: $A \equiv B \vdash MA \equiv MB$

Das folgt direkt aus TN11.

TN13: $(A \supset B) \supset (MA \supset MB)$

Aus $N(A \supset B)$ folgt nach TN1 $N(\neg B \supset \neg A)$, nach N2 $N(\neg B) \supset N(\neg A)$, also $\neg N(\neg A) \supset \neg N(\neg B)$. – Damit erhält man auch

TN14: $(A \equiv B) \supset (M(A) \equiv M(B))$

TN15: $M(A \lor B) \equiv MA \lor MB$
Das folgt mit D2.2-3a aus TN3.
TN16: $M(A \land B) \supset MA \land MB$.
Beweis: $N\neg A \lor N\neg B \supset N(\neg A \lor \neg B)$ TN4
$\neg N(\neg(A \land B)) \supset \neg N\neg A \land \neg N\neg B$ p.l.
$M(A \land B) \supset MA \land MB$. D2.2-3a.
TN17: $NA \land MB \supset M(A \land B)$
Aus $NA \land \neg N\neg B$ folgt $\neg(NA \supset N\neg B)$, nach N2 also $\neg N(A \supset \neg B)$, also $M(A \land B)$.
TN18: $M(\bigvee xA[x]) \equiv \bigvee xM(A[x])$.
Beweis: $\bigwedge xN(\neg A[x]) \equiv N(\bigwedge x\neg A[x])$ N3, TN7
$\bigvee x\neg N(\neg A[x]) \equiv \neg N(\neg \bigvee xA[x])$ p.l., TN2
$\bigvee xM(A[x]) \equiv M(\bigvee xA[x])$ D2.2-3a.
TN19: $M(\bigwedge xA[x]) \supset \bigwedge xM(A[x])$
Beweis: $\bigvee xN(\neg A[x]) \supset N(\bigvee x\neg A[x])$ TN8
$\neg N(\bigvee x\neg A[x]) \supset \neg \bigvee xN(\neg A[x])$ p.l.
$M(\bigwedge xA[x]) \supset \bigwedge xM(A[x])$, D2.2-3a.

Gesetze der strikten Implikation
Man verifiziert leicht die folgenden Theoreme
TN20: $A \supset B \vdash A \mathrel{\underset{\cdot}{\supset}} B$
TN21: $NA \supset (B \mathrel{\underset{\cdot}{\supset}} A)$
TN22: $N\neg A \supset (A \mathrel{\underset{\cdot}{\supset}} B)$
TN23: $(\neg A \mathrel{\underset{\cdot}{\supset}} A) \equiv NA$
TN24: $(A \mathrel{\underset{\cdot}{\supset}} B) \land (\neg A \mathrel{\underset{\cdot}{\supset}} B) \equiv NB$.

Theoreme von N_1
TN25: $NA \equiv NNA$
Das folgt direkt aus N1 und N4.
TN26: $MA \equiv MMA$
Das folgt aus T25 mit D2.2-3a.
TN27: $MNMA \supset MA$
Beweis: $NMA \supset MA$ N1
$MNMA \supset MMA$ TN11
$MNMA \supset MA$ TN26
TN28: $NMA \equiv NMNMA$
Beweis: $MNMA \supset MA$ TN27
$NMNMA \supset NMA$ TN1
$NMA \supset MNMA$ TN9
$NNMA \supset NMNMA$ TN1
$NMA \supset NMNMA$ TN25
TN29: $MNA \equiv MNMNA$

Beweis: $\neg$MNA ≡ $\neg$MNMNA TN28
MNA ≡ MNMNA p.l.

Theoreme von N_2

TN30: A ⊃ NMA
Das folgt aus TN9 und N5.
TN31: MA ≡ NMA
Das folgt aus N1 und N5.
TN32: NA ≡ MNA
Das folgt aus TN31 mit D2.3-3a.
TN33: N(NA∨B) ≡ NA∨NB

Beweis:	NB ⊃ N(NA∨B)	mit TN1
	NA ⊃ NNA	N4
	NA ⊃ N(NA∨B)	TN4
	NA∨NB ⊃ N(NA∨B)	p.l.
	N(NA∨B) ⊃ ($\neg$N$\neg$NA ∨ NB)	N2
	N(NA∨B) ⊃ MNA∨NB	D2.2-3
	N(NA∨B) ⊃ NA∨NB	TN31.

TN34: N(MA∨B) ≡ MA∨NB
Beweis: N(NMA∨B) ≡ NMA ∨ NB TN33
N(MA∨B) ≡ MA ∨ NB TN31, TN2.
TN35: M(NA∧B) ≡ NA∧MB
Beweis: $\neg$N(M$\neg$A ∨ $\neg$B) ≡ $\neg$M$\neg$A ∧ $\neg$N$\neg$B TN34
M(NA ∧ B) ≡ NA ∧ MB D2.2-3a.
TN36: M(MA∧B) ≡ MA∧MB.
Beweis: M(NMA∧B) ≡ NMA∧MB TN35
M(MA∧B) ≡ MA ∧ MB TN31, TN12.

T2.5-2: Zu jedem Satz A von *N* ohne Quantoren gibt es einen Satz A′ mit dem Modalgrad (MG) 1, so daß in N_2 gilt ⊢A ≡A′.
Beweis: A′ wird aus A durch folgende Schritte erzeugt:

1. Man eliminiert aus A alle Operatoren außer $\neg$, N, M, ∨ und ∧ durch definitorische Ersetzung.
2. Man schiebt den Operator $\neg$ möglichst weit nach innen, wobei man TN2, TN12, die De Morganschen Gesetze $\neg$(A∧B) ≡ $\neg$A∨$\neg$B und $\neg$(A∨B) ≡ $\neg$A∧$\neg$B benützt, doppelte Negationen wegläßt nach dem Gesetz $\neg\neg$A ≡ A, und nach D2.3-3a $\neg$NA durch M$\neg$A, $\neg$MA durch N$\neg$A ersetzt.
3. Nach den Gesetzen NNA ≡ NA (TN25), MMA ≡ MA (TN26), NMA ≡ MA (TN31), MNA ≡ NA (TN32) ersetzt man dann alle Ketten von Modaloperatoren durch einen Modaloperator.
4. In Formeln N(A∧B), M(A∨B) und M(A∧B), wo A oder B Sätze mit Modaloperatoren sind, wendet man die Gesetze

TN3, TN15 und TN33 bis TN36 an und erhält damit äquivalente Sätze, in denen die Modaloperatoren nach innen geschoben sind. Die Schritte (3) und (4) werden solange wiederholt, bis sich ein Satz von MG 1 ergibt. Da alle Umformungen in N_2 äquivalente Sätze ergeben, ist damit die Behauptung bewiesen.

Wir können A′ als Übersetzung von A in eine Sprache ansehen, in der Modaloperatoren nicht iteriert verwendet werden dürfen. Das Thoerem zeigt, daß N_2 mit dem auf eine solche Sprache angewendeten Kalkül N_0 gleichwertig ist.

Dieses Reduktionsverfahren gelingt im p.l. Fall nicht generell, so sind z.B. die Sätze NVx(A[x] ∧ NB[x]) und NVx(A[x] ∧ MB[x]) nicht reduzierbar. Es ist ein offenes Problem, ob es intuitiv plausible Zusatzannahmen für die p.l. Semantik von Modalsprachen gibt, die eine generelle Reduzierbarkeit auch im p.l. Fall garantiert. Die Forderung NVxA[x] ⊃ VxNA[x] wäre zwar hinreichend, ist aber nicht plausibel. Allgemein fehlt bisher eine systematische Untersuchung von spezifisch p.l. Prinzipien für Modalbegriffe [13].

TN37: MA ⊃ B ⊢ A ⊃ NB

Beweis:	MA ⊃ B	AF
	NMA ⊃ NB	RN, N2
	A ⊃ NMA	TN30
	A ⊃ NB	p.l.

In N_2 ist die Barcan-Formel N3 beweisbar:

ΛxNA[x] ⊃ NA[a]	p.l.
M(ΛxNA[x]) ⊃ MNA[a]	TN11
M(ΛxNA[x]) ⊃ A[a]	TN32, N1
M(ΛxNA[x]) ⊃ ΛxA[x]	R2
ΛxNA[x] ⊃ N(ΛxA[x])	TN37.

Gesetze von N_3

Fügt man N6 zu N_1 hinzu, so erhält man N_2:

MA ⊃ NMMA	N6
MA ⊃ NMA	TN26, TN1.

Im Hinblick auf TN30 ist also N6 mit N5 bzgl. N_1 äquivalent. Ohne N4 erhält man aus N_0 jedoch mit N6 ein System, das weder stärker noch schwächer ist als N_1, aber schwächer als N_2.

---

[13] Einen Ansatz dazu hat G.H. von Wright gemacht mit seinem Vorschlag eines *Prinzips der Prädikation* Λx(NA[x] ∨ N¬A[x]) ∨ Λx(MA[x] ∧ M¬A[x]) (Alle Prädikate sind essentiell oder akzidentell). Das ist jedoch nicht plausibel: Für das Prädikat A[x]: „x ist ein rothaariger Mensch" gilt z.B. Vx¬MA[x] (Hasen sind z.B. notwendigerweise keine Menschen), aber ΛxM¬A[x] und VxMA[x].

2.6 Die Adäquatheit der Systeme N_r

T2.6-1: Die Systeme N_r (r=0,1,2,3) sind semantisch *widerspruchsfrei*, d.h. es gilt: Ist ein Satz A Theorem von N_r, so ist A r-gültig.

Daraus folgt mit dem Deduktionstheorem sofort: Gilt $A_1, \ldots, A_n \vdash_{\overline{0}} N_r$ B, so gilt $A_1, \ldots, A_n \underset{r}{\to} B$.

Beweis von T2.6-1: Nach T2.5-1 sind alle Axiome von ***L*** gültig in jeder Interpretation M=⟨U, I, R, Φ⟩. N1: Ist Φ_i(NA)=w, so gilt für alle j mit iRj Φ_j(A)=w. Wegen der Reflexivität von R gilt also auch Φ_i(A)=w. N2: Gilt Φ_i(N(A ⊃ B))=w, so gilt für alle j mit iRj Φ_j(A ⊃ B)=w. Gilt nun auch Φ_i(NA)=w, so gilt für alle diese j auch Φ_j(A)=w, also Φ_j(B)=w, also Φ_i(NB)=w. RN: Gilt für ein i Φ_i(NA)=f, so gibt es ein j mit Φ_j(A)=f; d.h. A ist dann nicht gültig in ***M***. N3: Gilt Φ_i(⋀xNA[x])=w, so gilt für alle Φ' mit $\Phi' \underset{a}{=} \Phi$: Φ'_i(NA[a])=w, wo a eine GK ist, die in ⋀xNA[x] nicht vorkommt. Dann gilt für alle j mit iRj Φ'_j(A[a])=w. Es gilt dann auch für alle diese j Φ_j(⋀xA[x])=w, also Φ_i(N⋀xA[x])=w. N4: Gilt Φ_i(NNA)=f, so gibt es ein j mit iRj und Φ_j(NA)=f, also auch ein k mit jRk mit Φ_k(A)=f. Ist R transitiv, so gilt wegen iRj und jRk auch iRk, d.h. es gilt dann Φ_i(NA)=f. N5: Gilt Φ_i(NMA)=f, so gibt es ein j mit iRj und Φ_j(MA)=f; also gilt für alle k mit jRk : Φ_k(A)=f. Wegen der Transitivität von R gilt aber auch für alle diese k iRk, und gibt es ein l mit iRl, so gilt wegen der Symmetrie von R jRi, wegen der Transitivität von R also jRl; daher sind die l mit iRl genau die k mit jRk, also ist Φ_i(MA)=f. N6: Ist Φ_i(NMA)=f, so gibt es ein j mit iRj und Φ_j(MA)=f; also gilt für alle k mit jRk Φ_k(A)=f. Wegen der Symmetrie von R ist aber i ein solches k, so daß auch Φ_i(A)=f gilt.

T2.6-2: Die Systeme N_r (r=0,1,2,3) sind semantisch *vollständig*, d.h. es gilt: Ist ein Satz A r-gültig, so ist A in N_r beweisbar.

Daraus folgt dann sofort: Gilt $A_1, \ldots, A_n \underset{r}{\to} B$, so gilt auch $A_1, \ldots, A_n \vdash_{\overline{0}} N_r$ B.

Beim Beweis von T2.6-2 folgen wir den Gedanken von Hughes und Cresswell in (68): Wir definieren die Begriffe der N_r-Konsistenz und N_r-Maximalität von Satzmengen in Analogie zu T1.4-2 und übernehmen von dort den Begriff der normalen Satzmenge. Wir definieren:

D2.6-1: Eine E-*Formel* für die GK a ist eine Formel der Gestalt A[a] ⊃ ⋀xA[x], wo a in ⋀xA[x] nicht vorkommt; und ist B eine E-Formel für a und C eine Formel, die a nicht enthält, so ist MC ⊃ M(B∧C) eine E-Formel für a. Unterscheiden sich zwei E-Formeln nur bzgl. der GK, für die sie E-Formeln sind, so sagen wir, sie haben dieselbe E-*Form*.

D2.6-2: Eine Satzmenge $\boldsymbol{A}$ ist E-*normal*, wenn sie zu jeder E-Form mindestens eine E-Formel enthält.

E-normale Satzmengen sind normal, da unter den E-Formen die Sätze der Gestalt $A[a] \supset \Lambda x A[x]$ sind.

D2.6-3: Ist I eine nichtleere Menge von Indices, so heißt $\boldsymbol{S}=\langle I, \boldsymbol{A}\rangle$ ein N_r-*Mengensystem* (r=0,1,2,3) genau dann, wenn gilt:

a) Für jedes $i \in I$ ist $\boldsymbol{A}_i$ eine E-normale N_r-maximale Satzmenge.

b) Für jedes $i \in I$ gilt: Ist $\boldsymbol{T}(\boldsymbol{A}_i)$ die Menge der Sätze A mit $NA \in \boldsymbol{A}_i$ und B ein Satz mit $MB \in \boldsymbol{A}_i$, so gibt es ein $j \in I$ mit $\boldsymbol{T}(\boldsymbol{A}_i) \cup \{B\} \subset \boldsymbol{A}_j$.

Wir führen den Beweis für T2.6-2 indirekt in 4 Schritten:

1. Ist der Satz A nicht in N_r beweisbar, so ist $\{\neg A\}$ N_r-konsistent.
2. Zu jeder N_r-konsistenten Satzmenge $\boldsymbol{A}$, in deren Formeln unendlich viele GK nicht vorkommen, gibt es eine E-normale N_r-maximale Satzmenge $\boldsymbol{B}$ mit $\boldsymbol{A} \subset \boldsymbol{B}$.
3. Zu jeder E-normalen N_r-maximalen Satzmenge $\boldsymbol{B}$ gibt es ein N_r-Mengensystem $\boldsymbol{S}=\langle I, \boldsymbol{A}\rangle$ mit $\boldsymbol{L} \in \boldsymbol{S}$.
4. Zu jedem N_r-Mengensystem $\boldsymbol{S}$ gibt es eine r-Interpretation $M=\langle U, I, R, \Phi\rangle$, so daß Φ_i genau die Sätze aus $\boldsymbol{A}_i$ erfüllt.

Wir beweisen zunächst den Hilfssatz:

(1) Ist $\boldsymbol{A}$ eine N_r-konsistente Satzmenge, in deren Formeln die GK a nicht vorkommt, und A[a] eine E-Formel für a, so ist $\boldsymbol{A} \cup \{A[a]\}$ N_r-konsistent.

Würde gelten

$\boldsymbol{A}, A[a] \vdash_0 \neg(C \supset C)$, so nach dem Deduktionstheorem
$\boldsymbol{A} \vdash_0 A[a] \supset \neg(C \supset C)$, also nach R2 (a komme in C nicht vor)
$\boldsymbol{A} \vdash_0 \vee x A[x] \supset \neg(C \supset C)$, also
$\boldsymbol{A}, \vee x A[x] \vdash_0 \neg(C \supset C)$. Nun gilt aber
$\vdash \vee x A[x]$, also $\boldsymbol{A} \vdash_0 \neg(C \supset C)$, im Widerspruch zur Annahme.

Denn hat A[a] die Gestalt $B[a] \supset \Lambda x B[x]$, so folgt aus $\Lambda x B[x] \supset \vee x B[x]$ $\vee x(B[x] \supset \vee x B[x])$. Und hat A[a] die Gestalt $MC \supset M(C \wedge B[a])$, wobei schon gezeigt ist $\vdash \vee x B[x]$, so gilt wegen $\vdash C \supset C \wedge \vee x B[x]$ und TN11 $MC \supset M(C \wedge \vee x B[x])$, also nach TN12 $MC \supset M(\vee x(C \wedge B[x]))$, nach TN18 $MC \supset \vee x M(C \wedge B[x])$, also $\vee x(MC \supset M(C \wedge B[x]))$.

Es sei nun A nicht in N_r beweisbar. Dann ist $\{\neg A\}$ N_r-konsistent, und wir konstruieren zu $\{\neg A\}$ eine E-normale N_r-maximale Menge $\boldsymbol{B}$ mit $\neg A \in \boldsymbol{B}$. $C_1, C_2, \ldots$ sei eine Abzählung der E-Formen. $\boldsymbol{B}'$ sei die Vereinigung der $\boldsymbol{B}_n$ mit $\boldsymbol{B}_0 = \neg A$, $\boldsymbol{B}_{n+1} = \boldsymbol{B}_n \cup \{C_n[a]\}$, wobei $C_n[a]$ eine E-Formel der E-Form C_n sei mit einer GK a, die in den Sätzen von $\boldsymbol{B}_n$ noch nicht vorkommt. Alle $\boldsymbol{B}_n$ sind nach (1) N_r-konsistent, also auch $\boldsymbol{B}'$. $\boldsymbol{B}'$ wird dann nach dem Schema von T1.4-2 zu einer N_r-maximalen Menge $\boldsymbol{B}$ erweitert. $\boldsymbol{B}$ ist nach Konstruktion E-normal.

Zu $\boldsymbol{B}$ konstruieren wir nun ein N_r-Mengensystem $\boldsymbol{S}$: Es sei $\boldsymbol{S}_1 = \{\boldsymbol{B}\}$. Ist $\boldsymbol{S}_n$ als Menge N_r-maximaler, E-normaler Satzmengen gegeben, so definieren wir $\boldsymbol{S}_{n+1}$ wie folgt: Es sei $\boldsymbol{A} \epsilon \boldsymbol{S}_n$ und $\boldsymbol{T}(\boldsymbol{A}) = \{A{:}NA \epsilon \boldsymbol{A}\}$. Zu jeder Formel B mit $MB \epsilon \boldsymbol{A}$ bilden wir eine E-normale N_r-maximale Menge $\boldsymbol{C}(B, \boldsymbol{A})$ mit $\{B\} \cup \boldsymbol{T}(\boldsymbol{A}) \subset \boldsymbol{C}(B, \boldsymbol{A})$. Es sei $\boldsymbol{C}_0(B, \boldsymbol{A}) = \{B\}$, $\boldsymbol{C}_1(B, \boldsymbol{A}) = \boldsymbol{C}_0(B, \boldsymbol{A}) \cup \{C_1[a_1]\}$. Dabei sei $C_1[a_1]$ eine E-Formel der ersten E-Form C_1, für die $MB \supset M(B \wedge C_1[a_1])$ in $\boldsymbol{A}$ ist; eine solche Formel gibt es wegen der E-Normalität von $\boldsymbol{A}$. Wegen $MB \epsilon \boldsymbol{A}$ und der N_r-Maximalität von $\boldsymbol{A}$ gilt also $M(B \wedge C_1[a_1]) \epsilon \boldsymbol{A}$. Sind $C_1[a_1], \ldots, C_n[a_n]$ die E-Formeln, mit denen $\boldsymbol{C}_0(B, \boldsymbol{A})$ sukzessive in den ersten n Schritten erweitert worden ist, so sei $C_{n+1}[a_{n+1}]$ eine E-Formel der (n+1)-ten E-Form C_{n+1}, für die $M(B \wedge C_1[a_1] \wedge \ldots \wedge C_n[a_n]) \supset M(B \wedge C_1[a_1] \wedge \ldots \wedge C_n[a_n] \wedge C_{n+1}[a_{n+1}])$ in $\boldsymbol{A}$ ist. Wegen der E-Normalität von $\boldsymbol{A}$ gibt es wieder eine solche E-Formel in $\boldsymbol{A}$, und wegen der Maximalität von $\boldsymbol{A}$ und $M(B \wedge C_1[a_1] \wedge \ldots \wedge C_n[a_n]) \epsilon \boldsymbol{A}$ ist $M(B \wedge C_1[a_1] \wedge \ldots \wedge C_{n+1}[a_{n+1}]) \epsilon \boldsymbol{A}$. Es sei also $\boldsymbol{C}_{n+1}(B, \boldsymbol{A}) = \boldsymbol{C}_n(B, \boldsymbol{A}) \cup \{C_{n+1}[a_{n+1}]\}$. Ist $\boldsymbol{C}'(B, \boldsymbol{A})$ die Vereinigung der $\boldsymbol{C}_n(B, \boldsymbol{A})$, ist so $\boldsymbol{C}'(B, \boldsymbol{A}) \cup \boldsymbol{T}(\boldsymbol{A})$ N_r-konsistent. Andernfalls gäbe es eine N_r-inkonsistente Teilmenge $\{A_1, \ldots, A_n, C_1[a_1], \ldots, C_m[a_m], B\}$, wo $A_1 \epsilon \boldsymbol{T}(\boldsymbol{A}), \ldots, A_n \epsilon \boldsymbol{T}(\boldsymbol{A})$ und $C_1[a_1], \ldots, C_m[a_m]$ E-Formeln sind, die in der Konstruktion einer Menge $\boldsymbol{C}_s(B, \boldsymbol{A})$ in Erweiterung von $\boldsymbol{C}_0(B, \boldsymbol{A})$ hinzugenommen wurden. Es würde also gelten $\vdash A_1 \wedge \ldots \wedge A_n \supset \neg(C_1[a_1] \wedge \ldots \wedge C_m[a_m] \wedge B)$, also wäre nach T1 und T2 $\{N(A_1), \ldots, N(A_n), M(C_1[a_1] \wedge \ldots \wedge C_m[a_m] \wedge B)\}$ N_r-inkonsistent. Diese Menge ist aber Teilmenge von $\boldsymbol{A}$, kann also nach Voraussetzung nicht N_r-inkonsistent sein.

Wie üblich erweitern wir $\boldsymbol{C}'(B, \boldsymbol{A}) \cup \boldsymbol{T}(\boldsymbol{A})$ zu einer N_r-maximalen Menge $\boldsymbol{C}(B, \boldsymbol{A})$, die nach Konstruktion E-normal ist. $\boldsymbol{S}_{n+1}$ sei die Menge der so zu jedem $\boldsymbol{A} \epsilon \boldsymbol{S}_n$ und jedem Satz B mit $MB \epsilon \boldsymbol{A}$ konstruierten Mengen $\boldsymbol{C}(\boldsymbol{A}, B)$. $\boldsymbol{S}$ sei endlich die Vereinigung der $\boldsymbol{S}_n$. $\boldsymbol{S}$ ist dann ein N_r-System. Es sei $\boldsymbol{S} = \langle I, \boldsymbol{A} \rangle$, wo I eine passende Indexmenge ist [14].

Es ist nun zu zeigen, daß es eine r-Interpretation $\boldsymbol{M} = \langle U, I, R, \Phi \rangle$ gibt und ein $i \epsilon I$, so daß der in N_r nicht beweisbare Satz A durch Φ_i nicht erfüllt wird. U sei die Menge der natürlichen Zahlen.

Wir setzen $\Phi(a_i) = i$, wo $a_1, a_2, \ldots$ eine Abzählung der GK ist, und $\Phi_i(F) = \{\langle n_1, \ldots, n_m \rangle : F(a_{n_1}, \ldots, a_{n_m}) \epsilon \boldsymbol{A}_i\}$. Und es gelte $iRj \equiv \boldsymbol{T}(\boldsymbol{A}_i)$

[14] Nach der Konstruktion von $\boldsymbol{S}$ kann man für I immer die Menge der reellen Zahlen wählen.

$\subset A_j$ für alle i, j∈I. R ist totalreflexiv wegen N1. R ist transitiv bei der Konstruktion N_1- oder N_2-maximaler Mengen; denn gilt $T(A_i) \subset A_j$ und $T(A_j) \subset A_k$, so gilt wegen N4 $\{NA: NA \in A_i\} \subset T(A_i) \subset A_j$, also $T(A_i) \subset A_k$. R ist endlich auch symmetrisch bei der Konstruktion von N_2- oder N_3-maximalen Mengen. Es sei $T(A_i) \subset A_j$. Ist nun $A \in T(A_j)$, also $NA \in A_j$, so $\neg N \neg A \in A_i$ wegen TN5. Es ist also $MA \in A_i$. Wäre nun nicht $A \in A_i$, also $\neg A \in A_i$, so nach T30, bzw. N6 $NM \neg A \in A_i$, also $N \neg NA \in A_i$, also $\neg NA \in T(A_i)$, also $\neg NA \in A_j$, also nicht $NA \in A_j$ wegen der Konsistenz von A_j, also nicht $A \in T(A_j)$ im Widerspruch zur Annahme. Es gilt also $T(A_j) \subset A_i$ [15].

Es gilt nun für alle i∈I und alle Sätze B von *N*: $\Phi_i(B)=w \equiv B \in A_i$. Das zeigt man durch Induktion nach dem Grad von B wie im Beweis von T1.4-2, wobei der folgende Fall neu hinzutritt: Ist die Behauptung bewiesen für alle Sätze vom Grad ≤n und alle i∈I und hat NB den Grad n+1, so gilt: Ist $NB \in A_i$, so $B \in T(A_i)$, also für alle j mit iRj $B \in A_j$, also nach Induktionsvoraussetzung $\Phi_j(B)=w$, also $\Phi_i(NB)=w$. Ist nicht $NB \in A_i$, so ist wegen der Maximalität von A_i $\neg NB \in A_i$, also $M(\neg B) \in A_i$. Es gibt dann nach Konstruktion von ***S*** ein j mit iRj, so daß $\neg B \in A_j$, also wegen der Konsistenz von A_j nicht $B \in A_j$, nach Induktionsvoraussetzung also $\Phi_j(B)=f$, also $\Phi_i(NB)=f$.

Ist nun i∈I der Index der Menge ***B***∈***S***, so gilt also wegen $\neg A \in$ ***B*** – A war der in N_r nicht beweisbare Satz – $\Phi_i(A)=f$. A ist also in ***M*** nicht gültig.

Damit ist T2.6-2 bewiesen.

2.7 Identität

Wenn man das Identitätssymbol „=" in die modallogische Sprache *N* einführen will, so entsteht dadurch eine Sprache *NI*, die aus ***LI*** in gleicher Weise hervorgeht wie *N* aus ***L***. Zu den Formregeln nach D2.2-1 tritt also noch die Bestimmung von D1.1-1 (vgl. 1.5) hinzu:

f) Sind s und t Terme von *NI*, so ist (s=t) ein Satz von *NI*.

Wir übernehmen die Definition D1.5-1 und erweitern den Begriff der Interpretation von *N* dadurch zu einem Begriff der (m.i.l.) Interpretation von *NI*, daß wir in D2.4-1, 4b fordern, daß Φ_i die Bedingungen für i.l. Interpretationen nach D1.5-2 erfüllt, daß also gilt $\Phi_i(s=t)=w$ genau dann, wenn $\Phi_i(s)=\Phi_i(t)$.

---

[15] Nach Konstruktion von ***S*** ist die angegebene Interpretation im Falle N_2-maximaler Mengen eine 4-Interpretation, d.h. es gilt iRj für alle i und j aus I.

Die i.l. Erweiterungen der Kalküle N_r (r=0,1,2,3) aus 2.5 werden so bestimmt, daß sie 1. Erweiterungen des Kalküls ***LI*** sind, so daß sie also die Axiome A5 und A6 enthalten, sowie 2. das zusätzliche Axiom

N7: $a \neq b \supset N(a \neq b)$.

Aus A6 erhalten wir, da wir für dieses Axiom nicht ausgeschlossen haben, daß die Gk a in A[a] im Argument eines Modaloperators steht,

TN38: $a=b \supset N(a=b)$

Beweis:	$a=a$	A5
	$N(a=a)$	RN
	$a=b \supset (N(a=a) \supset N(a=b))$	A6
	$a=b \supset N(a=b)$.	

N7 ist dagegen nur in N_2 beweisbar:

$\neg N(a=b) \supset a \neq b$	TN38
$M(a \neq b) \supset a \neq b$	D2.2-3a
$a \neq b \supset N(a \neq b)$	TN37.

Wegen N1 gilt also auch

TN39: a) $a=b \equiv N(a=b)$
b) $a \neq b \equiv N(a \neq b)$.

Wir definieren:

D2.7-1 a) $s =_0 t := s=t$
$s =_{n+1} t := N(s =_n t)$
b) $s \neq_0 t := s \neq t$
$s \neq_{n+1} t := N(s \neq_n t)$.

Für $s =_1 t$ schreiben wir auch $s \dot{=} t$.

Wegen TN39 und N4 gilt in N_1 und N_2 auch

TN40 a) $a=b \equiv a =_n b$ für beliebige $n \geqslant 0$.
b) $a \neq b \equiv a \neq_n b$ für beliebige $n \geqslant 0$.

Die Kalküle N_r, erweitert um die Axiome A5, A6 und N7 (auf das letztere Axiom kann man, wie gesagt, in N_2 verzichten), nennen wir $N_r\boldsymbol{I}$.

T2.7-1: Die Kalküle $N_r\boldsymbol{I}$ sind semantisch widerspruchsfrei und vollständig.

Die Widerspruchsfreiheit ergibt sich daraus, daß N7 r-gültig ist für m.i.l. Interpretationen $M = \langle U, I, R, \Phi \rangle$: Gilt $\Phi_i(a \neq b) = w$, so ist $\Phi_i(a) \neq \Phi_i(b)$, also nach D2.4-1, 4a $\Phi_j(a) \neq \Phi_j(b)$ für alle j mit iRj, also $\Phi_j(a \neq b) = w$, also $\Phi_i(N(a \neq b)) = w$.

Die Vollständigkeit von $N_r\boldsymbol{I}$ beweist man unter Bezugnahme auf T2.6-2 in gleicher Weise, wie wir die Vollständigkeit von ***LI*** in 1.5 unter Bezugnahme auf T1.4-2 nachgewiesen haben: Nach T2.6-2 gibt es zu jedem in $N_r\boldsymbol{I}$ (und also in N_r) nicht beweisbaren Satz A eine r-Interpretation M=⟨U, I, R, Φ⟩ mit U als Menge der natürlichen Zahlen und ein i∊I mit $\Phi_i(A)$=f. Zu M konstruieren wir eine m.i.l. r-Interpretation M'=⟨U', I, R, Φ'⟩ mit $\Phi'_i(B)=\Phi_i(B)$ für alle i∊I und alle Sätze B von *NI*. Dabei ist U' eine Menge von ausgezeichneten Elementen der Äquivalenzklassen von $\Phi_i(=)$. Diese Äquivalenzklassen sind für alle i∊I wegen TN39 dieselben. Im übrigen kann man den Beweis von T1.5-1 für den gegenwärtigen Fall direkt übernehmen mit einer elementaren Zusatzüberlegung für den Fall, daß B die Gestalt NC hat.

Die Gesetze TN38 und N7 haben auf den ersten Blick etwas Merkwürdiges, denn daß z.B. der Morgenstern mit dem Abendstern identisch ist, gilt zwar faktisch, ist aber nicht notwendig. Es ist jedoch zu beachten, daß diese Gesetze nicht für Kennzeichnungsterme gelten, sondern nur für primitive Eigennamen, und „Morgenstern" (als Name für denjenigen Stern, der am Morgenhimmel am hellsten leuchtet) und „Abendstern" (als Name für denjenigen Stern, der am Abendhimmel am hellsten leuchtet) verstehen wir als Kennzeichnungsterme. Es gibt aber andere Beispiele, in denen das weniger deutlich ist, z.B. die extensionsgleichen Namen „Lenin" und „Wladimir Iljitsch Uljanow". Es kann sein, daß ich die beiden Namen kenne, d.h. z.B. weiß, daß Wladimir Iljitsch Uljanow der Autor der „April-Thesen" ist, und Lenin das erste Staatsoberhaupt der Soviet-Union, daß ich aber nicht weiß, daß beide identisch sind. Solange ich aber beide Namen nur im Sinn einer Kennzeichnung verstehe, und den Mann nicht unabhängig von bestimmten Eigenschaften, d.h. als Individuum identifizieren kann, verstehe ich die Namen nicht als primitive (ostensive) Eigennamen, d.h. als Standardnamen. Weiß ich aber, unabhängig von gewissen kennzeichnenden Eigenschaften, wer Uljanow, bzw. Lenin ist, so weiß ich auch, daß sie identisch sind, daß also diese eine Person sich nicht in anderen Welten in zwei aufspalten kann.

2.8 Kennzeichnungen

Wenn wir zu *NI* den Kennzeichnungsoperator hinzunehmen – die dadurch entstehende Sprache sei *NK* –, so ergibt sich insofern eine neue Situation, als nicht mehr alle Terme Standardnamen sind. Da für eine einstellige PK F z.B. $\Phi_i(F)$ von i abhängt, kann sich auch der Bezug von $\iota x F(x)$ von Welt zu Welt ändern. Das bewirkt, daß die Prinzipien $s=t \supset (A[s] \supset A[t])$, $\bigwedge x A[x] \supset A[t]$ und $A[t] \supset \bigvee x A[x]$ (vgl. 1.6) nicht mehr für alle Kontexte A[*] gelten. Aus diesem Grund haben wir die entsprechenden Prinzipien in den Axiomen A4, A5 und A6 nur für GK formuliert.

Kennzeichnungsterme werden semantisch wie in D1.6-2 behandelt. Wir bezeichnen also eine m.i.l. Interpretation im Sinne von 2.7 als (m.k.l.) Interpretation von ***NK***, wenn in D2.4-1, 4b gefordert wird, daß die Φ_i die Bedingungen für k.l. Interpretationen nach D1.6-2 erfüllen. Übernehmen wir die Definition D1.6-1, so gilt zwar das Axiom A7 bei allen m.k.l. Interpretationen, nicht jedoch A8. Denn gilt $\Phi_i(V^{=1}xF(x))=f$, so ist für $\Phi_i(\iota xF(x)=b)=w$ $\Phi_i(b)=\Phi_i(a_0)$. Ist aber für ein j mit iRj $\Phi(F)=\{\alpha\}$ mit $\alpha\neq\Phi_j(a_0)$, so gilt $\Phi_j(b=\iota xF(x))=f$, also $\Phi_i(\iota xF(x)=b \supset (N(b=b) \supset N(b=\iota xF(x))))=f$.

Wenn wir die Kalküle N_rI zu m.k.l. Kalkülen N_rK erweitern, so nehmen wir A7 hinzu und anstelle von A8 das Axiomenschema

N8: $\iota xA[x]=_nb \supset (B[b] \supset B[\iota xA[x]])$, wo B[x] eine Satzform ist, die bzgl. x einen Modalgrad $\leqslant$ n hat.

In N_0K gelten nun anstelle der Theoreme T1 bis T4 aus 1.6 folgende Sätze:

TN41: $Vy(\iota xA[x]=_ny) \wedge \Lambda xB[x] \supset B[\iota xA[x]]$, wo B[x] eine Satzform vom Modalgrad $\leqslant$n bzgl. x ist.

Beweis: $Vy(\iota xA[x]=_ny) \wedge \Lambda xB[x] \supset Vy(\iota xA[x]=_ny \wedge B[y])$ p.l.
$Vy(\iota xA[x]=y \wedge B[y]) \supset B[\iota xA[x]]$ nach N8

TN42: $\Lambda xB[x] \supset B[\iota xA[x]]$, wo B[x] bzgl. x vom Modalgrad O ist.

Beweis: Man beweist $Vy(\iota xA[x]=y)$ wie in T1 (vgl. 1.6).

TN43: a) $s=s$
b) $s=t \supset t=s$
c) $s=t \wedge t=r \supset s=r$
d) $s=_nt \supset (A[s] \supset A[t])$, wo A[x] bzgl. x vom Modalgrad $\leqslant$n ist.

Das beweist man mit TN42 wie T3 aus 1.6 mit T1 (1.6). Wegen RN gilt also die Ableitungsbeziehung

TN44: $s=t \vdash A[s] \equiv A[t]$.

TN45: $Vy(s=_ny) \wedge A[s] \supset VxA[x]$, wo A[x] vom Modalgrad $\leqslant$n bzgl. x ist.

Das folgt direkt aus TN43.

Nach T4 aus 1.6 kann man Kennzeichnungsterme in der p.l. Sprache ***LI*** auch durch die Kontextdefinition $B[\iota xA[x]] \equiv V^{=1}xA[x] \wedge Vx(A[x] \wedge B[x]) \vee \neg V^{=1}xA[x] \wedge B[a_0]$ einführen. Diese Kontextdefinition ist korrekt, weil sie unabhängig davon ist, in welchem Teilsatz von B wir $\iota xA[x]$ danach ersetzen. Es gilt z.B. $\neg F(\iota xG(x)) \equiv V^{=1}xG(x) \wedge Vx(G(x) \wedge \neg F(x)) \vee \neg V^{=1}xG(x) \wedge \neg F(a_0) \equiv \neg(V^{=1}xG(x) \wedge Vx(G(x) \wedge F(x)) \vee \neg V^{=1}xG(x) \wedge F(a_0))$. Das ergibt sich in 1.6 aus dem Nachweis, daß diese Kontextdefinition äquivalent ist mit A7 und A8. A7 stellt aber eine explizite Definition von $\iota xA[x]$ dar.

Im Rahmen der Modallogik ist aber eine solche Kontextdefinition der Kennzeichnungsterme nicht möglich. Es müßte danach z.B. gelten

$$NF(\iota xG(x)) \equiv V^{=1}xG(x) \wedge Vx(G(x) \wedge NF(x)) \vee \neg V^{=1}xG(x) \wedge NF(a_0) \qquad (1)$$

$$\equiv N(V^{=1}xG(x) \wedge Vx(G(x) \wedge F(x)) \vee \neg V^{=1}xG(x) \wedge F(a_0)). \qquad (2)$$

Die letzteren beiden Sätze (1) und (2) sind aber nicht äquivalent bei allen m.i.l. Interpretationen. Das gilt auch für 2-Interpretationen. (1) besagt, daß es in einer Welt i genau ein G-Objekt gibt und daß F notwendig auf dieses Objekt zutrifft, oder daß es in i nicht genau ein G-Objekt gibt, und daß F notwendig auf a_0 zutrifft. (2) besagt hingegen, daß in i notwendig gilt: es gibt genau ein G-Objekt und F trifft darauf zu, oder es gibt nicht genau ein G-Objekt und F trifft auf a_0 zu. Der Ausdruck $NF(\iota xG(x))$ ist nach A7 immer im Sinn von (2) zu deuten, d.h. als $NVy(\iota xG(x)=y \wedge F(y))$, während (1) darzustellen ist durch $Vy(\iota xG(x)=y \wedge NF(y))$.

Es gilt aber der Satz

TN46: $Vy(\iota xA[x] =_n y) \supset (B[\iota xA[x]] \equiv V^{=1}xA[x] \wedge Vx(A[x] \wedge B[x]) \vee \neg V^{=1}xA[x] \wedge B[a_0])$, wo B[x] eine Satzform ist, die bzgl. x einen Modalgrad $\leqslant_n$ hat.

Das beweist man mithilfe von TN43, TN44 wie T4 in 1.6. Wegen N4 gelten in $\boldsymbol{N_1K}$ und $\boldsymbol{N_2K}$ für beliebige Satzformen die Theoreme

TN47: $Vy(s \underset{\cdot}{=} y) \supset (\Lambda xB[x] \supset B[s])$

TN48: $s \underset{\cdot}{=} t \supset (A[s] \supset A[t])$

TN49: $Vy(s \underset{\cdot}{=} y) \supset (B[s] \supset VxB[x])$

TN50: $Vy(\iota xA[x] \underset{\cdot}{=} y) \supset (B[\iota xA[x]] \equiv V^{=1}xA[x] \wedge Vx(A[x] \wedge B[x]) \vee \neg V^{=1}xA[x] \wedge B[a_0])$.

Die Theoreme TN41 und TN45, bzw. TN47 und TN49 machen deutlich, daß man beim Vorkommen von Kennzeichnungstermen (allgemein: von Termen, die keine Standardnamen sind) nur unter speziellen Voraussetzungen in modale Kontexte hinein quantifizieren kann. Damit wird dem berechtigten Kern der Quineschen Kritik an solchen Quantifizierungen Rechnung getragen.

Man muß auch eine Aussage $NF(\iota xG(x))$ – es ist notwendig, daß das Objekt mit der Eigenschaft G die Eigenschaft F hat – von der Aussage $Vy(\iota xG(x)=y \wedge NF(y))$ unterscheiden – für das Objekt mit der Eigenschaft G ist es notwendig, daß es die Eigenschaft F hat. Die erstere Aussage gilt in i genau dann, wenn für alle von i aus gesehen möglichen Welten j gilt, daß das dort durch „$\iota xG(x)$" bezeichnete Objekt zur dort von „F" bezeichneten Menge gehört. Das kann auch dann gelten, wenn „ιxG(x)" nicht in all diesen Welten dasselbe Objekt bezeichnet. Der zweite Satz gilt hingegen genau dann, wenn das in i durch „ιxG(x)" bezeichnete Objekt in allen Welten j mit iRj zur dort von „F" bezeichneten Menge gehört. Keine der beiden Aussagen impliziert so die andere. Sie sind nur unter der Bedingung Vy(ιxG(x)$\dot{=}$y) äquivalent. NF(ιxG(x)) ist eine Aussage über eine Modalität *de dicto,* Vy(ιxG(x)=y $\wedge$ NF(y)) eine solche über eine Modalität *de re.* Aus der ersten folgt nach TN45 nur dann der Satz VyNF(y), wenn gilt Vy(ιxG(x)$\dot{=}$y), d.h. wenn „ιxG(x)" in allen Welten j mit iRj dasselbe Objekt bezeichnet, das dann wegen der Reflexivität von R auch das von „ιxG(x)" in i bezeichnete Objekt ist.

Die Vollständigkeit der Kalküle N_rK ergibt sich, entsprechend wie in 1.6, aus der Vollständigkeit der N_rI mit der Überlegung, daß sich alle Kennzeichnungsterme nach TN46 eliminieren lassen. Dazu wählt man als Eliminationskontext B[x] immer eine Satzform, die bzgl. x den Modalgrad O hat, und beachtet, daß gilt Vy(ιxA[x]=y).

2.9 Existenz

Da wir allen Welten iϵI in m.l. Interpretationen nach D2.4-1 immer denselben Bereich möglicher Objekte zugrundegelegt haben, ist es besonders wichtig, durch die Annahme evtl. unterschiedlicher Bereiche existierender Objekte U_i den Interpretationsbegriff so zu verallgemeinern, daß er für Anwendungen brauchbar wird, in denen in verschiedenen Welten verschiedene Objekte existieren.

Wir führen dazu wie in 1.7 in die Sprache *N*, bzw. *NI* oder *NK*, ein Existenzprädikat E als logisches Grundprädikat ein. Die dadurch aus *NK* entstehende Sprache sei z.B. *NKE*.

D2.9-1: Eine Interpretation der Sprache *NKE* ist ein Quintupel $\langle U, U', I, R, \Phi\rangle$, wobei gilt

a) $\langle U, I, R, \Phi\rangle$ erfüllt die Bedingungen für m.k.l. Interpretationen.

b) U' ist eine Funktion, die jedem iϵI eine Menge $U_i \subset U$ zuordnet.

c) $\Phi_i(E) = U_i$.

Wir übernehmen die Definitionen D1.7-1 und setzen für das Prädikat E wiederum keine eigenen Axiome an. Es gelten dann in jeder Welt i die Gesetze Λ.x(Λ.yA[y] $\supset$ A[x]), Λ.x(A[x] $\supset$ V.yA[y]), Λ.xA[x]$\wedge$E(a) $\supset$ A[a], A[a]$\wedge$E(a) $\supset$ V.xA[x] aus 1.7. Es gilt aber nicht die Entsprechung zum Satz T1.7-1. Denn die Entsprechungen zu N3, TN7 und TN8 sind alle ungültig, auch unter der Voraussetzung $V.x(B[x] \vee \neg B[x])$. Die Geltung von $\Lambda.xNA[x] \supset N\Lambda.xA[x]$ würde z.B. voraussetzen, daß für alle $i, j \in I$ gilt: existiert das Objekt α in j und ist iRj, so existiert α auch in i: Ist $\Phi_i(N\Lambda x(E(x) \supset A[x]))=f$, so gibt es ein j mit iRj und $\Phi_j(\Lambda x(E(x) \supset A[x]))=f$, also ein Φ' mit $\Phi' \underset{a}{=} \Phi$ (a komme in A[x] nicht vor) und $\Phi'_j(E(a))=w$ und $\Phi'_j(A[a])=f$. Dann und nur dann, wenn gilt $U_j \subset U_i$, also $\Phi'_i(E(a))=w$, folgt daraus, daß es ein Φ' mit $\Phi' \underset{a}{=} \Phi$ gibt und $\Phi'_i(E(a))=w$ und ein j mit iRj und $\Phi'_j(A[a])=f$, also $\Phi'_i(NA[a])=f$, also $\Phi_i(\Lambda x(E(x) \supset NA[x]))=f$.

Fordern wir umgekehrt die Geltung von $\Lambda.xNA[x] \supset N\Lambda.xA[x]$, so ist das gleichbedeutend mit der Forderung $U_j \subset U_i$ für alle i, j mit iRj. In diesem Sinn gilt auch N3 nur deswegen, weil wir in D2.4-1 mit dem einheitlichen Objektbereich U für alle $i \in I$ der Forderung genügt haben, daß alle (möglichen) Objekte von j für iRj auch mögliche Objekte von i sind.

Entsprechendes gilt für TN7: Die Geltung von $N\Lambda.xA[x] \supset \Lambda.xNA[x]$ ist gleichwertig mit der Forderung $U_i \subset U_j$ für alle $i, j \in I$ mit iRj. Ebenso ist die Geltung der Entsprechung zu TN8: $V.xNA[x] \supset NV.xA[x]$ gleichwertig mit der Forderung $U_i \subset U_j$ für alle $i, j \in I$ mit iRj.

Die Forderung, daß alle Objekte, die in der Welt i existieren, auch in allen bzgl. i möglichen Welten j existieren, bzw. in diesen Welten j nur die Objekte existieren, die in i existieren, ist aber eine sehr spezielle Forderung. Darauf gründen sich auch die Einwände, die gegen die Barcan-Formel N3 und ihre Umkehrung TN7 vorgebracht worden sind. Daher hat man auch bei Nichtunterscheidung möglicher und existierender Objekte Interpretationen der Modallogik entwickelt, die nicht auf diesen Forderungen basieren; in denen verschiedene Welten also verschiedene Objektbereiche enthalten [16]. Insgesamt erscheint aber die Unterscheidung möglicher und existierender Objekte und damit der Quantoren $\Lambda.$ und Λ intuitiv und formal am einfachsten.

16 Vgl. dazu z.B. Kripke (63b).

3 Konditionalsätze

3.1 Typen und Wahrheitsbedingungen von Konditionalsätzen

Ein *indikativischer Konditionalsatz* oder *Realis* ist ein Satz der Gestalt „Wenn A, dann B". Beispiele solcher Sätze sind:

1) *Wenn Fritz 30 Jahre alt ist, dann ist er in 5 Jahren 35.*
2) *Wenn Hans sich zur Wahl stellt, dann wird er sie gewinnen.*
3) *Wenn man bei einem Luftdruck von 1 at Wasser auf 100° C erhitzt, dann kocht es.*
4) *Wenn mein Barometer fällt, dann sinkt der Luftdruck.*
5) *Wenn die Ampel auf Rot steht, dann ist es verboten, in die Kreuzung einzufahren.*

Wir beschränken uns hier auf Konditionalsätze, die Behauptungen darstellen, die also wahr oder falsch sind. Handlungsäußerungen, wie z.B. „Wenn ich nach Florenz fahre, werde ich die Uffizien besuchen" oder „Wenn du den Rasen mähst, bekommst du 2 Mark", „Wenn Fritz krank ist, dann besuche ihn", die Absichtserklärungen, Versprechungen, Imperative und dergl. darstellen und also weder wahr noch falsch sind, lassen wir hier außer acht [1]. Den Satz (2) fassen wir daher hier nicht als Voraussage auf im Sinne von „Ich sage voraus (bin überzeugt), daß Hans gewinnen wird, falls er sich zur Wahl stellt", sondern als Feststellung eines in der Sache liegenden Zusammenhangs [2].

Der Normalfall für die Behauptung eines Realis „Wenn A, dann B" ist der Fall, daß es unbestimmt ist, ob A wahr ist oder nicht, oder daß das dem Sprecher nicht bekannt ist. Ist bekannt, daß A gilt, so wird man statt des „Wenn A, dann B" meist den *Kausalsatz* „B, da A" formulieren. Ein Satz „B, da A" präsupponiert, daß A

---

[1] Zum Begriff der Handlungsäußerung vgl. z.B. Kutschera (71), sowie den Abschnitt 7.5.

[2] Auch Voraussagen nennen wir richtig oder falsch, je nachdem, ob der vorausgesagte Sachverhalt eintritt oder nicht. Aber das ist eine übertragene Verwendung von „wahr" und „falsch"; die Voraussage selbst als Handlungsäußerung ist weder wahr noch falsch. Ähnlich kann man auf einen Bericht „Fritz sagte, er habe die Prüfung bestanden" antworten „Das ist falsch", wenn man nicht sagen will, der Bericht, sondern die berichtete Aussage sei falsch.

gilt. Seine Verneinung „Es ist nicht der Fall, daß B aufgrund von A gilt" setzt ebenfalls voraus, daß A gilt, und leugnet nur, daß A (unter den gegebenen Umständen) eine hinreichende Bedingung für B ist. Allgemein gilt: ein Satz A (bzw. der durch ihn ausgedrückte Sachverhalt) ist eine *Präsupposition* des Satzes B, wenn sowohl B als auch nicht-B die Wahrheit von A voraussetzen; wenn also B und nicht-B nur unter der Bedingung A sinnvoll sind [3].

Ist bekannt, daß A nicht gilt, so wird man anstelle von „Wenn A, dann B" meist den *irrealen Konditionalsatz* formulieren „Wenn A wäre, dann wäre B". Dieser Satz präsupponiert, daß A falsch ist. Normalerweise gebraucht man den Irrealis „Wenn A wäre, dann wäre B", wenn auch B nicht gilt. Gilt B, so wird man oft sagen „Wenn A wäre, wäre B *auch*". Wir wollen im folgenden bei einem Irrealis „Wenn A wäre, dann wäre B" nichts über die tatsächliche Wahrheit oder Falschheit von B voraussetzen.

Ist es zwar offen oder unbekannt, ob A gilt, wird das aber als eher unwahrscheinlich angesehen, so verwendet man statt des Realis „Wenn A, dann B" auch den konjunktivischen *Potentialis* „Würde A der Fall sein, dann würde auch B der Fall sein". In diesem Sinn würde man statt (2) auch sagen:

„Wenn Hans sich zur Wahl stellen würde, dann würde er sie gewinnen".

Da sich der Potentialis vom Realis nicht im deskriptiven Gehalt, sondern nur dadurch unterscheidet, daß der Sprecher in ihm seiner Überzeugung Ausdrück gibt, daß er die Antezedensbedingung A für unwahrscheinlich hält, lassen wir den Potentialis bei unserer logischen Analyse außer Betracht.

Kausalsätze und irrelae Konditionalsätze lassen sich durch indikativische Konditionalsätze charakterisieren. Schreiben wir:

K(B, A)	für *Wenn* A, *dann* B	(Realis)
K_0(B, A)	für *Wenn* A *wäre, dann wäre* B	(Irrealis)
K_c(B, A)	für B, *da* A	(Kausalsatz),

so gilt:

P1: $\neg A \supset (K_0(B, A) \equiv K(B, A))$

P2: $A \supset (K_c(B, A) \equiv K(B, A))$.

Wenn man also einmal von dem Präsuppositionen in K_0(B, A) und K_c(B, A) absieht – wir werden erst im 7. Kapitel einen Ansatz für ihre Behandlung entwickeln – so kommt man mit K(B, A) als logischer Grundform aller Konditional- und Kausalsätze aus.

---

3 Vgl. dazu den Abschnitt 7.1.

P1 und P2 kann man anhand von Beispielen plausibel machen. Wenn man den Satz (2) als wahr akzeptiert, wird man, wenn sich Hans nicht zur Wahl stellt, auch den Satz

(2′) *Wenn sich Hans zur Wahl stellen würde, würde er sie gewinnen*

als wahr akzeptieren. Und wenn man (2′) als wahr akzeptiert, so kann man (2) nicht als falsch erklären, sondern nur sagen: „Ja, aber er stellt sich nicht". Dieser Einwand ist aber nicht semantischer Natur, sondern richtet sich gegen eine beim Sprecher vermutete Voraussetzung, es sei noch offen, ob sich Hans stellt. Die Wahrheit von (2′) beruht wie die von (2) darauf, daß die Umstände so sind, daß ein Kandidat Hans sichere Gewinnchancen hätte.

Generell ist zu unterscheiden zwischen den *semantischen* Fragen, ob ein Satz A wahr oder bedeutungsvoll ist, und den *pragmatischen* Fragen, ob es in einer Situation sinnvoll, stilgerecht, informativ oder passend ist, A zu äußern. Unter gewissen Voraussetzungen kann eine Äußerung von A pragmatisch sinnlos oder unpassend sein, semantisch jedoch bedeutungsvoll. Wir interessieren uns hier nur für semantische Fragen. Da wir Präsuppositionen nicht berücksichtigen, müssen wir über manche pragmatischen Ungereimtheiten hinwegsehen.

E. Adams hat in (70) gegen das Prinzip P1 und damit gegen die Reduzierbarkeit irrealer auf indikativische Konditionalsätze folgendes Beispiel vorgebracht:

6) *Wenn Oswald Kennedy nicht erschossen hat* (A), *dann hat ihn ein anderer erschossen* (B).

7) *Wenn Oswald Kennedy nicht erschossen hätte, dann hätte ihn ein anderer erschossen.*

Intuitiv würden wir (6) als wahr, (7) dagegen als falsch ansehen, da wir geneigt wären zu sagen:

7′) *Wenn Oswald Kennedy nicht erschossen hätte, so könnte Kennedy noch leben.*

Das widerspricht aber P1, da wir voraussetzen, daß Oswald Kennedy tatsächlich erschossen hat.

Wenn wir (6) als wahr ansehen, so aufgrund der Tatsache, daß Kennedy in Dallas erschossen wurde (C), und wir argumentieren für (6) so, daß wir diese Annahme C festhalten, unabhängig davon, ob A gilt oder nicht. D.h. wir sehen es nicht als unmöglich oder gänzlich unwahrscheinlich an, daß A und C gilt. Auf der Basis dieser Argumentation müssen wir aber auch (7) als wahr akzeptieren. Sehen wir (7) als falsch an, so gehen wir davon aus, daß nur Oswald einen Anschlag auf Kennedy verübte, so daß C unter der Annahme A nicht mehr haltbar ist. Dann ist aber auch (2) falsch.

Woher kommt es aber, daß wir intuitiv geneigt sind, (6) als wahr, (7) aber als falsch anzusehen?

Im Übergang von (6) zu (7) vollzieht sich ein Wechsel von *topic* und *comment*, d.h. von Thema und Kommentar, von dem als bekannt Vorausgesetzten und dem Neuen, was dazu gesagt wird. In der Proposition, daß Oswald Kennedy erschossen hat, läßt sich sowohl die Tatsache, daß Kennedy erschossen wurde, wie jene, daß Oswald der Täter war, topikalisieren. Im Vordersatz A von (6) stellt der Mord an Kennedy das Thema dar, und der Kommentar, die Täterschaft von Oswald, wird negiert. Im Vordersatz von (7) dagegen ist das Thema, daß Oswald der Attentäter war, der Kommentar ist, daß Kennedy erschossen wurde, und dieser Kommentar wird verneint. Die gleiche Topikalisierung im Vordersatz wie in (6) liegt dagegen in dem Satz vor

7'') *Wenn es nicht Oswald gewesen wäre, der Kennedy erschossen hat, so wäre es ein anderer gewesen,*

den wir mit (6) als wahr ansehen [4].

Ein ähnlicher Wechsel von Thema und Kommentar liegt in dem folgendem Beispiel von Goodman vor. Wir würden sagen:

8) *Wenn New York zum Staate Georgia gehörte, so läge New York im Süden der USA.*

Aber

9) *Wenn der Staat Georgia New York enthielte, würde Georgia nicht gänzlich im Süden der USA liegen.*

Der Unterschied von *topic* und *comment* läßt sich in unserer Logiksprache nicht wiedergeben. Beispiele aus der natürlichen Sprache sind also nicht immer entscheidend, denn es gibt sprachliche Unterschiede, die in der logischen Sprache, die wir hier zugrunde legen, nicht erfaßbar sind. Insofern ist das Beispiel von Adams kein ausreichender Einwand gegen P1.

Bei der Analyse von *Kausalsätzen* ist es zunächst wichtig, zu bemerken, daß ein Satz „B, da A" keineswegs besagt, daß A eine *Ursache* von B ist, A kann vielmehr auch ein *Anzeichen* (*Symptom*) von B sein. So kann man sagen

(4') *Da das Barometer fällt, sinkt der Luftdruck,*

obwohl hier das Fallen des Barometers nicht Ursache, sondern Wirkung des fallenden Luftdrucks ist.

---

4 Auf die Rolle des Wechsels von Thema und Kommentar in Adams Beispiel hat mich R. Posner hingewiesen.

Und in dem zu (5) gebildeten Kausalsatz:

5′) *Es ist verboten, in die Kreuzung einzufahren, da die Ampel auf Rot steht*

ist die Ampelanzeige nicht die Ursache des Verbotes, sondern das Verbot ergibt sich aus einer bedingten Norm vermittels der Tatsache, daß die Ampel auf Rot steht. Ferner besagt ein Satz „B, da A" auch nicht, daß A der *alleinige* Grund für B ist. Aus „B, da A" folgt also nicht der Irrealis „Wenn A nicht wäre, dann wäre auch B nicht". In „B, da A" ist also A (unter den gegebenen Umständen) eine hinreichende, nicht aber immer auch eine notwendige Bedingung für B [5].

Nun berechtigen uns die Sätze (1) bis (5), falls das Antezedens (der „Wenn"-Satz) wahr ist, dazu, die entsprechenden Kausalsätze zu behaupten, also z.B.

1′) *Da Fritz 30 Jahre alt ist, ist er in 5 Jahren 35.*

Umgekehrt wird man, sofern man (1′) als wahr akzeptiert, den Satz (1) nicht als falsch ansehen können. Vielmehr gibt (1) zusammen mit der Tatsache, daß Fritz 30 Jahre ist, uns erst die Berechtigung, (1′) zu behaupten.

Nachdem wir also K(B, A) als Grundform von Konditionalsätzen ansehen können, wollen wir auf die Grundgedanken zur Interpretation solcher Sätze eingehen. Die Wahrheitsbedingungen für solche Sätze machen wir am besten deutlich, indem wir sie denen für die *materiale Implikation* $A \supset B$ gegenüberstellen. Für die materiale Implikation gilt:

1. $A \supset B$ ist falsch, wenn A wahr, B aber falsch ist.
2. $A \supset B$ ist wahr, wenn A und B beide wahr sind.
3. $A \supset B$ ist wahr, wenn A falsch ist – egal welchen Wahrheitswert B hat.

Die erste Bedingung gilt auch für K(B, A). Wir erhalten also

P3: $K(B, A) \supset (A \supset B)$.

Denn aus „Wenn A, dann B" und A kann man auf B schließen. Es gilt aber weder das zweite noch das dritte Prinzip. Der Satz

„Wenn Nixon noch tiefer in den Watergate-Skandal verwickelt wird, dann werden die Republikaner die nächste Wahl gewinnen"

ist falsch, selbst wenn sich herausstellen sollte, daß beides eintrifft; denn ein republikanischer Wahlsieg ist bei einer Ausweitung des Skandals aufgrund der gegebenen Umstände sehr unwahrscheinlich.

---

[5] D. Lewis definiert im Anschluß an Hume in (73a) „A ist Ursache von B" durch „A und B, und wäre A nicht, so wäre auch B nicht".

Ebenso ist der Satz

„*Wenn Hans heute 25 Jahre alt ist, war er vor drei Jahren 24*"

falsch, selbst wenn Hans heute 22 Jahre alt ist.

Der konditionale Operator K ist kein extensionaler Operator. Der Wahrheitswert von $K(B, A)$ hängt nicht nur von den Wahrheitswerten von A und B ab, sondern von dem sachlichen Zusammenhang zwischen den durch Antezendens und Sukzedens („dann"-Satz) ausgedrückten Sachverhalten [6].

Als modaler Operator zur Definition von K bietet sich die strikte Implikation an. Man wird jedenfalls fordern:

P4: $(A \mathrel{\underset{\cdot}{\supset}} B) \supset K(B, A)$.

Denn wenn B eine notwendige Folge von A ist, so gilt B, wenn A gilt. $K(B, A)$ gilt jedoch nicht nur dann, wenn B eine notwendige Folge von A allein ist. So gilt (4), obwohl die entsprechende strikte Implikation falsch ist. (4) gilt, weil mein Barometer korrekt funktioniert, aber das gilt nicht notwendigerweise. Man kann auch nicht $K(B, A)$ als elliptische Formulierung von $A \wedge C \mathrel{\underset{\cdot}{\supset}} B$ für ein passendes (wahres) C nehmen, denn dann hätte der Satz $K(B, A)$ keinen bestimmten Wahrheitswert, sondern könnte je nach Wahl von C wahr oder falsch sein. Ebenso hat der Satz „Dings-da kommt heute Abend zum Essen" keinen bestimmten Wahrheitswert, solange nicht fest-

---

[6] E. Adams (in (70)), H.P. Grice (in „Logic and Conversation") und D. Lewis (in einem unveröffentlichten Aufsatz „Probabilities of conditionals and conditional probabilities") haben vorgeschlagen, indikativische Konditionalsätze semantisch wie materiale Implikationen zu interpretieren und die Tatsache, daß wir z.B. im Fall von $\neg A$ nicht immer auch $A \supset B$ behaupten können, durch pragmatische Regeln zu erklären, die im Beispiel besagen, daß eine Behauptung von $A \supset B$ bei Kenntnis von $\neg A$ inkorrekt ist, da sie dem Hörer weniger mitteilt, als der Sprecher weiß, und insofern irreführend ist. Dieser Ansatz ist bisher jedoch nicht detailliert ausgeführt worden. Ohne weitere Differenzierungen ist er intuitiv nicht recht überzeugend, da es oft (z.B. in Argumenten) auch sinnvoll und relevant ist, $A \supset B$ zu behaupten, wenn man weiß, daß A nicht gilt. Wenn man im Sinn der Ausführungen in 4.5 den Sachverhalt, daß A für den Sprecher Grund ist zu glauben, daß B gilt, als notwendige und hinreichende Bedingung für die Behauptbarkeit von „Wenn A, dann B" ansieht, so ist das allerdings mit der These von Adams und Lewis verträglich, daß die Behauptbarkeit von „Wenn A, dann B" durch die bedingte Wahrscheinlichkeit von B aufgrund von A bestimmt wird.

Geht es, wie hier, darum, eine Logik für „Wenn-dann"-Sätze anzugeben, so muß man sich dabei allein auf eine semantische Analyse solcher Sätze stützen; pragmatische Regeln bleiben ohne Relevanz. Und wenn gewisse Gesetze, die für die materiale Implikation gelten, keine logischen Gesetze für indikativische Konditionalsätze sind, wie das durch zwei Beispiele in 3.3 illustriert wird, so erfordert das eine andersartige semantische Analyse dieser Sätze.

steht, wen „Dings-da" bezeichnet. Man kann auch nicht für C immer die Konjunktion aller wahren Sätze wählen, denn für falsches A wäre dann $\neg A$ ein Konjunktionsglied von C und es würde für alle Sätze B gelten K(B, A).
Man kann auch nicht definieren

$$K(B,A) := \mathrm{V}C(C \wedge \neg(A \supset \neg C) \wedge (A \wedge C \supset B)).$$

(Die Forderung $\neg(A \supset \neg C)$ soll sicherstellen, daß C und A miteinander verträglich sind – andernfalls würden im Falle $\neg A$ beliebige Sätze K(B, A) gelten, da man für C dann $\neg A$ wählen könnte). Denn dann würde das Prinzip verletzt

P5: $MA \wedge K(B,A) \supset \neg K(\neg B, A)$.

Das hat N. Goodman in seiner Analyse der irrealen Konditionalsätze gezeigt [7]: Sei A ein falscher Satz der Gestalt $A_1 \vee A_2$ und B der Satz A_2, dann gilt für $C_1 = \neg A_1$: $A \wedge C_1 \supset B$ sowie $\neg(A \supset \neg C_1)$; und für $C_2 = \neg A_2$ gilt entsprechend $A \wedge C_2 \supset \neg B$ sowie $\neg(A \supset \neg C_2)$. Ist also A z.B. der Satz „Hans ist in Amerika", A_1 der Satz „Hans ist in Südamerika" und A_2 der Satz „Hans ist in Nordamerika", so gilt, obwohl es möglich ist, daß Hans in Amerika ist: „Wenn Hans in Amerika ist, so ist er in Nordamerika" und „Wenn Hans in Amerika ist, so ist er nicht in Nordamerika". C kann also weder für alle A eine feste Bedingung sein, noch eine beliebige (wahre und mit A verträgliche) Bedingung. Vielmehr ist für C zu jedem A eine passende *ceteris-paribus*-Bedingung zu wählen: eine wahre Bedingung, die auch dann gelten würde, wenn der tatsächlich nicht realisierte der beiden Fälle A und $\neg A$ eintritt.

Goodman spricht in diesem Sinn davon, daß die Bedingung $\neg(A \supset \neg C)$ der Verträglichkeit von A und C ersetzt werden müsse durch die Bedingung, daß C *mithaltbar* (*cotenable*) mit A ist, und definiert: C ist mithaltbar mit A genau dann, wenn es nicht der Fall ist, daß, wäre A der Fall, $\neg C$ der Fall wäre [8]. Aber das führt wieder auf die Frage nach der Geltung von Konditionalsätzen zurück.

Wir müssen also anders ansetzen. Wir liberalisieren die Relation $A \supset B$, die besagt, daß B eine notwendige Folge von A ist, dadurch, daß wir K(B, A) als eine Relation *bedingter Notwendigkeit* auffassen, und lesen also K(B, A) auch als „Unter der Bedingung A gilt B notwendigerweise". Wir fassen dabei den relativen Notwendigkeitsbegriff als *schwachen* Notwendigkeitsbegriff auf. Insbesondere

---

7 Vgl. Goodman (55), Kap. I.

8 Vgl. Goodman (55), S. 15.

soll KA := K(A, T) (wo T eine Tautologie ist) besagen, daß A im schwachen Sinn notwendig ist, d.h. einen *prima facie* (ohne Berücksichtigung der gegebenen Umstände) normalerweise geltenden Sachverhalt darstellt. K(A, B) besagt entsprechend, daß A unter der Bedingung B gilt oder ein unter der Bedingung B normalerweise geltender Sachverhalt ist. Ein *starker* Notwendigkeitsbegriff wird hingegen dadurch bestimmt, daß A notwendig ist – wir schreiben dafür wieder NA – genau dann, wenn A unter allen Bedingungen B im schwachen Sinn notwendig ist, wenn also für alle B gilt K(A, B).

Wir deuten also den Konditionalsatz „Wenn A, dann B" im Sinne von „Unter der Bedingung A ist B (im schwachen Sinn) notwendig". Definieren wir L(B, A) := $\neg$ K($\neg$ B, A), so wird durch L(B, A) ausgedrückt, daß B unter der Bedingung A *im starken Sinn möglich* ist, und durch LA := $\neg$ K $\neg$ A, daß A *prima facie* (im starken Sinn) möglich ist. Durch MA ≡ $\neg$ N $\neg$ A wird hingegen ausgedrückt, daß A *im schwachen Sinn möglich* ist, d.h. daß es Bedingungen B gibt, unter denen A im starken Sinn möglich ist. Es gilt dann LA ⊃ MA, denn aus N $\neg$ A folgt K $\neg$ A.

Ist K(C, A), d.h. ist C unter der Bedingung A im schwachen Sinn notwendig – so können wir C als *normal* bei A bezeichnen. Im Abschnitt 3.3 werden wir das Theorem (TC15) K(B, A) ≡ VC(K(C, A) ∧ A∧C $\supset$ B) beweisen. Danach ist die Forderung der Mithaltbarkeit von C mit A bei Goodman durch die der Normalität von C bei A zu ersetzen. Ist C bei A normal, so erübrigt sich eine explizite Bezugnahme auf C, wenn man die Bedingung A angibt. Das erklärt, warum wir in einem Satz „Wenn A, dann B" C nicht als Antezedensbedingung anführen. Im Gegensatz zu Goodman ist C hier keine *ceteris-paribus-Bedingung*, d.h. eine wahre Bedingung, die auch bei $\neg$ A gilt. Ein Bezug auf solche ceteris-paribus-Bedingungen erscheint auch nicht sinnvoll; denn wenn A eine ungewöhnliche Bedingung ist, braucht das, was unter der Bedingung A als normal vorausgesetzt werden kann, in der wirklichen Welt nicht wahr zu sein.

3.2 Die Sprache *C* und ihre Semantik

Die Sprache *C* der Konditionallogik soll jene Erweiterung der p.l. Sprache ***L*** sein, die sich durch Hinzunahme des Operators K zum Alphabet von ***L*** und der Regel, daß K(A, B) mit A und B ein Satz ist, zu den Formregeln ergibt.

Wir definieren:

D3.2-1: a) $L(A, B) := \neg K(\neg A, B)$
b) $KA := K(A, T)$, wo T eine Tautologie ist
c) $LA := \neg K \neg A$
d) $NA := K(A, \neg A)$
e) $MA := \neg N \neg A$.

Der Begriff einer *konditionallogischen* (kurz c.l.) *Interpretation* wird wie folgt festgelegt:

D3.2-2: Eine (c.l.) Interpretation von ***C*** ist ein Quadrupel $\langle U, I, g, \Phi \rangle$, so daß gilt:

1) U ist eine nichtleere Menge von Objekten.
2) I ist eine nichtleere Menge von Welten.
3) Für alle $i \epsilon I$ und alle $X \subset I$ ist $g(i, X)$ eine Funktion, für die gilt:
   a) $g(i, X) \subset X$
   b) $X \subset Y \wedge g(i, X) \neq \Lambda \supset g(i, Y) \neq \Lambda$
   c) $g(i, Y) \cap X \neq \Lambda \supset g(i, X \cap Y) = g(i, Y) \cap X$
   d) $i \epsilon g(i, I)$
   e) $j \epsilon g(i, I) \supset g(j, X) = g(i, X)$
   f) $j \epsilon R_i \supset R_j = R_i$, wo $R_i := \bigcup_Y g(i, Y)$.
4) Für alle i ist Φ_i eine Funktion, so daß gilt
   a) $\Phi_i(a) = \Phi_j(a)$ für alle $j \epsilon I$ und alle GK a von ***C***.
   b) Φ_i erfüllt die Bedingungen (a) bis (f) für p.l. Interpretationen von ***L*** über U nach D1.2-1.
   c) $\Phi_i(K(A, B)) = w$ genau dann, wenn $g(i, B) \subseteq [A]$. Dabei sei $[A] = \{j: \Phi_j(A) = w\}$.

Zur Erläuterung dieser Definition gehen wir aus von der Bestimmung (4c). Danach treten nun die Mengen $g(i, A)$ an die Stelle der Menge $S_i = \{j: iRj\}$ in D2.4-1. Dort hatten wir gesetzt $\Phi_i(NA) = w \equiv S_i \subset [A]$, so daß (4c) die direkte Verallgemeinerung dieser Definition für bedingte Notwendigkeiten ist. Dementsprechend ist die Menge $g(i, A)$ zu deuten als die Menge derjenigen Welten, die unter der Bedingung A von i aus gesehen möglich sind. (3a) besagt daher, daß unter der Bedingung A nur A-Welten möglich sind.

Es soll $g(i, A) = \Lambda$ genau dann gelten, wenn A von i aus gesehen eine im starken Sinn unmögliche Bedingung ist, d.h. wenn A nicht im schwachen Sinn möglich ist. Die Welt j ist von i aus gesehen im schwachen Sinn möglich genau dann, wenn sie unter irgendeiner Bedingung von i aus möglich ist, d.h. wenn gilt $j \epsilon \bigcup_Y g(i, Y) = R_i$.

Es soll also gelten:

a) $g(i, X) = \Lambda \equiv R_i \subset \overline{X}$.

Ist $R_i \subset \bar{X}$, so ist $g(i, X)=\Lambda$ wegen (3a). Ist $R_i \cap X \neq \Lambda$, so gibt es ein Y mit $X \cap g(i, Y) \neq \Lambda$, also nach (3c) $g(i, X \cap Y)=g(i, Y) \cap X \neq \Lambda$, wegen $X \cap Y \subset X$ also nach (3b) $g(i, X) \neq \Lambda$.

Es gilt ferner

β) $R_i \subset X$ genau dann, wenn für alle Y gilt $g(i, Y) \subset X$.

Das ergibt sich unmittelbar aus der Definition von R_i.

Und es gilt

γ) $R_i \subset X \equiv g(i, \bar{X}) \subset X$.

Gilt $g(i, \bar{X}) \subset X$, so ist nach (3a) $g(i, \bar{X})=\Lambda$, also nach (α) $R_i \subset X$. Und ist $R_i \subset X$, so gilt nach (β) auch $g(i, \bar{X}) \subset X$. (γ) ist die Rechtfertigung für die Definition D3.2-1d der Notwendigkeit im starken Sinn.

Die Bedingung (3b) besagt: wenn X nicht unmöglich ist (im starken Sinn), so auch nicht Y für $X \subset Y$.

(3c) besagt: Ist A unter der Bedingung B (im starken Sinn) möglich, so ist die Menge der Welten, die unter der Bedingung $A \wedge B$ möglich sind, mit der Menge der A-Welten identisch, die unter der Bedingung B möglich sind [9].

(3d) beinhaltet, daß die Welt i von i aus gesehen (schwach) möglich ist. (3f) sind für N die modallogischen Prinzipien $NA \supset NNA$ und $\neg NA \supset N \neg NA$ von N_2, und (3e) ist die Verallgemeinerung dieser Prinzipien für bedingte Notwendigkeiten, so daß gilt $K(A, B) \supset KK(A, B)$ und $\neg K(A, B) \supset K \neg K(A, B)$. Diese Gesetze folgen, wie man leicht sieht, aus (3e), und umgekehrt ergibt sich (3e) aus diesen Prinzipien wie folgt:

Gilt $K(A, B) \supset KK(A, B)$, so muß gelten $g(i, B) \subset [A] \supset g(i, I) \subset \{j\colon g(j, B) \subset [A]\}$, also $g(i, B) \subset [A] \supset \bigwedge j(j \epsilon g(i, I) \supset g(j, B) \subset [A])$. Das gilt für alle [A] nur dann, wenn gilt: $j \epsilon g(i, I) \supset g(j, B) \subset g(i, B)$. Gilt $\neg K(A, B) \supset K \neg K(A, B)$, so muß entsprechend gelten $g(i, B) \cap [\neg A] \neq \Lambda \supset \bigwedge j(j \epsilon g(i, I) \supset g(j, B) \cap [\neg A] \neq \Lambda)$. Das gilt für alle $[\neg A]$ nur dann, wenn gilt: $j \epsilon g(i, I) \supset g(i, B) \subset g(j, B)$. Beide Prinzipien zusammen erfordern also (3e).

Aus den beiden Prinzipien folgt insbesondere $KA \supset KKA$ und $\neg KA \supset K \neg KA$.

Man könnte sowohl (3e) wie (3f) abschwächen oder ganz weglassen, jedoch spricht die zugestandenermaßen sehr schwache Intuition, die wir bzgl. solcher Gesetze haben, wohl am ehesten wie für N_2 so für (3e).

Es wäre dagegen nicht sinnvoll, (e) zu verstärken im Sinne von

e') $j \epsilon R_i \supset g(j, Y) = g(i, Y)$.

(Daraus folgt (3f).) Denn es würde dann gelten

---

9 Diese Bedingung ist äquivalent mit $X \subset Y \wedge g(i, Y) \cap X \neq \Lambda \supset g(i, X) = g(i, Y) \cap X$.

$K(A,B) \supset NK(A,B)$ und $\neg K(A,B) \supset N\neg K(A,B)$. Wahre Konditionalsätze wären also notwendigerweise wahr, falsche Konditionalsätze notwendigerweise falsch. Es würde schwache und starke Notwendigkeit zusammenfallen, und wir erhielten $KA \equiv NA$ und $K(A,B) \equiv N(B \supset A)$; d.h. $K(A,B)$ würde die strikte Implikation darstellen, und wir hätten uns die ganze Mühe der Einführung bedingter Notwendigkeiten sparen können. Es gilt ja wegen (3d) $KA \supset A$, also $N(KA \supset A)$, also bei $KA \supset NKA$ $KA \supset NA$; die Umkehrung $NA \supset KA$ ist trivial. Und wegen (3d) gilt auch $i \in [B] \supset g(i,I) \cap [B] \neq \Lambda$, nach (3c) also für $g(i,B) \subset [A]$ $i \in [A]$; d.h. $K(A,B) \supset (B \supset A)$; also $N(K(A,B) \supset (B \supset A))$, also bei $K(A,B) \supset NK(A,B)$ $K(A,B) \supset N(B \supset A)$. Die Umkehrung gilt wieder trivialerweise.

Erfüllungs- und Gültigkeitsbegriffe werden wie üblich definiert.

3.3 Der Kalkül *C*

Der Kalkül *C* der Logik der Konditionalsätze soll neben den Axiomen und Regeln von ***L*** folgende Axiome und Regeln enthalten:

C1: $K(A,A)$
C2: $NA \supset K(A,B)$
C3: $N(A \supset B) \wedge K(A,C) \supset K(B,C)$
C4: $K(A,B) \wedge K(C,B) \supset K(A \wedge C,B)$
C5: $L(B,A) \supset (K(C,A \wedge B) \equiv K(B \supset C,A))$
C6: $K(B,A) \supset (A \supset B)$
C7: $\Lambda x K(B[x],A) \supset K(\Lambda x B[x],A)$
C8: $NA \supset NNA$
C9: $MA \supset NMA$
C10: $K(A,B) \supset KK(A,B)$
C11: $\neg K(A,B) \supset K\neg K(A,B)$
RC: $A \vdash NA$.

In *C* gilt das Deduktionstheorem im Sinne von T2.5-1, sowie folgende Theoreme:

TC1 a) $NA \supset A$
b) $N(A \supset B) \supset (NA \supset NB)$
c) $\Lambda x NA[x] \supset N \Lambda x A[x]$.

Beweis: (a) Aus NA folgt $K(A,T)$ nach C2, daraus nach C6 $T \supset A$, also A. (b) Aus NA folgt $K(A,\neg B)$ nach C2, aus $N(A \supset B) \wedge K(A,\neg B)$ nach C3 $K(B,\neg B)$, also NB. (c) Aus $\Lambda x NA[x]$ folgt $\Lambda x K(A[x], \neg \Lambda y A[y])$ nach C2, also $K(\Lambda x A[x], \neg \Lambda y A[y])$ nach C7, also $N \Lambda x A[x]$.

Nach TC1 und C8, C9 enthält *C* das System N_2.

TC2: a) $N(A \supset B) \supset K(B, A)$

b) $A \equiv B \vdash K(A, C) \equiv K(B, C)$

Beweis: (a) Aus $N(A \supset B)$ und $K(A, A)$ nach C1 folgt $K(B, A)$ mit C3. (b) Aus $\vdash A \equiv B$ folgt mit RC $N(A \supset B)$ und $N(B \supset A)$. Daraus erhält man die Behauptung mit C3.

TC3: a) $MA \wedge K(B, A) \supset MB$

b) $MA \wedge K(B, A) \supset \neg K(\neg B, A)$

c) $N \neg A \supset K(B, A)$

Beweis: (a) Aus MA folgt $\neg K(\neg A, A)$. Wäre $K(B, A)$ und $N \neg B$, so auch $N(B \supset \neg A)$, also nach C2 $K(\neg A, A)$, im Widerspruch zur Annahme. (b) Aus $K(B, A)$ und $K(\neg B, A)$ folgt nach C4 $K(B \wedge \neg B, A)$, wegen $\neg M(B \wedge \neg B)$ nach (a) also $\neg MA$. (c) Aus $N \neg A$ folgt $N(A \supset B)$, nach TC2a also $K(B, A)$.

TC4: a) $MA \supset (K(B \wedge C, A) \equiv K(B, A) \wedge K(C, A \wedge B))$

b) $K(B, A) \wedge K(A, B) \supset (K(C, A) \equiv K(C, B))$

c) $A \equiv B \vdash K(C, A) \equiv K(C, B)$.

Beweis: (a) Gilt MA und $K(B, A)$, so nach TC3b $\neg K(\neg B, A)$. Nach C5 gilt dann $K(C, A \wedge B) \equiv K(B \supset C, A)$. Gilt also $K(C, A \wedge B)$, so $K(B \supset C, A)$, wegen $K(B, A)$ und C4 also $K(B \wedge C, A)$. Gilt umgekehrt $K(B \wedge C, A)$, so gilt nach C3 $K(B, A)$ und $K(C, A)$, nach C3 also $K(B \supset C, A)$ und nach C5, TC3b $K(C, A \wedge B)$. (b) Ist $MA \wedge MB$, so folgt aus $K(B, A)$ und $K(C, A)$ nach C4 $K(B \wedge C, A)$, also nach (a) $K(C, A \wedge B)$, nach C5 und TC3b mit $K(A, B)$ $K(A \supset C, B)$, wegen $K(A, B)$ und C4 also $K(C, B)$. Ebenso erhält man aus $K(C, B)$ mit $K(B, A)$ und $K(A, B)$ $K(C, A)$. Nach TC3a gilt für $\neg MA$ auch $\neg MB$ wegen $K(A, B)$, und wegen $K(B, A)$ folgt aus $\neg MB$ auch $\neg MA$. Gilt aber $N \neg A \wedge N \neg B$, so gilt nach TC3c $K(C, A)$ und $K(C, B)$, also $K(C, A) \equiv K(C, B)$. (c) Aus $\vdash A \equiv B$ folgt nach TC2a $K(B, A)$ und $K(A, B)$, so daß man die Konklusion mit (b) erhält.

TC5: a) $K(\bigwedge x B[x], A) \supset \bigwedge x K(B[x], A)$

b) $\bigvee x K(B[x], A) \supset K(\bigvee x B[x], A)$.

Beweis: (a) Wegen $\vdash \bigwedge x B[x] \supset B[a]$ gilt $K(\bigwedge x B[x], A) \supset K(B[a], A)$, also mit R2 $K(\bigwedge x B[x], A) \supset \bigwedge x K(B[x], A)$. (b) Wegen $\vdash B[a] \supset \bigvee x B[x]$ gilt $K(B[a], A) \supset K(\bigvee x B[x], A)$, also $\bigvee x K(B[x], A) \supset K(\bigvee x B[x], A)$.

TC6: a) $K(B, A) \supset K(A \wedge B, A)$

b) $K(B, A) \wedge K(C, A \wedge B) \supset K(C, A)$

Beweis: (a) Aus $K(A, A)$ und $K(B, A)$ erhält man mit C4 $K(A \wedge B, A)$. (b) Gilt MA, so erhält man aus $K(B, A)$ und $K(C, A \wedge B)$ mit TC4a $K(B \wedge C, A)$, also mit C3 $K(C, A)$. Für $N \neg A$ folgt $K(C, A)$ aus TC3c.

TC7: a) $L(A, A \vee B) \supset (K(C, A \vee B) \supset K(C, A))$

b) $L(A, A \vee B) \wedge L(B, A \vee B) \supset (K(C, A \vee B) \equiv K(C, A) \wedge K(C, B))$

Beweis: (a) Aus $L(A, A \vee B)$ folgt nach C5 $K(C, A) \equiv K(A \supset C, A \vee B)$, aus $K(C, A \vee B)$ nach C3 $K(A \supset C, A \vee B)$, also $K(C, A)$. (b) Nach (a) erhalten wir aus dem Implikans $K(C, A \vee B) \supset K(C, A) \wedge K(C, B)$; ferner $K(C, A) \wedge K(C, B) \supset K((A \supset C) \wedge (B \supset C), A \vee B)$ nach C4, also $K(A \vee B \supset C, A \vee B)$, wegen $K(A \vee B, A \vee B)$ und C4 also $K(C, A \vee B)$.

TC8: a) $MB \wedge NA \supset (K(C, B) \equiv K(C, A \wedge B))$

b) $L(C, A) \supset (K(B, A) \supset K(B, A \wedge C))$

Beweis: (a) Aus NA folgt nach C2 $K(A, B)$, wegen MB nach TC3b also $L(A, B)$, nach C5 $K(C, A \wedge B) \equiv K(A \supset C, B)$, wegen $K(A, B)$ also $K(C, A \wedge B) \equiv K(C, B)$. (b) Aus $L(C, A)$ folgt nach C5 $K(B, A \wedge C) \equiv K(C \supset B, A)$. Gilt nun $K(B, A)$, so nach C3 $K(C \supset B, A)$, also $K(B, A \wedge C)$.

TC9: a) $L(A, B) \wedge K(B, A) \wedge K(C, B) \supset K(C, A)$

b) $L(C, A) \wedge L(A, C) \supset (K(B, A) \supset K(A \supset B, C))$

c) $L(\neg A, C) \wedge L(A, C) \supset (K(B, A \wedge C) \wedge K(B, \neg A \wedge C) \equiv K(B, C))$

Beweis: (a) Aus $L(A, B)$ und $K(C, B)$ folgt nach TC8b $K(C, A \wedge B)$, nach TC6b also mit $K(B, A)$ $K(C, A)$. (b) Aus $L(A, C)$ folgt nach C5 $K(B, A \wedge C) \equiv K(A \supset B, C)$. Aus $L(C, A)$ folgt mit $K(B, A)$ nach TC8b $K(B, A \wedge C)$, also $K(A \supset B, C)$. (c) Aus den ersten vier Formeln folgt nach C5 $K(A \supset B, C) \wedge K(\neg A \supset B, C)$, also nach C4 $K(B, C)$. Aus $K(B, C)$ folgt wegen den Prämissen nach TC8b $K(B, A \wedge C)$ und $K(B, \neg A \wedge C)$.

TC10: a) $K(B \supset C, A) \supset (K(B, A) \supset K(C, A))$

b) $LA \supset (K(B, A) \supset K(K(B, A), A))$

c) $LA \supset (\neg K(B, A) \supset K(\neg K(B, A), A))$

Beweis: (a) ergibt sich aus C4 und C3, (b) aus C10 und TC8b wegen LA. (c) ergibt sich aus C11 und TC8b wegen LA.

Im Hinblick auf C6, C7 hat also $K(A, B)$ für ein festes B die Eigenschaften einer Notwendigkeit im Sinne von N_2, wobei $K(A, B) \supset (B \supset A)$ an die Stelle von $NA \supset A$ tritt. Insbesondere hat also KA diese Eigenschaften:

TC11: KA hat die Eigenschaften einer Notwendigkeit nach N_2.

TC12: a) $KA \wedge K(B, A) \supset KB$

b) $LA \wedge K(B, A) \supset LB$

c) $LA \supset (K(B, A) \equiv K(A \supset B))$

d) $LA \wedge \neg KB \supset (K(B, A) \equiv K(\neg A, \neg B))$

e) $K \neg A \wedge \neg KB \supset K(\neg A, \neg B)$

f) $\neg KB \supset (K(B, A) \supset K(\neg A, \neg B))$

g) $LA \supset (K(\neg A, \neg B) \supset K(B, A))$

h) $KB \wedge LA \supset K(B, A)$

i) $L(A \wedge C) \supset (K(B, A) \supset K(B, A \wedge C))$

j) $L(A \land B) \supset (K(B, A) \land K(C, B) \supset K(C, A))$
k) $L(A \land C) \supset (K(B, A) \supset K(A \supset B, C))$
l) $LA \land LB \supset (K(C, A \lor B) \equiv K(C, A) \land K(C, B))$
m) $LA \land (K(B, A) \supset L(A \land B))$
n) $LA \supset (K(B, A) \land K(C, B) \supset K(C, A))$
o) $LA \land \neg KA \supset (KB \equiv (K(B, A) \land K(B, \neg A))$

Beweis: (a) folgt aus TC9a wegen $L(T, A)$. Wäre $K(\neg T, A)$, so $N\neg A$, während aus KA folgt A. (b) Aus $K(B, A)$ und $K(\neg B, T)$ folgt wegen LA nach TC8b $K(\neg B, A)$, also nach C4 $K(B \land \neg B, A)$, also $N\neg A$ nach TC3a, im Widerspruch zu LA. (c) folgt direkt aus C5. (d) Aus $LA \land \neg KB$ folgt nach (c) $K(B, A) \equiv K(A \supset B)$ und $K(\neg A, \neg B) \equiv K(\neg B \supset \neg A)$, wegen $K(A \supset B) \equiv K(\neg B \supset \neg A)$ nach TC11 gilt also $K(B, A) \equiv K(\neg A, \neg B)$. (e) Ist $K\neg A$, so erhalten wir aus $\neg KB$ nach TC8b $K(\neg A, \neg B)$. (f) folgt aus (d) und (e). (g) folgt aus (f). (h) Aus KB und LA folgt nach TC8b $K(B, A)$. (i) Aus $K\neg A$ folgt $K\neg(A \land C)$, also aus $L(A \land C)$ LA. Daraus erhält man nach (c) $L(C, A) \equiv L(A \land C)$, also $L(C, A)$, und daraus mit TC8b die Behauptung. (j) Man argumentiert ebenso mit TC9a. (k) Ebenso mit TC9b. (l) Aus LA folgt $L((A \lor B) \land A)$, also $L(A, A \lor B)$, ebenso aus LB $L(B, A \lor B)$, damit nach TC7b die Behauptung. (m) Aus LA folgt nach (c) $K(\neg A \lor \neg B) \equiv K(\neg B, A)$. Würde also gelten $K\neg(A \land B)$, so $K(\neg B, A)$. Aus LA folgt aber MA, also nach TC3b $\neg K(B, A)$, im Widerspruch zur Annahme. (n) folgt aus (j) und (m). (o) erhält man aus TC9c.

Für Folgebeziehungen $A > B$, wie $A \supset B$, $A \rightarrow B$ oder $A \underset{\cdot}{\supset} B$, gelten u.a. folgende grundlegenden Gesetze:

1)	$A > A$	Reflexivität
2)	$(A > B) \land (B > C) \supset (A > C)$	Transitivität
3)	$(A > B) \supset (A \land C > B)$	Prämissenverstärkung
4)	$(A > B) \supset (A > B \lor C)$	Abschwächung der Konklusion
5)	$(A > B \land C) \equiv (A > B) \land (A > C)$	Konjunktive Verknüpfung der Konklusionen
6)	$(A \lor B > C) \equiv (A > C) \land (B > C)$	Disjunktive Verknüpfung der Prämissen
7)	$(A > B) \supset (\neg B > \neg A)$	Kontraposition
8)	$A \land (A > B) \supset B$	Modus ponens
9)	$\neg B \land (A > B) \supset \neg A$	Modus tollens
10)	$(A \land B > C) \equiv (A > B \supset C)$	Exportation und Importation
11)	$(A > B) \supset (A \land \neg B > C)$	Widerspruchsprinzip

12) $(A > B) \supset (C > A \supset B)$ Verallgemeinerte Exportation.

Für K(B, A), anstelle von $A > B$ gelten von diesen Gesetzen (1), (4), (5), (8), (9), nicht hingegen (2), (3), (6), (7), (10), (11), (12). Statt (2) gilt nur TC9a, statt (3) nur TC8b, statt (6) TC7b, statt (7) TC12d, statt (10) nur C5, statt (12) nur TC9b. Daß (2), (3) und (7) nicht allgemein gelten, ergibt sich wie folgt: Würde (2) gelten, so auch (3), wegen $N(A \wedge C \supset A)$ und TC2a. Aus

Wenn man das Streichholz reibt, dann brennt es

folgt aber nicht

Wenn man das Streichholz reibt und es ist naß, dann brennt es[10].

Und aus

Wenn Hans am Rennen teilgenommen hätte, hätte Otto (trotzdem) eine Chance gehabt zu gewinnen

folgt nicht

Wenn Otto keine Chance gehabt hätte zu gewinnen, hätte Hans nicht am Rennen teilgenommen

falls Hans nur deswegen nicht am Rennen teilnahm, weil Otto eine Gewinnchance hatte.

Wir untersuchen nun die drei in 3.1 angegebenen Typen von Konditionalsätzen etwas genauer:

A) *Verschärfungen von Konditionalsätzen*

Es bieten sich folgende Verstärkungen von K(B, A) an, mit denen wir gewisse triviale Fälle der Geltung von K(B, A) ausschließen können:

$K_1(B, A) := K(B, A) \wedge \neg K(B, \neg A)$

$K_2(B, A) := K(B, A) \wedge \neg KB$

Es gilt dann:

TC13: a) $\neg KB \supset (K(B, A) \equiv K_1(B, A) \equiv K_2(B, A))$

b) $KB \wedge L\neg A \supset \neg K_1(B, A)$.

Beweis: (a) Es gilt trivialerweise $K_1(B, A) \supset K(B, A)$ und $K_2(B, A) \supset K(B, A)$; ebenso, daß für $\neg KB$ $K_2(B, A)$ aus $K(B, A)$ folgt. Es gilt also für $\neg KB$: $K(B, A) \equiv K_2(B, A)$, also auch $K_1(B, A) \supset K_2(B, A)$. Gilt $LA \wedge L\neg A$, so nach TC12o $\neg KB \supset \neg K(B, A) \vee \neg K(B, \neg A)$, d.h. $K_2(B, A) \supset K_1(B, A)$. Gilt $\neg LA$, also $K\neg A$, so nach TC12a $K(B, \neg A) \supset KB$, also $K_2(B, A) \supset K_1(B, A)$. Gilt $LA \wedge \neg L\neg A$, also KA, so gilt bei K(B, A) KB nach TC12a; dieser Fall kann also bei $K_2(B, A)$ nicht auftreten. Wir haben also $\neg KB \supset$

10 Nach TC8b gilt wegen der Falschheit dieses letzteren Satzes, daß der erstere nur dann wahr ist, wenn das Streichholz normalerweise nicht naß ist, wenn man es reibt.

$(K_2(B, A) \supset K_1(B, A))$. (b) Aus $L\neg A$ und KB folgt nach TC12h $K(B, \neg A)$, also $\neg K_1(B, A)$.

D.h. ein Unterschied zwischen $K(B, A)$, $K_1(B, A)$ und $K_2(B, A)$ besteht nur für KB. In diesem Fall ist $K_2(B, A)$ immer falsch. Wenn man auch bei KB Konditionalaussagen machen will, so kommt also K_2 dafür nicht infrage.

Wir definieren daher *starke* Konditionalsätze im Sinne von K_1 durch

D3.3-1: $K_S(B, A) := K(B, A) \wedge \neg K(B, \neg A)$.

Im Fall $KB \wedge LA$ ist wegen TC12h die Aussage $K(B, A)$ immer richtig, also uninformativ. In diesem Fall ist $K_S(B, A)$ für $L\neg A$ falsch nach TC13b; für $\neg L\neg A$, d.h. für KA, kann $K_S(B, A)$ aber richtig sein. Im Fall $KB \wedge \neg LA$ ist $K_S(B, A)$ falsch, $K(B, A)$ kann aber richtig sein.

B) *Irreale Konditionalsätze*

Ist $K(B, A)$ ein irrealer Konditionalsatz, so gilt mindestens $\neg A$, also $L\neg A$, oder $K\neg A$, wobei $K\neg A \supset \neg A \supset L\neg A$. Im *Normalfall* eines Irrealis $K(B, A)$ gilt ferner $\neg B$ oder doch $L\neg B$, wobei $\neg B \supset L\neg B \supset \neg KB$. Es gilt dann nach TC12f in jedem dieser Fälle das Kontrapositionsgesetz (7), d.h. $K(B, A) \supset K(\neg A, \neg B)$. Im nicht-normalen Fall KB gilt das Kontrapositionsgesetz (7) nicht und es gilt nach TC13b auch $\neg K_S(B, A)$. Für irreale Konditionalsätze können wir also durch die Verwendung von $K_S(B, A)$ anstelle von $K(B, A)$ gerade den nicht normalen Fall ausschließen, während nach TC13a im normalen Fall $K(B, A)$ mit $K_S(B, A)$ äquivalent ist.

C) *Indikativische Konditionalsätze*

Ist $K(B, A)$ ein indikativischer Konditionalsatz, so gilt $LA \wedge L\neg A$. Aus LA folgt $K(B, A) \equiv K(A \supset B)$ nach TC12c, und $K(B, A) \wedge K(C, B) \supset K(C, A)$, also (2) nach TC12n. Im *Normalfall* gilt wieder $\neg KB$. Aus $\neg KB$ und LA folgt nach TC12h $K(B, A) \equiv K(\neg A, \neg B)$, also (7). Im nicht-normalen Fall KB gilt wegen $L\neg A$ nach TC13b $\neg K_S(B, A)$; d.h. wir schalten durch die Verwendung von $K_S(B, A)$ anstelle von $K(B, A)$ wieder diese nicht normalen Fälle aus, während in den normalen Fällen $K(B, A)$ und $K_S(B, A)$ äquivalent sind. Da aus LA und KB nach TC12h $K(B, A)$ folgt, ist $K(B, A)$ im nicht-normalen Fall trivial und uninformativ.

D) *Kausalsätze*

Ist $K(B, A)$ ein Kausalsatz, so gilt A, also LA. Sehen wir auch hier den Fall $\neg KB$ als *Normalfall* an, so gilt wegen TC12a $\neg KA$, d.h. $L\neg A$. In diesem Fall gilt also wie unter (C) $K(B, A) \equiv K(A \supset B)$ und $K(B, A) \wedge K(C, B) \supset K(C, A)$. Im nicht-normalen Fall KB gilt $K(B, A)$ nach TC12h trivialerweise, ist also uninformativ. Im Fall $L\neg A$ ist $K_S(B, A)$ falsch nach TC13b; im Fall $\neg L\neg A$, d.h. KA, stellt aber $K_S(B, A)$ eine nichttriviale Verschärfung von $K(B, A)$ dar. Die Verwendung von $K_S(B, A)$ anstelle von $K(B, A)$ schließt also den Fall (LA und) KB und $L\neg A$ aus, besagt für KA und KB, daß B bei der Bedingung A, die wegen KA schwach notwendig ist, ebenfalls schwach notwendig ist, während es bei $\neg A$ im schwachen Sinn möglich ist, daß $\neg B$ gilt, und ist im Normalfall mit $K(B, A)$ äquivalent.

Kausalsätze werden im Alltag meist verwendet, um den Grund eines unerwarteten, merkwürdigen oder ungewöhnlichen Ereignisses anzugeben. Für einen Kausalsatz $K(B, A)$ fällt das unter den Normalfall $\neg KB$. Als Grund für B wird dann diejenige Tatsache angeführt, die dafür verantwortlich ist, daß B und nicht $\neg B$ eingetreten ist, d.h. ein Satz A mit $K(B, A)$, wobei auch gilt $\neg K(B, \neg A)$, so daß bei $\neg A$ $\neg B$ möglich wäre.

Wir wenden uns nun den Folgerungen aus C10 und C11 zu.

TC14 a) $K(B, A) \equiv KK(B, A)$

b) $\neg K(B, A) \equiv K\neg K(B, A)$

c) $KK(B, A) \vee K\neg K(B, A)$

d) $LA \supset (K(K(C, B), A) \equiv K(C, B))$

e) $\neg K\neg K(B, A) \supset (K(C, K(B, A)) \equiv KC)$

f) $L(B, A) \supset (K(K(C, B), A) \supset K(C, A \wedge B))$

Beweis: (a) bis (c) folgen direkt aus C10 und C11. (d) Aus LA folgt nach TC12c $K(K(C, B), A) \equiv K(A \supset K(C, B))$, nach (c) ist $K(A \supset K(C, B))$ äquivalent mit $K(A \supset K(C, B)) \wedge KK(C, B) \vee K(A \supset K(C, B)) \wedge K\neg K(C, B)$, also nach TC11 mit $KK(C, B) \vee K\neg A$. Aus LA und (a) folgt also $K(A \supset K(C, B)) \equiv K(C, B)$. (e) Aus $KK(B, A)$ folgt nach TC12c $K(C, K(B, A)) \equiv K(K(B, A) \supset C)$ und $KK(C, A)$ also $K(C, K(B, A)) \equiv KC$. (f) Aus $L(B, A)$ und $K(K(C, B), A)$ folgt nach TC8b $K(K(C, B), A \wedge B)$, nach TC6a also $K(B \wedge K(C, B), A \wedge B)$. Aus $\vdash B \wedge K(C, B) \supset C$ nach C6 folgt nach C3 dann $K(C, A \wedge B)$.

Die Frage ist nun, ob Gesetze wie TC14d intuitiv akzeptabel sind. Betrachten wir das folgende Beispiel:

1) *Wenn Otto kommt, dann wird es eine lustige Party, sofern Hans kommt.*

(1) ist unter der Voraussetzung, daß es prima facie möglich ist, daß Otto kommt, nach TC14d äquivalent mit:

2) *Wenn Hans kommt, dann wird es eine lustige Party.*
Erwartet hätte man eher, daß (1) äquivalent wäre mit
3) *Wenn Otto und Hans kommen, dann wird es eine lustige Party.*

Nach TC14f folgt zwar (3) aus (1), wenn das Kommen von Hans möglich ist unter der Bedingung, daß Otto kommt (daß also Hans nicht wegbleibt, wenn Otto kommt), aber (3) ist nicht äquivalent mit (1). Antiintuitiv scheint vor allem, daß in (2) die erste Prämisse von (1) ganz wegfällt.

Solche Beispiele können jedoch weder eine echte Stütze für, noch einen echten Einwand gegen die Prinzipien C10 und C11 bilden. Ebenso wie uns eine zuverlässige Intuition bzgl. der Prinzipien für iterierte Anwendungen der Modaloperatoren N und M fehlt, fehlt auch eine zuverlässige Intuition bzgl. solcher Prinzipien für iterierte Anwendungen von „Wenn-dann". Wir haben keine Intuition, die uns sagt, wodurch sich (1) in seiner Bedeutung von (3) unterscheidet. Sätze der Form K(K(A, B), K(C, D)) dürften umgangssprachlich überhaupt nicht vorkommen. Insofern läßt sich die Adäquatheit der Explikation von „Wenn-dann" nur an Sätzen ohne iterierte Anwendungen dieses Operators beurteilen. Wenn man also nicht überhaupt auf solche Anwendungen verzichten will, liegt es, wie im Fall der Modallogik nahe, so starke Prinzipien anzunehmen, daß sich iterierte Anwendungen in vielen Fällen eliminieren lassen.

In Ergänzung unserer Bemerkungen am Ende des Abschnitts 3.1 beweisen wir den Satz:

TC15: K(C, B) ≡ VA(K(A, B) ∧ N(A∧B ⊃ C))

Beweis: Gilt K(C, B), so setzen wir A = B⊃C. Nach C3 gilt dann K(A, B) und außerdem gilt N(A∧B ⊃ C). Aus K(A, B) folgt nach TC6a K(A∧B, B), also wegen N(A∧B ⊃ C) nach C3 K(C, B).

Da aus K(C, B) nach C6 B⊃C folgt, d.h. A, können wir A aber auch als *ceteris-paribus* Bedingung auffassen und erhalten so K(C, B) ≡ VA(K(A, B)∧A∧N(A∧B ⊃ C)). Gilt LB, so nach TC12c auch K(B⊃C), also KA. Dann ist A eine prima facie ebenso wie bei B normale Bedingung.

3.4 Andere semantische Ansätze

I *Komparative Ähnlichkeitsrelationen*

Die Logik der Konditionalsätze ist vor allem von R. Stalnaker und D. Lewis entwickelt worden [11]. Die ausführlichste Darstellung findet sich in Lewis (73). Stalnaker und Lewis sind jedoch von einem anderen Grundgedanken ausgegangen, als wir das oben getan haben. Sie legen eine Ähnlichkeitsrelation für Welten fest: $j \leqslant_i k$ besage, daß die Welt j der Welt i höchstens so ähnlich ist wie k der Welt i. Es soll dann K(A, B) in i gelten, wenn entweder B unmöglich ist oder wenn es eine B-Welt j gibt, so daß alle B-Welten, die i mindestens so ähnlich sind wie j, A-Welten sind.

Das führt zu folgendem Interpretationsbegriff:

D3.4-1: Eine *CS-Interpretation* von *C* ist ein Quintupel $\langle U, I, S, \leqslant, \Phi \rangle$, für das gilt:

1) I ist eine nichtleere Menge von Welten.
2) U ist ein nichtleerer Objektbereich.
3) $\Lambda \neq S_i \subset I$ für alle $i \epsilon I$.
4) $\leqslant_i$ ist für alle $i \epsilon I$ eine Relation auf I, für die gilt:
   a) $j \leqslant_i k \wedge k \leqslant_i l \supset j \leqslant_i l$ und $j \leqslant_i k \vee k \leqslant_i j$,
   b) $j \leqslant_i i$ für alle j,
   c) gilt nicht $k \epsilon S_i$, so $k \leqslant_i j$ für alle j,
   d) gilt $j \epsilon S_i$, aber nicht $k \epsilon S_i$, so $k <_i j$.
5) Φ_i ist für alle $i \epsilon I$ eine Funktion, für die gilt:
   a) $\Phi_i(a) = \Phi_j(a)$ für alle $j \epsilon I$ und alle GK a von *C*.
   b) Φ_i erfüllt die Bedingungen (a) bis (f) für p.l. Interpretationen über U nach D1.2-1.
   c) $\Phi_i(K(B, A)) = w$ genau dann, wenn $S_i \subset [\neg A] \vee \bigvee j(j \epsilon [A] \cap S_i \wedge \bigwedge k(j \leqslant_i k \wedge k \epsilon [A] \supset k \epsilon [B]))$.

Die Menge S_i entspricht der Menge der bzgl. i möglichen Welten. Es gilt $i \epsilon S_i$, andernfalls würde nach (4d) für jedes $j \epsilon S_i$ $i <_i j$ gelten (nach (3) gibt es solche j), im Widerspruch zu (4b). Nach (5c) gilt $\Phi_i(K(A, \neg A)) = w$ genau dann, wenn $S_i \subset [A]$. Wir können also wieder definieren: $NA := K(A, \neg A)$ und $MA := \neg N \neg A$.

Nach (4a) ist $\leqslant_i$ für alle i eine *Quasiordnung* oder *schwache Ordnung*. Das ist eine Forderung, die man allgemein an komparative Begriffe stellt [12]. (4b) besagt, daß keine Welt j i ähnlicher ist als i selbst. Da die Ähnlichkeit zweier Welten sich nach den Details rich-

[11] Vgl. Stalnaker (68), Stalnaker und Thomason (70), und Lewis (73). – Wir stützen uns in diesem Abschnitt auf die Ausführungen in Lewis (73) im 1. und 2. Kapitel.

[12] Vgl. z.B. Kutschera (72), 1.2.

ten soll, in denen sie übereinstimmen, und nach der Wichtigkeit dieser Details, liegt es nahe, mit D. Lewis anstelle von (4b) die stärkere Bedingung

4b′) $j <_i i$ für alle $j \neq i$,

anzunehmen. Das führt jedoch zu dem Prinzip $A \wedge B \supset K(A, B)$, das zwar für die von Lewis untersuchten irrealen Konditionalsätze harmlos ist, nicht jedoch, wenn $K(A, B)$ den Grundtyp aller Konditionalsätze darstellen soll, wie wir das anstreben. (4c) und (4d) besagen, daß alle k außerhalb S_i i unähnlicher sind als alle j in S_i und daß alle k und j außerhalb S_i i gleich unähnlich sind; d.h. außerhalb S_i gibt es nach $\leqslant_i$ keine Ähnlichkeitsunterschiede mehr.

Ein Paar $\langle S, \leqslant \rangle$, für das (3) und (4) gilt, heißt bei Lewis ein *schwach zentriertes komparatives Ähnlichkeitssystem* auf I (*weakly centered comparative similarity system*) – daher unsere Bezeichnung „CS-Interpretation". Gilt (4b′) anstelle von (4b), so spricht man von einem *stark zentrierten* (*strongly centered*) komparativen Ähnlichkeitssystem. Wie üblich definiert man

D3.4-2: a) $j <_i k := \neg(k \leqslant_i j)$

b) $j =_i k := (j \leqslant_i k) \wedge (k \leqslant_i j)$

c) $j >_i k := k <_i j$.

II *Ähnlichkeitssphären*

Formal eleganter und handlicher ist der folgende Interpretationsbegriff:

D3.4-3: Eine *SS-Interpretation* von ***C*** ist ein Quadrupel $\langle U, I, \boldsymbol{S}, \Phi \rangle$ für das gilt:

1) I ist eine nichtleere Menge von Welten.
2) U ist ein nichtleerer Objektbereich.
3) $\boldsymbol{S}_i$ ist für alle $i \in I$ eine nichtleere Menge von Teilmengen von I, so daß gilt:
   a) $i \in \cap \boldsymbol{S}_i$
   b) ist $S \in \boldsymbol{S}_i$ und $T \in \boldsymbol{S}_i$, so ist $S \subset T$ oder $T \subset S$,
   c) ist $\boldsymbol{T} \subset \boldsymbol{S}_i$, so $\cup \boldsymbol{T} \in \boldsymbol{S}_i$,
   d) ist $\boldsymbol{T} \neq \Lambda$ und $\boldsymbol{T} \subset \boldsymbol{S}_i$, so $\cap \boldsymbol{T} \in \boldsymbol{S}_i$.
4) Φ_i ist für alle $i \in I$ eine Funktion, für die gilt:
   a) $\Phi_i(a) = \Phi_j(a)$ für alle $i, j \in I$ und alle GK a von ***C***,
   b) Φ_i erfüllt die Bedingungen (a) bis (f) für p.l. Interpretationen über U nach D1.2-1′,
   c) $\Phi_i(K(B, A)) = w$ genau dann, wenn $\cup \boldsymbol{S}_i \subset [-A] \vee \vee S(S \in \boldsymbol{S}_i \wedge S \cap [A] \neq \Lambda \wedge S \cap [A] \subset [B])$.

Der Grundgedanke dieses Interpretationsbegriffs ist es, auf der Basis einer Ähnlichkeitsrelation $j \leqslant_i k$ Mengen $S(i, j) = \{k : j \leqslant_i k\}$ für alle $j \in S_i$ zu bilden und $\boldsymbol{S}_i$ als Menge dieser Mengen. Jedes S(i, j) stellt eine Ähnlichkeitssphäre um i dar, der genau die Welten angehören, die i mindestens so ähnlich sind wie j. Die Vereinigung $\cup \boldsymbol{S}_i$ der Menge $\boldsymbol{S}_i$ dieser Sphären S(i, j) fällt dann mit S_i zusammen. Die S(i, j) bilden ein System von Mengen, so daß die Menge S(i, j) für $k \leqslant_i j$ in der Menge S(i, k) enthalten ist (3b). Im Sinne von D3.4-1, 4b ist i nach (3a) in allen $S \in \boldsymbol{S}_i$ enthalten. Eine Entsprechung zu D3.4-1, 4b′ erhält man, wenn man anstelle von (3a) fordert

3a′) $\{i\} \in \boldsymbol{S}_i$.

Nach (3c) und (3d) enthält $\boldsymbol{S}_i$ auch alle Vereinigungen und Durchschnitte nichtleerer Mengen von Ähnlichkeitssphären aus $\boldsymbol{S}_i$.

Daß diese Forderungen notwendig und hinreichend sind, ergibt sich im Hinblick auf die intuitive Begründung des Begriffs der CS-Interpretation durch die folgenden beiden Sätze:

T3.4-1: Aus einer CS-Interpretation $\langle U, I, S, \leqslant, \Phi\rangle$ erhält man eine SS-Interpretation $\langle U, I, \boldsymbol{S}, \Phi'\rangle$ mit $\Phi'_i(A) = \Phi_i(A)$ für alle $i \in I$ und alle Sätze A von $\boldsymbol{C}$, indem man setzt (*) $\boldsymbol{S}_i = \{S \subset S_i : \wedge jk(j \in S \wedge \neg k \in S \supset k <_i j)\}$ und $\Phi'_i(a) = \Phi_i(a)$ für alle Konstanten a und $i \in I$.

Beweis:

α) $\boldsymbol{S}_i$ erfüllt die Bedingung D3.4-3,3:

Es gilt $i \in \cap \boldsymbol{S}_i$ wegen $i \in S_i$ und D3.4-1,4b.

Es sei $S \in \boldsymbol{S}_i$ und $T \in \boldsymbol{S}_i$ und nicht $S \subset T$. Dann gibt es ein $k \in S$ mit $\neg k \in T$, also wegen $T \in \boldsymbol{S}_i$: $\wedge j(j \in T \supset k <_i j)$. Wegen $S \in \boldsymbol{S}_i$ gilt aber $\wedge j(k \leqslant_i j \wedge k \in S \supset j \in S)$, also $\wedge j(j \in T \supset j \in S)$, d.h. $T \subset S$.

Es sei $\boldsymbol{T} \subset \boldsymbol{S}_i$ und $\neg \cup \boldsymbol{T} \in \boldsymbol{S}_i$, dann gilt entweder $\neg \cup \boldsymbol{T} \subset S_i$, d.h. $\vee j(j \in \cup \boldsymbol{T} \wedge \neg j \in S_i)$, dann gibt es ein $T \in \boldsymbol{T}$, also $T \in \boldsymbol{S}_i$ mit $\neg T \subset S_i$, im Widerspruch zur Definition von $\boldsymbol{S}_i$; oder es gibt ein j und ein k mit $j \in \cup \boldsymbol{T} \wedge \neg k \in \cup \boldsymbol{T} \wedge j \leqslant_i k$; dann gibt es aber auch ein $T \in \boldsymbol{T}$, also $T \in \boldsymbol{S}_i$, mit $j \in T$ und $\neg k \in T \wedge j \leqslant_i k$, abermals im Widerspruch zu (*).

Es sei $\boldsymbol{T} \subset \boldsymbol{S}_i$, $\boldsymbol{T} \neq \Lambda$ und $\neg \cap \boldsymbol{T} \in \boldsymbol{S}_i$. Dann gilt entweder $\neg \cap \boldsymbol{T} \subset S_i$, dann gilt aber für alle $T \in \boldsymbol{T}$ (also $T \in \boldsymbol{S}_i$) $\neg T \subset S_i$, im Widerspruch zu (*) und $\boldsymbol{T} \neq \Lambda$, oder es gibt j, k mit $j \in \cap \boldsymbol{T} \wedge \neg k \in \cap \boldsymbol{T} \wedge j \leqslant_i k$; dann gibt es ein $T \in \boldsymbol{T}$ (also $T \in \boldsymbol{S}_i$) mit $j \in T \wedge \neg k \in T \wedge j \leqslant_i k$, im Widerspruch zu (*).

β) Es sei bereits bewiesen, daß [A] bzgl. Φ′ mit [A] bzgl. Φ identisch ist, und ebenso für [B]. Dann gilt auch $\Phi'_i(K(B, A)) = \Phi_i(K(B, A))$. Es gilt zunächst $S_i \in \boldsymbol{S}_i$ wegen D3.4-1,4d, also $S_i \subset \cup \boldsymbol{S}_i$. $\cup \boldsymbol{S}_i \subset S_i$ gilt nach (*), also $S_i = \cup \boldsymbol{S}_i$. Es gilt also $\cup \boldsymbol{S}_i \subset [\neg A] \equiv S_i \subset [\neg A]$. Es gebe nun ein j mit $j \in S_i \cap [A] \wedge \wedge k(j \leqslant_i k \wedge k \in [A] \supset k \in [B])$. Dann ist $S := \{k : j \leqslant_i k\} \in \boldsymbol{S}_i$, denn $j \in S_i \wedge j \leqslant_i k \supset k \in S_i$ nach D3.4-1,4d, also $S \subset S_i$; und $\wedge l(\neg l \in S \supset l <_i j)$, wegen $j \leqslant_i k$ für alle $k \in S$

also $\bigwedge kl(k\epsilon S \wedge \neg l\epsilon S \supset l<_i k)$. Es gilt also nach (*) $S\epsilon \boldsymbol{S}_i$. Wegen $j\epsilon S$ und $j\epsilon[A]$ gilt $S\cap[A]\neq\Lambda$. Wegen $\bigwedge k(j\leqslant_i k \supset k\epsilon[A\supset B])$ gilt $S\subset[A\supset B]$, d.h. $S\cap[A]\subset[B]$. Es gilt also $\bigvee S(S\epsilon\boldsymbol{S}_i \wedge S\cap[A]\neq\Lambda \wedge S\cap[A]\subset[B])$.

Gibt es umgekehrt ein $S\epsilon\boldsymbol{S}_i$ mit $S\cap[A]\neq\Lambda \wedge S\cap[A]\subset[B]$, so gilt $S\subset S_i \wedge \bigwedge kl(k\epsilon S \wedge \neg l\epsilon S \supset l<_i k)$, nach (*). Es gibt dann ein $j\epsilon S\cap[A]$, also $j\epsilon S_i\cap[A]$ und für alle k mit $j\leqslant_i k$ gilt $k\epsilon S$ wegen $j\epsilon S$, also $k\epsilon[A\supset B]$. Also $\bigvee j(j\epsilon S_i\cap[A] \wedge \bigwedge k(j\leqslant_i k \wedge k\epsilon[A] \supset k\epsilon[B])$. Damit ist $\Phi'(K(B,A)) = \Phi(K(B,A))$ bewiesen.

T3.4-2: Aus einer SS-Interpretation $\langle U, I, \boldsymbol{S}, \Phi\rangle$ erhält man eine CS-Interpretation $\langle U, I, S, \leqslant, \Phi'\rangle$ mit $\Phi'_i(A)=\Phi_i(A)$ für alle $i\epsilon I$ und alle Sätze A von *C*, indem man setzt (**) $S_i=\cup\boldsymbol{S}_i$ und (***) $j\leqslant_i k := \bigwedge S(S\epsilon\boldsymbol{S}_i \wedge j\epsilon S \supset k\epsilon S)$ und $\Phi'_i(a)=\Phi_i(a)$ für alle Konstanten a und $i\epsilon I$.

Beweis:

α) $\Lambda\neq S_i\subset I$ gilt für alle $i\epsilon I$ nach (**) trivialerweise.

β) $\leqslant_i$ erfüllt die Bedingungen D3.4-1,4:

Es sei $j\leqslant_i k \wedge k\leqslant_i l$, dann gilt nach (***) $\bigwedge S(S\epsilon\boldsymbol{S}_i \wedge j\epsilon S \supset k\epsilon S) \wedge \bigwedge S(S\epsilon\boldsymbol{S}_i \wedge k\epsilon S \supset l\epsilon S)$, also $\bigwedge S(S\epsilon\boldsymbol{S}_i \wedge j\epsilon S \supset l\epsilon S)$, also $j\leqslant_i l$. Es sei $\neg(j\leqslant_i k)$, dann gibt es nach (***) ein $S\epsilon\boldsymbol{S}_i$ mit $j\epsilon S\wedge \neg k\epsilon S$, also gilt für $T\epsilon\boldsymbol{S}_i\wedge k\epsilon T$: $\neg(T\subset S)$, also nach D3.4-3,3b $S\subset T$, also $\bigwedge T(T\epsilon\boldsymbol{S}_i \wedge k\epsilon T \supset j\epsilon T)$, also $k\leqslant j$.

Wegen $i\epsilon\cap\boldsymbol{S}_i$ (D3.4-3,3a) gilt $\bigwedge S(S\epsilon\boldsymbol{S}_i \wedge j\epsilon S \supset i\epsilon S)$ für alle j, also $j\leqslant_i i$.

Gilt $\neg k\epsilon S_i$, so $\neg k\epsilon\cup\boldsymbol{S}_i$, d.h. $\bigwedge S(S\epsilon\boldsymbol{S}_i \wedge k\epsilon S \supset j\epsilon S)$ für alle j, also $k\leqslant_i j$. Gilt $j\epsilon S_i \wedge \neg k\epsilon S_i$, so gilt wegen $\cup\boldsymbol{S}_i\epsilon\boldsymbol{S}_i$ $\bigvee S(S\epsilon\boldsymbol{S}_i \wedge j\epsilon S \wedge \neg k\epsilon S)$, also $\neg(j\leqslant_i k)$, also $k<_i j$.

γ) Es sei bereits bewiesen, daß [A] und [B] bzgl. Φ' und Φ übereinstimmen. Dann gilt $\cup\boldsymbol{S}_i\subset[\neg A] \equiv S_i\subset[\neg A]$ nach (**). Gibt es nun ein $S\epsilon\boldsymbol{S}_i$ mit $S\cap[A]\neq\Lambda \wedge S\cap[A]\subset[B]$, so gibt es ein j mit $j\epsilon S\cap[A]$, also $j\epsilon S_i\cap[A]$. Gilt $j\leqslant_i k$, so gilt nach (***) $j\epsilon S \supset k\epsilon S$, also $k\epsilon S$ und daher $k\epsilon[A\supset B]$. Es gilt also $\bigvee j(j\epsilon S_i\cap[A] \wedge \bigwedge k(j\leqslant_i k \wedge k\epsilon[A] \supset k\epsilon[B]))$. Gibt es umgekehrt ein solches j aus S_i, so gibt es auch ein $S\epsilon\boldsymbol{S}_i$ mit $j\epsilon S$. Es sei nun $\boldsymbol{T}$ die Menge solcher $S\epsilon\boldsymbol{S}_i$ mit $j\epsilon S$. Es ist $\boldsymbol{T}\neq\Lambda$, also nach D3.4-3,3d $\cap\boldsymbol{T}\epsilon S_i$. Wegen $j\epsilon\cap\boldsymbol{T}$ und $j\epsilon[A]$ gilt $\cap\boldsymbol{T}\cap[A]\neq\Lambda$. Ist $k\epsilon\cap\boldsymbol{T}$, so gilt $\bigwedge T(T\epsilon S_i \wedge j\epsilon T \supset k\epsilon T)$, also $j\leqslant_i k$, also nach Voraussetzung $k\epsilon[A\supset B]$, also $\cap\boldsymbol{T}\cap[A]\subset[B]$. Es gilt also $\bigvee S(S\epsilon\boldsymbol{S}_i \wedge S\cap[A]\neq\Lambda \wedge S\cap[A]\subset[B])$. Damit ist bewiesen $\Phi'_i(K(B,A)) = \Phi_i(K(B,A))$.

Die beiden Sätze T3.2-1 und T3.2-2 zeigen, daß SS-Interpretationen für die Deutung von *C* dasselbe leisten wie CS-Interpretationen. Ist der Begriff der CS-Interpretation intuitiv durchsichtiger, so daß wir den Begriff der SS-Interpretation durch Rückgriff darauf rechtfertigen müssen, so sind SS-Interpretationen handlicher als jene.

Bzgl. der SS-Interpretationen können wir nun eine Verallgemeinerung des semantischen Ansatzes für *C* gegenüber dem für *N* formal darin sehen, daß wir dort jeder Welt i eine Menge S_i von Welten zuordneten, hier jedoch eine Menge $\boldsymbol{S}_i$ von Mengen von Welten.

III *Komparative Möglichkeit*

Wir können in *C* einen Begriff der komparativen Möglichkeit: *Daß* A *gilt, ist höchstens so möglich wie, daß* B *gilt* (kurz: A *ist höchstens so möglich wie* B) – symbolisch $A \leqslant B$ [13] – definieren durch:

D3.4-4: a) $A \leqslant B := \neg K(\neg B, A \vee B) \vee N\neg(A \vee B)$
b) $A = B := (A \leqslant B) \wedge (B \leqslant A)$
c) $A < B := \neg(B \leqslant A)$.

Im folgenden soll $\leqslant$ stärker binden als $\supset$ und $\equiv$, aber schwächer als $\neg$, $\wedge$ und $\vee$.

Nach dieser Definition gilt

T3.4-3: $\Phi_i(A \leqslant B) = w$ genau dann, wenn $\bigwedge S(S \in \boldsymbol{S}_i \wedge S \cap [A] \neq \Lambda \supset S \cap [B] \neq \Lambda)$.

Beweis: a) Es gelte $\Phi_i(A \leqslant B) = w$. Dann gilt nach D3.4-4,a $\bigwedge S(S \in \boldsymbol{S}_i \wedge S \cap [A \vee B] \neq \Lambda \supset S \cap [A \vee B] \cap [B] \neq \Lambda)$, also $\bigwedge S(S \in \boldsymbol{S}_i \wedge S \cap [A] \neq \Lambda \supset S \cap [B] \neq \Lambda)$. Oder es gilt $\bigcup \boldsymbol{S}_i \subset [\neg A \wedge \neg B]$, also $\bigcup \boldsymbol{S}_i \subset [\neg A]$, also $\bigwedge S(S \in \boldsymbol{S}_i \supset S \cap [A] = \Lambda)$, also $\bigwedge S(S \in \boldsymbol{S}_i \wedge S \cap [A] \neq \Lambda \supset S \cap [B] \neq \Lambda)$.
b) Gilt $\bigwedge S(S \in \boldsymbol{S}_i \wedge S \cap [A] \neq \Lambda \supset S \cap [B] \neq \Lambda)$, so gilt auch $\bigwedge S(S \in \boldsymbol{S}_i \wedge (S \cap [A] \cup S \cap [B]) \neq \Lambda \supset S \cap [B] \neq \Lambda)$, also $\bigwedge S(S \in \boldsymbol{S}_i \wedge S \cap [A \vee B] \neq \Lambda \supset S \cap [A \vee B] \cap [B] \neq \Lambda)$. Es gilt ferner entweder $\bigcup \boldsymbol{S}_i \cap [A \vee B] \neq \Lambda$ – dann ist $\Phi_i(\neg K(\neg B, A \vee B)) = w$ – oder $\bigcup S_i \subset [\neg A \wedge \neg B]$ – dann gilt $\Phi_i(N\neg(A \vee B)) = w$. In beiden Fällen erhalten wir so $\Phi_i(A \leqslant B) = w$.

Bzgl. der CS-Semantik gilt entsprechend:
$\Phi_i(A \leqslant B) = w$ genau dann, wenn $\bigwedge k(k \in S_i \cap [A] \supset \bigvee j(j \in S_i \cap [B] \wedge k \leqslant_i j))$.

Man kann auch den Operator K durch $\leqslant$ definieren; denn es gilt:

T3.4-4: $K(B, A) \equiv N\neg A \vee (A \wedge \neg B < A \wedge B)$, sowie $NA \equiv \neg A \leqslant \neg T$.

Beweis: Es gilt $\Phi_i(\neg A \leqslant \neg T) = w$ genau dann, wenn $\bigwedge S(S \in \boldsymbol{S}_i \wedge S \cap [\neg A] \neq \Lambda \supset S \cap \Lambda \neq \Lambda)$, d.h. wenn $\bigwedge S(S \in \boldsymbol{S}_i \supset S \cap [\neg A] = \Lambda)$, also $\bigcup \boldsymbol{S}_i \subset [A]$. Gilt ferner $\Phi_i(K(B, A)) = w$, so gilt nach D3.4-3,4c $\bigcup \boldsymbol{S}_i \subset [\neg A]$, also $i \in [N\neg A]$ oder $\bigvee S(S \in \boldsymbol{S}_i \wedge S \cap [A] \neq \Lambda \wedge S \cap [A] \subset [B])$,

[13] Hier ist $\leqslant$ ein Symbol der Objektsprache *C*. Eine Verwechslung mit dem in I verwendeten metasprachlichen Symbol $\leqslant$ ist nicht zu befürchten, da die Argumente beider Relationen verschiedenartig sind.

also $VS(S\epsilon\boldsymbol{S}_i \wedge S\cap[A\wedge B]\neq\Lambda \wedge S\cap[A\wedge\neg B]=\Lambda)$, also $A\wedge\neg B < A\wedge B$. Umgekehrt schließt man entsprechend.

Man kann also in $\boldsymbol{C}$ auch $\leqslant$ statt K als Grundoperator ansehen. Der passende Interpretationsbegriff ist dann der folgende [14]:

D3.4-5: Eine *K-Interpretation* von $\boldsymbol{C}$ ist ein Quadrupel $\langle U, I, \leqslant, \Phi\rangle$, für das gilt:

1) I ist eine nichtleere Menge von Welten.
2) U ist ein nichtleerer Objektbereich.
3) $X\leqslant_i Y$ ist eine Relation auf der Potenzmenge $\boldsymbol{P}(I)$ von I, so daß für alle i gilt [15]:
   a) $X\leqslant_i Y$ ist eine Quasiordnung.
   b) Ist $i\epsilon X$, so gilt $Y\leqslant_i X$ für alle $Y\epsilon\boldsymbol{P}(I)$.
   c) Es sei $\boldsymbol{A}\subset\boldsymbol{P}(I)$. Dann soll gelten $X\leqslant_i Y$ für alle $X\epsilon\boldsymbol{A}$ genau dann, wenn $\cup\boldsymbol{A}\leqslant_i Y$.
   d) Gilt für alle $X\epsilon\boldsymbol{A}\neq\Lambda$ $X<_i\{j\}$, so gilt $\cup\boldsymbol{A}<_i\{j\}$.
4) Φ_i ist für alle $i\epsilon I$ eine Funktion, so daß gilt:
   a) $\Phi_i(a) = \Phi_j(a)$ für alle $j\epsilon I$ und alle GK a von $\boldsymbol{C}$,
   b) Φ_i erfüllt die Bedingungen (a) bis (f) für p.l. Interpretationen über U nach D1.2-1,
   c) $\Phi_i(A \leqslant B) = w$ genau dann, wenn $[A] \leqslant_i [B]$.

(3b) besagt, daß die wahren Sätze maximal möglich sind. Die Funktion von (3c) und (3d) zeigt sich in den folgenden Beweisen.

Es gelten in Entsprechung zu T3.2-1 und T3.2-2 folgende beiden Sätze:

T3.4-5: Aus einer SS-Interpretation $\langle U, I, \boldsymbol{S}, \Phi\rangle$ von $\boldsymbol{C}$ erhält man eine K-Interpretation $\langle U, I, \leqslant, \Phi'\rangle$ mit $\Phi'(A) = \Phi(A)$ für alle Sätze A von $\boldsymbol{C}$, indem man setzt (+) $X \leqslant_i Y := \Lambda S(S\epsilon\boldsymbol{S}_i \wedge S\cap X \neq\Lambda \supset S\cap Y\neq\Lambda)$, und $\Phi'(a) = \Phi(a)$ für alle Konstanten a und $i\epsilon I$.

Beweis:

α) Die Bedingungen D3.4-5,3 sind erfüllt:
Es sei $X \leqslant_i Y$ und $Y \leqslant_i Z$, also nach (+) $\Lambda S(S\epsilon\boldsymbol{S}_i \wedge S\cap X \neq\Lambda \supset S\cap Y \neq\Lambda)$ und $\Lambda S(S\epsilon\boldsymbol{S}_i \wedge S\cap Y \neq\Lambda \supset S\cap Z \neq\Lambda)$, also $\Lambda S(S\epsilon\boldsymbol{S}_i \wedge S\cap X\neq\Lambda \supset S\cap Z\neq\Lambda)$, also $X \leqslant_i Z$.

Es sei $\neg(X \leqslant_i Y)$, dann gibt es nach (+) ein $S\epsilon\boldsymbol{S}_i$ mit $S\cap X\neq\Lambda \wedge S\cap Y=\Lambda$. Gilt also $T\epsilon\boldsymbol{S}_i \wedge T\cap Y\neq\Lambda$, so nach D3.4-3,3b $S\subset T$, also $T\cap X\neq\Lambda$. Wir erhalten so $\Lambda T(T\epsilon\boldsymbol{G}_i \wedge T\cap Y\neq\Lambda \supset T\cap X\neq\Lambda)$, also $Y \leqslant_i X$.

Es sei $i\epsilon X$. Wegen $i\epsilon S$ für alle $S\epsilon\boldsymbol{S}_i$ nach D3.4-3,3a gilt also $\Lambda S(S\epsilon\boldsymbol{S}_i \supset S\cap X\neq\Lambda)$, also $\Lambda S(S\epsilon\boldsymbol{S}_i \wedge S\cap Y\neq\Lambda \supset S\cap X\neq\Lambda)$, also $Y \leqslant_i X$ für alle Y.

---

14 Vgl. Lewis (73), 2.5.

15 Man beachte: „$\leqslant_i$" ist ein metasprachliches, „$\leqslant$" ein objektsprachliches Symbol!

Es sei $A \subset \mathrm{P}(\mathrm{I})$ und $\cup A \leqslant_i \mathrm{Y}$, also $\bigwedge \mathrm{S}(\mathrm{S} \in \boldsymbol{S}_i \wedge \mathrm{S} \cap \cup A \neq \Lambda \supset \mathrm{S} \cap \mathrm{Y} \neq \Lambda)$. Dann gilt $\bigwedge \mathrm{SX}(\mathrm{S} \in \boldsymbol{S}_i \wedge \mathrm{X} \in A \wedge \mathrm{S} \cap \mathrm{X} \neq \Lambda \supset \mathrm{S} \cap \mathrm{Y} \neq \Lambda)$, also $\mathrm{X} \leqslant_i \mathrm{Y}$ für alle $\mathrm{X} \in A$. Gilt $\neg(\cup A \leqslant_i \mathrm{Y})$, so gilt $\bigvee \mathrm{S}(\mathrm{S} \in \boldsymbol{S}_i \wedge \mathrm{S} \cap \cup A \neq \Lambda \wedge \mathrm{S} \cap \mathrm{Y} = \Lambda)$, also $\bigvee \mathrm{SX}(\mathrm{S} \in \boldsymbol{S}_i \wedge \mathrm{X} \in A \wedge \mathrm{S} \cap \mathrm{X} \neq \Lambda \wedge \mathrm{S} \cap \mathrm{Y} = \Lambda)$, d.h. es gibt ein $\mathrm{X} \in A$ mit $\neg(\mathrm{X} \leqslant_i \mathrm{Y})$.

Es sei für alle $\mathrm{X} \in A \neq \Lambda$ $\mathrm{X} <_i \{j\}$, also $\bigwedge \mathrm{X}(\mathrm{X} \in A \supset \bigvee \mathrm{S}(\mathrm{S} \in \boldsymbol{S}_i \wedge \mathrm{S} \cap \{j\} \neq \Lambda \wedge \mathrm{S} \cap \mathrm{X} = \Lambda))$. T sei die Menge dieser S; dann ist $\cap T \in \boldsymbol{S}_i$ nach D3.4-3,3c, und es gilt $\cap T \cap \{j\} \neq \Lambda \wedge \cap T \cap \cup A = \Lambda$, also $\bigvee \mathrm{S}(\mathrm{S} \in \boldsymbol{S}_i \wedge \mathrm{S} \cap \{j\} \neq \Lambda \wedge \mathrm{S} \cap \cup A = \Lambda)$, also $\neg(\{j\} \leqslant_i \cup A)$.

β) Es sei bewiesen, daß [A] bzgl. Φ' identisch ist mit [A] bzgl. Φ, und ebenso für [B]. Dann gilt:

Ist $\Phi_i(\mathrm{A} \leqslant \mathrm{B}) = \mathrm{w}$, so gilt $\bigwedge \mathrm{S}(\mathrm{S} \in \boldsymbol{S}_i \wedge \mathrm{S} \cap [\mathrm{A}] \neq \Lambda \supset \mathrm{S} \cap [\mathrm{B}] \neq \Lambda)$, also $[\mathrm{A}] \leqslant_i [\mathrm{B}]$, also $\Phi_i'(\mathrm{A} \leqslant \mathrm{B}) = \mathrm{w}$, und umgekehrt.

T3.4-6: Aus einer K-Interpretation $\langle \mathrm{U}, \mathrm{I}, \leqslant, \Phi \rangle$ erhält man eine SS-Interpretation $\langle \mathrm{U}, \mathrm{I}, \boldsymbol{S}, \Phi' \rangle$ mit $\Phi_i'(\mathrm{A}) = \Phi_i(\mathrm{A})$ für alle $i \in \mathrm{I}$ und alle Sätze A von C, indem man setzt (++) $\boldsymbol{S}_i = \{\mathrm{S} \neq \Lambda: \bigwedge \mathrm{XY}(\mathrm{X} \cap \mathrm{S} \neq \Lambda \wedge \mathrm{Y} \cap \mathrm{S} = \Lambda \supset \mathrm{Y} <_i \mathrm{X})\}$ und $\Phi_i'(a) = \Phi_i(a)$ für alle Konstanten a und $i \in \mathrm{I}$.

Beweis:

α) Es gilt $\mathrm{X} \subset \mathrm{Y} \supset \mathrm{X} \leqslant_i \mathrm{Y}$, denn wegen D3.4-5,3a gilt $\mathrm{Y} \leqslant_i \mathrm{Y}$, wegen $\mathrm{X} \subset \mathrm{Y}$ gilt $\mathrm{X} \cup \mathrm{Y} = \mathrm{Y}$, also $\mathrm{X} \cup \mathrm{Y} \leqslant_i \mathrm{Y}$, also nach D3.4-5,3c $\mathrm{X} \leqslant_i \mathrm{Y}$.

β) Die Bedingungen D3.4-3,3 sind erfüllt:

Ist $\neg i \in \mathrm{S} \neq \Lambda$, so gilt für $\mathrm{Y} = \{i\}$: $\mathrm{Y} \cap \mathrm{S} = \Lambda$ und $\mathrm{X} \leqslant_i \mathrm{Y}$ für alle X nach D3.4-5,3b, also $\neg \mathrm{S} \in \boldsymbol{S}_i$; also $i \in \cap \boldsymbol{S}_i$.

Es sei $\mathrm{S}, \mathrm{T} \in \boldsymbol{S}_i$ und $\neg(\mathrm{S} \subset \mathrm{T})$. Dann gibt es ein $k \in \mathrm{S}$ mit $\neg k \in \mathrm{T}$. Nach (++) gilt dann $\bigwedge \mathrm{X}(\mathrm{X} \cap \mathrm{T} \neq \Lambda \supset \{k\} <_i \mathrm{X})$ und $\bigwedge \mathrm{Y}(\mathrm{Y} \cap \mathrm{S} = \Lambda \supset \mathrm{Y} <_i \{k\})$; es gibt also kein Z mit $\mathrm{Z} \cap \mathrm{T} \neq \Lambda \wedge \mathrm{Z} \cap \mathrm{S} = \Lambda$, also $\mathrm{T} \subset \mathrm{S}$. Es sei $T \subset \boldsymbol{S}_i$. Wäre $\neg \cup T \in \boldsymbol{S}_i$, so gäbe es nach (++) X, Y mit $\mathrm{X} \cap \cup T \neq \Lambda \wedge \mathrm{Y} \cap \cup T = \Lambda \wedge \neg(\mathrm{Y} <_i \mathrm{X})$. Wegen $\mathrm{X} \cap \cup T \neq \Lambda$ gibt es ein $\mathrm{T} \in T$ mit $\mathrm{X} \cap \mathrm{T} \neq \Lambda$ und $\mathrm{Y} \cap \mathrm{T} = \Lambda$, also $\neg \mathrm{T} \in \boldsymbol{S}_i$, im Widerspruch zur Annahme. Es sei $T \neq \Lambda$ und $T \subset \boldsymbol{S}_i$. Gilt $\mathrm{X} \cap \cap T \neq \Lambda \wedge \mathrm{Y} \cap \cap T = \Lambda$, so gibt es ein $j \in \mathrm{X} \cap \cap T$ und – für $\mathrm{Y} \neq \Lambda$ – ein $k \in \mathrm{Y}$ und dazu ein $\mathrm{T} \in T$ mit $\neg k \in \mathrm{T}$, also $\{k\} \cap \mathrm{T} = \Lambda \wedge \{j\} \cap \mathrm{T} \neq \Lambda$, also wegen $\mathrm{T} \in \boldsymbol{S}_i$ $\{k\} <_i \{j\}$. Da das für alle $k \in \mathrm{Y}$ gilt, ist nach D3.4-5,3d $\mathrm{Y} <_i \{j\}$, wegen $\{j\} \subset \mathrm{X}$ und (α) also $\mathrm{Y} <_i \{j\} \leqslant_i \mathrm{X}$, also $\mathrm{Y} <_i \mathrm{X}$. Ist $\mathrm{Y} = \Lambda$, so gilt ebenfalls $\mathrm{Y} <_i \{j\}$ wegen $\mathrm{T} \in \boldsymbol{S}_i$ und $\{j\} \cap \mathrm{T} \neq \Lambda \wedge \mathrm{Y} \cap \mathrm{T} = \Lambda$.

γ) $\bigwedge j(\Lambda <_i \{j\} \supset \mathrm{Q}_j \in \boldsymbol{S}_i)$, wo $\mathrm{Q}_j = \{k: \{j\} \leqslant_i \{k\}\}$.

Ist $\mathrm{X} \cap \mathrm{Q}_j \neq \Lambda \wedge \mathrm{Y} \cap \mathrm{Q}_j = \Lambda$, so gibt es ein k mit $k \in \mathrm{X} \wedge k \in \mathrm{Q}_j$, also $\{k\} \subset \mathrm{X}$ und $\{j\} \leqslant_i \{k\}$. Nach (α) ist $\{k\} \leqslant_i \mathrm{X}$, also $\{j\} \leqslant_i \mathrm{X}$. Ist $\mathrm{Y} = \Lambda$, so wegen $\Lambda <_i \{j\}$ $\mathrm{Y} <_i \mathrm{X}$; ist dagegen $\mathrm{Y} \neq \Lambda$, so gilt wegen $\mathrm{Y} \cap \mathrm{Q}_j = \Lambda$: $\bigwedge l(l \in \mathrm{Y} \supset \{l\} <_i \{j\})$, nach D3.4-5,3d also $\mathrm{Y} <_i \{j\}$, also $\mathrm{Y} <_i \mathrm{X}$. In jedem Fall gilt also $\bigwedge \mathrm{XY}(\mathrm{X} \cap \mathrm{Q}_j \neq \Lambda \wedge \mathrm{Y} \cap \mathrm{Q}_j = \Lambda \supset \mathrm{Y} <_i \mathrm{X})$, also nach (++) $\mathrm{Q}_j \in \boldsymbol{S}_i$.

δ) Es sei bereits gezeigt, daß [A] bzgl. Φ und Φ' zusammenfällt und ebenso für [B]. Es gelte $\Phi'_i(A \leqslant B)=w$, also $\wedge S(S \epsilon \boldsymbol{S}_i \wedge S \cap [A] \neq \Lambda \supset S \cap [B] \neq \Lambda)$. Es sei $j \epsilon [A]$. Ist $\Lambda <_i \{j\}$, so nach (γ) $Q_j \epsilon \boldsymbol{S}_i$. Aus $Q_j \cap [A] \neq \Lambda$ erhalten wir $Q_j \cap [B] \neq \Lambda$, also $\vee k(k \epsilon [B] \wedge \{j\} \leqslant_i \{k\})$, mit (α) also $\{j\} \leqslant_i [B]$. Ist $\{j\} \leqslant_i \Lambda$, so gilt nach (α) ebenfalls $\{j\} \leqslant_i [B]$. Es gilt also in jedem Fall $\wedge j(j \epsilon [A] \supset \{j\} \leqslant_i [B])$, nach D3.4-5,3c also $[A] \leqslant_i [B]$, also $\Phi_i(A \leqslant B)=w$. Gilt umgekehrt $\Phi'_i(A \leqslant B)=f$, so gibt es ein $S \epsilon \boldsymbol{S}_i$ mit $S \cap [A] \neq \Lambda \wedge S \cap [B] = \Lambda$. Da nach (++) für alle X, Y gilt: $X \cap S \neq \Lambda \wedge Y \cap S = \Lambda \supset Y <_i X$, erhalten wir $[B] <_i [A]$, also $\Phi_i(A \leqslant_i B)=f$.

IV *Die Äquivalenz der SS- und c.l. Interpretationen*

Wir beweisen nun zwei Theoreme, aus denen sich ergibt, unter welcher Bedingung der semantische Ansatz nach D3.2-2 mit dem nach D3.4-3, bzw. D3.4-1 und D3.4-5 äquivalent ist.

D3.4-6: Eine SS-Interpretation $\langle U, I, \boldsymbol{S}, \Phi \rangle$ erfüllt die *Limes-Bedingung* genau dann, wenn für alle Mengen $X \subset I$ und alle $i \epsilon I$ mit $\cup \boldsymbol{S}_i \cap X \neq \Lambda$ gilt $S_X := \cap \{S: S \epsilon \boldsymbol{S}_i \wedge S \cap X \neq \Lambda\} \neq \Lambda$.

Die Limes-Bedingung besagt also, daß es für jede in i mögliche Proposition X eine kleinste, X-Welten enthaltende Ähnlichkeitssphäre S_X gibt.

Für CS-Interpretationen besagt die Limes-Bedingung entsprechend: Für alle X und i mit $S_i \cap X \neq \Lambda$ gilt: $\vee j(j \epsilon X \cap S_i \wedge \wedge k(k \epsilon X \supset k \leqslant_i j))$, d.h. es gibt i ähnlichste X-Welten.

T3.4-7: Aus einer SS-Interpretation $\langle U, I, \boldsymbol{S}, \Phi \rangle$, die der Limes-Bedingung genügt, erhält man eine c.l. Interpretation $\langle U, I, g, \Phi' \rangle$ nach D3.2-2 mit Ausnahme der Bedingungen (3e, f) mit $\Phi'(A) = \Phi(A)$ für alle Sätze A von *C*, indem man setzt (o) $g(i, X) = X \cap S_X$ für $\cup \boldsymbol{S}_i \cap X \neq \Lambda$, und $g(i, X) = \Lambda$ sonst, sowie $\Phi'(a) = \Phi(a)$ für alle Konstanten a und $i \epsilon I$.

Beweis:

a) Die Bedingungen von D3.2-2,3 sind erfüllt:
$g(i, X) \subset X$ gilt trivialerweise.
Gilt $g(i, X) \neq \Lambda$, also $\cup \boldsymbol{S}_i \cap X \neq \Lambda$, und $X \subset Y$, so $\cup \boldsymbol{S}_i \cap Y \neq \Lambda$, also $g(i, Y) \neq \Lambda$. Gilt $g(i, Y) \cap X \neq \Lambda$ und $X \subset Y$, so ist $\cup \boldsymbol{S}_i \cap X \neq \Lambda$, also $g(i, X) = S_X \cap X \subset S_X \cap Y$. Aus $S_Y \cap X \neq \Lambda$ folgt nach Definition von S_X: $S_X \subset S_Y$. Wegen $S_X \cap Y \neq \Lambda$ ergibt sich ebenso $S_Y \subset S_X$, also $S_X = S_Y$. Es gilt also $g(i, X) = g(i, Y) \cap X$.
Wegen $i \epsilon \cap \boldsymbol{S}_i$ gilt $i \epsilon g(i, I)$.
b) Es sei bereits bewiesen, daß die Mengen [A] bzgl. Φ' und Φ übereinstimmen und ebenso für [B]. Gilt $\Phi_i(K(B, A))=w$, so gilt $\cup \boldsymbol{S}_i \subset [\neg A]$, also $g(i, A) = \Lambda$, also $g(i, A) \subset [B]$, oder es gibt ein $S \epsilon \boldsymbol{S}_i$

mit $S \cap [A] \neq \Lambda \wedge S \cap [A] \subset [B]$. Dann gilt wegen $S_{[A]} \subset S$ auch $S_{[A]} \cap [A] \subset [B]$, also $g(i, A) \subset [B]$.
Umgekehrt schließt man entsprechend.

Entsprechungen zu den Bedingungen D3.2-2,3e, f lauten im Falle von D3.4-3 so:
e) $j \in \boldsymbol{S}_i \supset \boldsymbol{S}_i = \boldsymbol{S}_j$ und
f) $j \in \cup \boldsymbol{S}_i \supset \cup \boldsymbol{S}_i = \cup \boldsymbol{S}_j$.
Denn es gilt $\underset{Y}{\cup} g(i, Y) = \underset{Y}{\cup}(S_Y \cap Y) = \cup \boldsymbol{S}_i$. Ist $j \in g(i, Y)$ für ein Y, so $j \in \cup \boldsymbol{S}_i$ nach Definition von S_Y. Und ist $j \in \cup \boldsymbol{S}_i$, so ist $S_{\{j\}} \cap \{j\} = \{j\} = g(i, \{j\})$, also $j \in \underset{Y}{\cup} g(i, Y)$.

Für diese Bedingungen und D3.2-2,3e, f gelten T3.4-7 und T3.4-8 entsprechend.
T3.4-8: Zu jeder c.l. Interpretation $\langle U, I, g, \Phi \rangle$ nach D3.2-2 mit Ausnahme der Bedingungen (3e, f) erhält man eine SS-Interpretation $\langle U, I, \boldsymbol{S}, \Phi' \rangle$, die der Limes-Bedingung genügt, mit $\Phi'_i(A) = \Phi_i(A)$ für alle Sätze $A \in \boldsymbol{C}$ und $i \in I$, indem man für alle $i \in I$ setzt: (oo)
$\boldsymbol{S}_i = \{S \neq \Lambda : \bigwedge j(j \in S \supset \bigvee X(j \in g(i, X))) \wedge \bigwedge Y(S \cap Y \neq \Lambda \supset g(i, Y) \subset S)\}$,
sowie $\Phi'(a) = \Phi(a)$ für alle Konstanten a von $\boldsymbol{C}$.
Beweis:
a) Die Bedingungen von D3.4-3,3 sind erfüllt:
Es gilt für alle S nach (oo) $S \cap I \neq \Lambda \supset g(i, I) \subset S$, also wegen D3.2-2, 3d $i \in \cap \boldsymbol{S}_i$. Wäre $S, T \in \boldsymbol{S}_i$ und $\neg(S \subset T) \wedge \neg(T \subset S)$, so gäbe es j und k mit $j \in S \wedge \neg j \in T$ und $\neg k \in S \wedge k \in T$. Es gäbe dann Propositionen X und Y mit $j \in g(i, X)$ und $k \in g(i, Y)$, also $j \in X$ und $k \in Y$, also $j, k \in X \cup Y$. Wegen $(X \cup Y) \cap S \neq \Lambda \neq (X \cup Y) \cap T$ wäre $g(i, X \cup Y) \subset S$ und $g(i, X \cup Y) \subset T$(*). Wegen $g(i, X) \neq \Lambda$ ist nach D3.2-2,3b $g(i, X \cup Y) \neq \Lambda$, wegen $g(i, X \cup Y) \subset X \cup Y$ also $g(i, X \cup Y) \cap X \neq \Lambda$ oder $g(i, X \cup Y) \cap Y \neq \Lambda$. Nach D3.2-2,3c folgt daraus $g(i, X) = g(i, X \cup Y) \cap X$ oder $g(i, Y) = g(i, X \cup Y) \cap Y$. Wegen $j \in g(i, X) \wedge k \in g(i, Y)$ erhalten wir so $j \in g(i, X \cup Y) \vee k \in g(i, X \cup Y)$, mit (*) also $j \in T \vee k \in S$, im Widerspruch zur Annahme.
Es sei $\boldsymbol{T} \subset \boldsymbol{S}_i$. Es gilt $\bigwedge j(j \in \cup \boldsymbol{T} \supset \bigvee X(j \in g(i, X)))$ wegen $i \in \cup \boldsymbol{T} \supset i \in T \in \boldsymbol{S}_i$ für ein $T \in \boldsymbol{T}$. Und ebenso erhält man $\bigwedge Y(\cup \boldsymbol{T} \cap Y \neq \Lambda \supset g(i, Y) \subset \cup \boldsymbol{T})$ über $T \cap Y \neq \Lambda$ für ein $T \in \boldsymbol{T}$, also $g(i, Y) \subset T \subset \cup \boldsymbol{T}$.
Ist $\Lambda \neq \boldsymbol{T} \subset \boldsymbol{S}_i$, so gilt $\bigwedge j(j \in \cap \boldsymbol{T} \supset \bigvee X(j \in g(i, X)))$ wegen $\boldsymbol{T} \neq \Lambda$, und $\bigwedge Y(\cap \boldsymbol{T} \cap Y \neq \Lambda \supset g(i, Y) \subset \cap \boldsymbol{T})$. Denn $g(i, Y) \subset T$ für alle $T \in \boldsymbol{T}$ nach (oo).
b) $\boldsymbol{S}$ genügt der Limes-Bedingung:
Es sei $\cup \boldsymbol{S}_i \cap X \neq \Lambda$, also $\bigvee S(S \in \boldsymbol{S}_i \wedge S \cap X \neq \Lambda)$. Es sei $\boldsymbol{T} = \{T : T \in \boldsymbol{S}_i \wedge T \cap X \neq \Lambda\}$. Dann ist $\boldsymbol{T} \neq \Lambda$, nach (a) also $\cap \boldsymbol{T} \in \boldsymbol{S}_i$. $\cap \boldsymbol{T}$ ist dann die

Menge S_X; denn es gilt $\bigwedge T(T\epsilon \boldsymbol{S}_i \wedge T\cap X\neq\Lambda \supset \cap \boldsymbol{T}\subset T)$. Und es gilt $\cap\boldsymbol{T}\cap X\neq\Lambda$. Wegen $T\cap X\neq\Lambda$ für alle $T\epsilon\boldsymbol{T}$ ist $g(i,X)\subset T$, also $g(i,X)\subset\cap\boldsymbol{T}$. Wegen $S\cap X\neq\Lambda$ gibt es ein $j\epsilon S$ mit $j\epsilon X$, also gibt es nach (oo) ein Y mit $j\epsilon g(i,Y)$, also $g(i,Y)\cap X\neq\Lambda$, also nach D3.2-2,3c . $g(i,X\cap Y)=g(i,Y)\cap X\neq\Lambda$, also $g(i,X)\neq\Lambda$ nach D3.2-2,3b. Damit erhalten wir $\cap\boldsymbol{T}\cap X\neq\Lambda$.

Wir beweisen zunächst zwei Hilfssätze:

c) $\cup\boldsymbol{S}_i\cap X=\Lambda \equiv g(i,X)=\Lambda$.

Ist $\cup\boldsymbol{S}_i\cap X\neq\Lambda$, so gibt es ein $S\epsilon\boldsymbol{S}_i$ mit $S\cap X\neq\Lambda$. Für alle $j\epsilon S\cap X$ gibt es dann nach (oo) ein Y mit $j\epsilon g(i,Y)$. Wegen $g(i,Y)\cap X\neq\Lambda$ folgt dann aus D3.2-3,3c $g(i,X\cap Y)=g(i,Y)\cap X$, also $j\epsilon g(i,X\cap Y)$, also $g(i,X\cap Y)\neq\Lambda$, also nach D3.2-2,3b $g(i,X)\neq\Lambda$. – Nach (oo) ist $S=\bigcup_Y g(i,Y)\epsilon\boldsymbol{S}_i$. Ist nun $\cup\boldsymbol{S}_i\cap X=\Lambda$, so $S\cap X=\Lambda$, also $S\cap g(i,X) = g(i,X)=\Lambda$.

d) Ist $S=\cup\{g(i,Y):X\subset Y\}$, so gilt $\cup\boldsymbol{S}_i\cap X\neq\Lambda \supset S\epsilon\boldsymbol{S}_i \wedge g(i,X)=S\cap X$. Wir zeigen zunächst $S\epsilon\boldsymbol{S}_i$. Es ist zu beweisen $S\cap Y\neq\Lambda \supset g(i,Y)\subset S$. Aus $S\cap Y\neq\Lambda$ folgt die Existenz eines Z mit $X\subset Z$ und $g(i,Z)\cap Y\neq\Lambda$. Wegen $X\subset Y\cup Z$ gilt $g(i,Z\cup Y)\subset S$, und es ist $Y\cap g(i,Z\cup Y)\neq\Lambda$; andernfalls wäre $g(i,Z\cup Y)\subset Z$ nach D3.2-2,3a. Ferner wäre $g(i,Z\cup Y)\neq\Lambda$ wegen D3.2-2,3b also $g(i,Y\cup Z)\cap Z\neq\Lambda$, also nach D3.2-2,3c $g(i,Z)= Z\cap g(i,Y\cup Z)$, also $g(i,Z) = g(i,Y\cup Z)$, im Widerspruch zu $Y\cap g(i,Z)\neq\Lambda$. Aus $Y\cap g(i,Z\cup Y)\neq\Lambda$ folgt aber nach D3.2-2,3c $g(i,Y) = Y\cap g(i,Y\cup Z)$, also $g(i,Y) \subset g(i,Y\cup Z)$, wegen $g(i,Y\cup Z) \subset S$ also auch $g(i,Y)\subset S$.

Wir zeigen nun $g(i,X) = S\cap X$. Nach Definition von S ist $S\cap X = \cup\{X\cap g(i,Y):X\subset Y\}$. Ist $X\cap g(i,Y)\neq\Lambda$, so $X\cap g(i,Y) = g(i,X)$ nach D3.2-2,3c. Nach (c) und wegen $\cup\boldsymbol{S}_i\cap X\neq\Lambda$ gilt $X\cap g(i,X)\neq\Lambda$, also $X\cap S = g(i,X)$.

e) Es sei bewiesen, daß die [A] bzgl. Φ und Φ' übereinstimmen und ebenso für [B]. Es sei $\Phi_i(K(B,A)) = w$. Dann ist $g(i,A)=\Lambda$, also $\cup\boldsymbol{S}_i\cap[A]=\Lambda$, also $\Phi'_i(K(B,A))=w$, oder $\Lambda\neq g(i,A)\subset[B]$. Dann gibt es nach (d) ein $S\epsilon\boldsymbol{S}_i$ mit $S\cap[A]\neq\Lambda \wedge S\cap[A] = g(i,A)\subset[B]$, also $\Phi'_i(K(B,A))=w$. Ist umgekehrt $\Phi'_i(K(B,A))=w$, so gibt es entweder ein $S\epsilon\boldsymbol{S}_i$ mit $S\cap[A]\neq\Lambda$ und $S\cap[A]\subset[B]$, also nach (oo) $g(i,A) \subset S\cap[A]$, also $g(i,A) \subset [B]$, oder $\cup\boldsymbol{S}_i\cap[A]=\Lambda$, also $g(i,A)=\Lambda \subset [B]$. In jedem Fall also $\Phi_i(K(B,A))=w$.

Während es also zu jeder c.l. Interpretation eine äquivalente SS-Interpretation gibt, so daß die in allen SS-Interpretationen wahren Sätze von $\boldsymbol{C}$ auch bzgl. aller c.l. Interpretationen wahr sind, gilt die Umkehrung nicht. Das ergibt sich daraus, daß das Axiom C7 bzgl.

der SS-Interpretationen nicht allgemeingültig ist. Das würde nur dann gelten, wenn die Limesbedingung allgemein erfüllt wäre. Im Bereich der Aussagenlogik zeichnet die SS-Semantik dagegen dieselben Sätze als Theoreme aus wie die Semantik der c.l. Interpretationen [16].

3.5 Die Adäquatheit des Kalküls *C*

Man kann sich nach dem Beispiel von T2.6-1 leicht davon überzeugen, daß gilt:

T3.5-1: Das System *C* ist semantisch *widerspruchsfrei;* d.h. alle Theoreme von *C* sind c.l.-wahre Sätze.

Komplizierter ist wiederum der Nachweis der Vollständigkeit.

T3.5-2: Das System *C* ist semantisch *vollständig;* d.h. alle c.l.-wahren Sätze sind in *C* beweisbar.

Wir können uns jedoch direkt an den Vollständigkeitsbeweis für die modallogischen Systeme N_r unter T2.6-2 anschließen. Dazu definieren wir die Begriffe der *C*-Konsistenz und der *C*-Maximalität von Satzmengen wie üblich. In Analogie zu D2.6-1 sagen wir:

D3.5-1: Eine E-Formel für die GK a ist eine Formel der Gestalt A[a] ⊃ ΛxA[x], wo a in ΛxA[x] nicht vorkommt; und ist B eine E-Formel für a, und sind C und D Formeln, die a nicht enthalten, so ist L(C, D) ⊃ L(C∧B, D) eine E-Formel für a.

E-Formen, sowie E-normale und normale Satzmengen werden wie früher erklärt. An die Stelle von D2.6-3 tritt die Definition:

D3.5-2: Ist I eine nichtleere Indexmenge, so heißt *S*=⟨I, *A*⟩ ein *C*-Mengensystem genau dann, wenn für alle i∈I und alle Sätze A gilt:

a) A_i ist eine E-normale *C*-maximale Satzmenge.

b) Ist $T(A_i, A)$ die Menge der Sätze B mit $K(B,A)\in A_i$ und C ein Satz mit $L(C,A)\in A_i$, so gibt es ein j∈I mit $T(A_i,A)\cup\{C\}\subset A_j$.

Wir können nun direkt dem Beweis von T2.6-2 folgen, wenn wir statt der Formeln NA, bzw. MA Formeln K(A, B), bzw. L(A, B) betrachten. Im Hilfssatz (1) ist zu zeigen: Gilt ⊢ VxB[x] und hat A[a] die Gestalt L(C, D) ⊃ L(C∧B[a], D), so gilt wegen ⊢ C ⊃ C∧VxB[x] und C3 ⊢ L(C, D) ⊃ L(C∧VxB[x], D), also nach C3 ⊢L(C, D) ⊃ L(Vx(C∧B[x]), D), also nach C7 ⊢ L(C, D) ⊃ VxL(C∧B[x], D), also ⊢ Vx(L(C, D) ⊃ L(C∧B[x], D)).

Bei der Konstruktion des *C*-Mengensystems *S* zur E-normalen, *C*-maximalen Menge *B* treten dann an die Stelle von *T*(*A*) die Men-

---

16 Vgl. dazu Lewis (73), 6.1.

gen $T(A, \mathrm{A}) = \{\mathrm{B}: \mathrm{K}(\mathrm{B},\mathrm{A}) \in A\}$, an die Stelle der Sätze MB die Sätze L(B, A), und an die Stelle der Mengen $C(\mathrm{B}, A)$ Mengen $C(\mathrm{B}, \mathrm{A}, A)$.

Im letzten Schritt des Beweises ist dann eine Interpretation $\langle \mathrm{U}, \mathrm{I}, \mathrm{g}, \Phi \rangle$ anzugeben, für die gilt $\Phi_i(\mathrm{A})=\mathrm{w} \equiv \mathrm{A} \in U_i$. U, I und Φ werden wie unter T2.6-2 bestimmt, und man definiert die Mengen g(i, A) durch $j \in g(i, \mathrm{A}) \equiv T(A_i, \mathrm{A}) \subset A_j$. Dann ist zu zeigen:

1. g hat die in D3.2-2,3 verlangten Eigenschaften
2. $\Phi_i(\mathrm{A})=\mathrm{w} \equiv \mathrm{A} \in A_i$.

Der Beweis wird simultan durch Induktion nach dem Grad der Formeln A aufgezogen, so daß wir uns bei (1) schon immer darauf stützen können, daß für die betrachteten Formeln A gilt $\mathrm{A} \in A_i \equiv i \in [\mathrm{A}]$.

Zu (1):

a) $g(i, \mathrm{A}) \subset [\mathrm{A}]$: Ist $j \in g(i, \mathrm{A})$, so $T(A_i, \mathrm{A}) \subset A_j$; wegen Cl ist $\mathrm{A} \in T(A_i, \mathrm{A})$, also $j \in [\mathrm{A}]$.

b) $[\mathrm{A}] \subset [\mathrm{B}] \wedge g(i,\mathrm{A}) \neq \Lambda \supset g(i,\mathrm{B}) \neq \Lambda$: Ist $g(i,\mathrm{B})=\Lambda$, so gibt es kein j mit $T(A_i, \mathrm{B}) \subset A_j$. Nach Konstruktion von ***S*** gibt es dann kein ***C*** mit $\mathrm{L}(C, \mathrm{B}) \in A_i$, d.h. es gilt $\neg\, \mathrm{B} \in T(A_i, \mathrm{B})$, d.h. $\mathrm{K}(\neg\, \mathrm{B}, \mathrm{B}) \in A_i$. Ist $[\mathrm{A}] \subset [\mathrm{B}]$, so gilt $\mathrm{K}(\mathrm{B}, \mathrm{A}) \in A_i$. Andernfalls wäre $\neg \mathrm{K}(\mathrm{B},\mathrm{A}) \in A_i$, es gäbe also nach Konstruktion von ***S*** ein j mit $\neg \mathrm{B} \in A_j$; wegen $\mathrm{K}(\mathrm{A},\mathrm{A}) \in A_i$ wäre aber auch $\mathrm{A} \in A_j$, im Widerspruch zu $[\mathrm{A}] \subset [\mathrm{B}]$. Nach TC3a gilt also auch $\mathrm{K}(\neg\, \mathrm{A}, \mathrm{A}) \in A_i$. Wäre also $T(A_i, \mathrm{A}) \subset A_j$ für ein j, so wäre A_j inkonsistent.

c) $g(i,\mathrm{B}) \cap [\mathrm{A}] \neq \Lambda \supset g(i,\mathrm{A} \wedge \mathrm{B}) = g(i,\mathrm{B}) \cap [\mathrm{A}]$: Es sei $j \in [\mathrm{A}]$ und $j \in g(i,\mathrm{B})$, also $T(A_i, \mathrm{B}) \subset A_j$. Wäre $\mathrm{L}(\mathrm{A}, \mathrm{B}) \notin A_i$, so $\mathrm{K}(\neg\, \mathrm{A}, \mathrm{B}) \in A_i$ wegen der Maximalität von A_i, also $\neg\, \mathrm{A} \in A_j$, also $j \notin [\mathrm{A}]$. Wegen C5 gilt also für alle Sätze C: $\mathrm{K}(\mathrm{C}, \mathrm{A} \wedge \mathrm{B}) \in A_i \equiv \mathrm{K}(\mathrm{A} \supset \mathrm{C}, \mathrm{B}) \in A_i$ (*). Ist $k \in g(i, \mathrm{A} \wedge \mathrm{B})$, also $T(A_i, \mathrm{A} \wedge \mathrm{B}) \subset A_k$, so gilt nach (a) $k \in [\mathrm{A}]$, sowie $T(A_i, \mathrm{B}) \subset A_k$, also $k \in g(i, \mathrm{B}) \cap [\mathrm{A}]$. Denn aus $\mathrm{K}(\mathrm{C}, \mathrm{B}) \in A_i$ folgt nach TC3 $\mathrm{K}(\mathrm{A} \supset \mathrm{C}, \mathrm{B}) \in A_i$, nach (*) also $\mathrm{K}(\mathrm{C}, \mathrm{A} \wedge \mathrm{B}) \in A_i$, also $\mathrm{C} \in A_k$. Gilt umgekehrt $k \in g(i, \mathrm{B})$ und $k \in [\mathrm{A}]$, so gilt $\mathrm{A} \in A_k$, und wenn $\mathrm{K}(\mathrm{C}, \mathrm{A} \wedge \mathrm{B}) \in A_i$, so nach (*) $\mathrm{K}(\mathrm{A} \supset \mathrm{C}, \mathrm{B}) \in A_i$, also $\mathrm{A} \supset \mathrm{C} \in A_k$; wegen $\mathrm{A} \in A_k$ also $\mathrm{C} \in A_k$.

d) $i \in g(i, 1)$: Es gilt, wo T eine Tautologie ist, nach C6 $\mathrm{K}(\mathrm{A}, \mathrm{T}) \in A_i \supset \mathrm{A} \in A_i$, also $T(A_i, \mathrm{T}) \subset A_i$.

e) $j \in g(i, 1) \supset g(j, \mathrm{A}) = g(i, \mathrm{A})$: Es sei $j \in g(i, 1)$, also $T(A_i, \mathrm{T}) \subset A_j$. Nach TC14a, b gilt dann $\mathrm{K}(\mathrm{C}, \mathrm{A}) \in A_i \equiv \mathrm{K}(\mathrm{C}, \mathrm{A}) \in A_j$ für alle C; d.h. $T(A_i, \mathrm{A}) = T(A_j, \mathrm{A})$.

f) $j \in R_i \supset R_j = R_i$, wo $R_i = \underset{X}{\cup} g(i, \mathrm{Y})$: Es sei $j \in g(i, \mathrm{A})$; d.h. $T(A_i, \mathrm{A}) \subset A_j$. Es gilt (*) $\mathrm{NA} \in A_i \equiv R_i \subset [\mathrm{A}]$: Gilt $\mathrm{NA} \in A_i$, so gilt $\mathrm{K}(\mathrm{A}, \mathrm{B}) \in A_i$ für alle B nach TC2a, also $\mathrm{A} \in A_k$ für alle k mit

$T(A_i, B) \epsilon A_k$; also $\wedge k(k \epsilon R_i \supset k \epsilon [A])$, d.h. $R_i \subset [A]$. Gilt umgekehrt für alle k und B: $k \epsilon g(i, B) \supset A \epsilon A_k$, also $T(A_i, B) \subset A_k \supset A \epsilon A_k$, so muß gelten $NA \epsilon A_i$; andernfalls gäbe es ein B: $L(\neg A, B) \epsilon A_i$, also ein j mit $\{\neg A\} \cup T(A_i, B) \subset A_j$, so daß A_j inkonsistent wäre. Wegen C8 und C9 und $T(A_i, A) \subset A_j$ gilt nun $NA \epsilon A_i \equiv NA \epsilon A_j$, also gilt nach (*) für alle [A]: $R_i \subset [A] \equiv R_j \subset [A]$, d.h. $R_i = R_j$.

Zu (2):

a) Gilt $K(A, B) \epsilon A_i$, so gilt $A \epsilon T(A_i, B)$, also $A \epsilon A_j$ für alle j mit $T(A_i, B) \subset A_j$, d.h. für $j \epsilon g(i, B)$. Nach Induktionsvoraussetzung gilt also $\Phi_j(A)=w$, also $g(i, B) \subset [A]$, d.h. $\Phi_i(K(A, B))=w$. Gibt es kein A_j mit $T(A_i, B) \subset A_j$, so ist $g(i, B)=\wedge$, also $\Phi_i(K(A, B))=w$.

b) Ist nicht $K(A, B) \epsilon A_j$, so ist wegen der Maximalität von A_i $\neg K(A, B) \epsilon A_i$, also $L(\neg A, B) \epsilon A_i$. Nach Konstruktion von S gibt es dann ein j mit $T(A_i, B) \cup \{\neg A\} \subset A_j$, d.h. $j \epsilon g(i, B)$. Nach Voraussetzung gilt also $\Phi_i(A)=f$, d.h. $\Phi_i(K(A, B))=f$.

Damit ist der Beweis von T3.5-2 abgeschlossen [17].

[17] Nach Konstruktion von S gilt $R_i = I$ für alle $i \epsilon I$, also $g(i, X)=\wedge \supset X=\wedge$, und I ist von der gleichen Mächtigkeit wie die Menge der reellen Zahlen. Es gilt daher: Jede C-konsistente Formelmenge ist erfüllbar durch eine c.l. Interpretation über die Menge U der natürlichen Zahlen, der Menge I der reellen Zahlen und mit einem g, für das gilt $i \epsilon [NA] \equiv [A]=I$ für alle i. Wir hätten daher in D3.2-2,3 statt (b) auch fordern können (b') $g(i,X)=\wedge \supset X=\wedge$ (daraus folgt (b)), und hätten (f) weglassen können.

4 Glaubenssätze

4.1 Epistemische Begriffe

Die epistemische Logik ist die Logik der Begriffe des Glaubens und des Wissens. Ihr Grundbegriff ist der des Glaubens; der Wissensbegriff läßt sich, wie wir unten sehen werden, darauf zurückführen.

Die epistemische Logik interessiert sich nicht für die Natur des Glaubens, ob z.B. der Glaube einer Person a, daß p der Fall ist, einen Bewußtseinsakt darstellt, eine psychische Disposition, oder aber eine Verhaltensdisposition, sei sie linguistischer Art – die Disposition von a nämlich, eine Frage, ob p gilt, affirmativ zu beantworten, wenn a sie wahrheitsgemäß beantwortet – oder die allgemeine Disposition von a, sich so zu verhalten, als ob a wüßte, daß p gilt. Sie geht vielmehr davon aus, daß es einen für viele Zwecke hinreichend eindeutigen umgangssprachlichen Gebrauch von „glauben" gibt, und unternimmt es, dieses Prädikat für gewisse philosophische, speziell erkenntnistheoretische Zwecke aufzubereiten, indem dafür präzise und systematisch fruchtbare Kriterien seiner Verwendung angegeben werden. Dabei muß nicht die Frage beantwortet werden: „Was ist, oder worin besteht Glauben?", sondern es genügt, Bedeutungspostulate für das Prädikat festzulegen.

Diese Modifikation des üblichen Glaubensbegriffs in der epistemischen Logik macht es nötig, zwischen diesem vorgängigen, oder wie wir hier auch sagen wollen, *deskriptiven* Glaubensbegriff und dem *rationalen* Glaubensbegriff der epistemischen Logik klar zu unterscheiden.

Die *Normalform* von Glaubenssätzen ist die Form „Die Person a glaubt, daß A", die wir symbolisch durch G(a, A) darstellen [1]. Im üblichen, deskriptiven Sinn verstanden machen solche Sätze eine Aussage darüber, was die Person a faktisch glaubt, wovon sie tatsächlich überzeugt ist oder in ihrem Handeln ausgeht. Es kann nun

---

1 „a" kann auch eine *Gruppe* von Personen bezeichnen, wie in „Die Ärzte glauben, daß starkes Rauchen Krebs verursachen kann". Da aber „glauben" keine kollektive Tätigkeit oder Disposition ist, kann man einen solchen Satz auch in der Form „Alle Personen, die Ärzte sind, glauben, daß ..." darstellen.

vorkommen, daß gilt $G(a, A) \wedge G(a, \neg A)$, oder $G(a, A) \wedge G(a, B) \wedge \neg G(a, A \wedge B)$, oder $G(a, A) \wedge \neg G(a, B)$, obwohl $A \rightarrow B$ gilt; denn dem Mangel an logischer Intelligenz sind keine Schranken gesetzt. Daher gibt es kaum allgemeine Prinzipien über die innere logische Struktur der Systeme faktischer Glaubensinhalte von Personen. Eine Theorie über die innere Kohärenz solcher Glaubensannahmen wäre also eine rein empirische Theorie.

In der Philosophie interessiert man sich aber nicht so sehr für die tatsächliche Struktur der Annahmensysteme, sondern für die rationale Organisation solcher Systeme; für die Eigenschaften, die rational organisierte Systeme von Annahmen auszeichnen. Die Rationalität wird dabei allein mit einem *logischen* Maßstab gemessen. Das führt zu folgenden grundlegenden Prinzipien für einen rationalen Glauben:

P1: $G(a, T)$ für alle logisch wahren Sätze T. – Logische Wahrheiten müssen rationalerweise geglaubt werden.

P2: $G(a, A \supset B) \wedge G(a, A) \supset G(a, B)$ – Jeder muß rationalerweise die Sätze glauben, von denen er selbst glaubt, daß sie Konsequenzen eigener Annahmen sind.

P3: $G(a, A) \supset \neg G(a, \neg A)$ – Man kann rationalerweise nicht zugleich A und $\neg A$ glauben.

Das Problem ist nun, daß die Gesetze P1 bis P3, wenn wir „G" als deskriptiven Glaubensbegriff verstehen, sämtlich empirisch falsch sind. Wir müssen sie also als Bedeutungspostulate für den rationalen Glaubensbegriff ansehen; dann haben sie analytischen Status, sind also empirisch unangreifbar. Es stellt sich dann aber die Frage, ob dieser rationale Glaubensbegriff damit inhaltlich ausreichend charakterisiert ist. Denn P1 bis P3 stellen eben nicht nur präzisierende Bedingungen für den deskriptiven Glaubensbegriff dar, sondern sie sind, deskriptiv verstanden, einfach falsch. Wenn sie also einen Glaubensbegriff implizit definieren, so ist das ein ganz anderer Begriff als der deskriptive, und für die Definition eines ganz neuen Begriffs reichen diese Bedingungen nicht aus. Dieselben formalen Bedingungen gelten z.B., wie wir im nächsten Kapitel sehen werden, auch für den Begriff des Gebotenseins. Mit P1 bis P3 allein wird also G in keiner Weise als ein *Glaubensbegriff* ausgezeichnet; diese Gesetze liefern keine Kriterien für seine Anwendung auf irgendwelche empirische Phänomene.

Wir diskutieren dieses Problem des Status der Gesetze der epistemischen Logik und des ihnen zugrundeliegenden Glaubensbegriffs hier deshalb ausführlich, weil es sich für die anderen philosophischen Logiken, wie z.B. die normative Logik, oder auch die Theorie der subjektiven Wahrscheinlichkeit in entsprechender Weise stellt, und weil es in der Literatur zur epistemischen Logik besonders heftig umstritten ist [2].

Eine Lösung unseres Problems ergibt sich unter zwei Aspekten:

1. Durch Rationalitätsforderungen wie P1 bis P3 soll kein gänzlich neuer Glaubensbegriff charakterisiert werden, sondern diese Postulate begrenzen die möglichen Anwendungen des umgangssprachlich vorgegebenen, deskriptiven Begriffs: Wir interessieren uns in der epistemischen Logik nur für solche Personen, bzw. Systeme von Annahmen, die diesen Gesetzen genügen.

Wenn man die Sache so betrachtet, stellt sich natürlich die Frage, ob denn die epistemische Logik als Theorie des deskriptiven Glaubens vollständig rationaler Personen (VRPs) nicht leer ist. Gibt es überhaupt solche VRPs? Wenn man an reichere Logiksysteme, d.h. an stärkere Rationalitätsbedingungen denkt, ist das in der Tat fraglich. Die epistemische Logik will aber nicht eine empirische Theorie des Glaubens von VRPs sein, sondern sie will rationale Zusammenhänge zwischen Glaubensannahmen aufweisen, die wir in unseren eigenen Annahmen sinnvollerweise berücksichtigen werden. Sie ist nicht deswegen interessant, weil es VRPs gibt, deren faktische Annahmen wir damit beschreiben können, sondern weil sich jeder von uns bemühen wird, eine VRP zu sein und sich als solche zu verhalten.

Es wäre aber falsch, die epistemische Logik deshalb als *normative* Disziplin anzusehen, die uns sagt, was wir glauben und wie wir unsere Annahmen in einen sinnvollen Zusammenhang bringen sollen. Die epistemische Logik formuliert keine Gebote oder Empfehlungen, sondern Behauptungen, und Empfehlungen ergeben sich daraus nur mittelbar, insofern wir uns eben so verhalten sollten, wie wir das in der epistemischen Logik als rational richtig erkannt haben. Die Situation ist ähnlich wie in der formalen Logik: Sie beschreibt weder, wie tatsächlich geschlossen wird, noch sagt sie, wie wir schließen sollten; und sie will auch nicht beschreiben, wie perfekte Logiker schließen (obwohl sie das implizit tut), sondern sie gibt Gesetze an für die Gültigkeit von Schlüssen. Sie ist also weder (empirisch) deskriptiv noch normativ, und ebenso ist die epistemische Logik weder deskriptiv noch normativ, sondern sie gibt Gesetze über rationale Zusammenhänge zwischen Glaubensannahmen an.

2. In unserem Fall können wir wegen der Einfachheit der logischen Struktur der Postulate den rationalen Glaubensbegriff auch durch den

---

[2] Vgl. z.B. Hocutt (72) und Hintikka (69).

deskriptiven explizit definieren. Dazu deuten wir diesen durch G_0 an. Es sei $\mathcal{A}_a := \{p: G_0(a,p)\}$. $\mathcal{A}_a$ ist also die Menge der Annahmen der Person a; d.h. die Menge der Propositionen p, die a für wahr hält. Dann können wir definieren

$$G(a, p) := \mathcal{A}_a \rightarrow p,$$

d.h. G(a,p) besagt soviel wie: Die Proposition p ist eine logische Folge von dem, was a tatsächlich glaubt. Danach erfüllt G die Prinzipien P1 und P2. Damit auch P3 gilt, beschränken wir uns auf die Betrachtung logisch konsistenter Annahmemengen $\mathcal{A}_a$. Für VRPs gilt dann

$$G(a, p) \equiv G_0(a, p)$$ [3].

Da nun jedermann Grund hat, logische Folgen von dem zu glauben, was er tatsächlich glaubt, und keinen Widerspruch zu glauben, können wir „G(a, p)" auch lesen als „a hat (aufgrund dessen, was er tatsächlich glaubt) Grund zu glauben, daß p gilt", oder kurz „a hat Grund zu glauben, daß p". Das ist der rationale Glaubensbegriff.

Bei dieser Charakterisierung des Sinns von „G(a, p)" zeigt sich, daß durch P1 bis P3 keineswegs ein ganz neuer Begriff G eingeführt wird, der mit G_0 nichts zu tun hat, sondern daß der Sinn von „G" sich aus dem von „G_0" durch die Postulate P1 bis P3 ergibt, so daß G einen wohlbestimmten empirischen Gehalt hat und auf empirische Phänomene angewendet werden kann.

Es gibt keine rationalen Prinzipien, die es ermöglichen, aus speziellen Glaubensannahmen einer Person a auf die einer anderen Person b zu schließen. Man kann also die epistemische Logik mit Sätzen GA aufbauen, die wir lesen als „A wird geglaubt", bzw. als „Es besteht Grund zu glauben, daß A". Dabei beziehen sich diese Sätze auf die Glaubensannahme einer Person. Nur wenn es wichtig ist, diese Bezugsperson deutlich zu machen, schreiben wir G(a, A). G(a, A) ist also für jedes a ein Prädikat, das den Prinzipien der epistemischen Logik für GA genügt.

Eine weitere wichtige Unterscheidung betrifft den klassifikatorischen, komparativen oder metrischen Charakter von Glaubensbegriffen. Der *klassifikatorische* Glaubensbegriff drückt sich in Sätzen der Form G(a, A), bzw. GA aus – „a glaubt, daß A", bzw. „Es besteht Grund zu glauben, daß A". Der *komparative* Glaubensbegriff drückt

---

[3] Es wird oft behauptet, die Forderung der Konsistenz der Glaubensannahmen sei schwächer als die ihrer deduktiven Abgeschlossenheit. Um aber aus P3 die Konsistenz der Menge $\{p: G(a, p)\}$ zu erhalten, benötigt man auch P1 und P2. Intuitiv gesagt: Konsistent sein setzt nicht eine geringere logische Kompetenz voraus als die Folgen der eigenen Annahmen zu überblicken.

sich in Sätzen der Form $A \leqslant_a B$, bzw. $A \leqslant. B$ aus – „a glaubt, daß A, höchstens so fest wie, daß B" oder „a sieht den Sachverhalt, daß A, als höchstens so *wahrscheinlich* an wie den Sachverhalt, daß B", bzw. „Es besteht höchstens so viel Grund zu glauben, daß A, als zu glauben, daß B", oder „Der Sachverhalt, daß A, ist höchstens so *wahrscheinlich* wie der Sachverhalt, daß B". Der *metrische* oder *quantitative* Glaubensbegriff drückt sich in Sätzen der Form $w_a(A)=r$, bzw. $w(A)=r$ aus – „Der Sachverhalt, daß A, hat für a die (subjektive) Wahrscheinlichkeit r", bzw. „Der Sachverhalt, daß A, hat die (subjektive) Wahrscheinlichkeit r". Die Logik des komparativen und des metrischen Glaubensbegriffes ist also nichts anderes als die Theorie der komparativen, bzw. metrischen subjektiven Wahrscheinlichkeit, wie sie von F.P. Ramsey und B. de Finetti begründet worden ist.

Da sich mit dem komparativen Glaubensbegriff der klassifikatorische definieren läßt, aber nicht umgekehrt, und da man den quantitativen Glaubensbegriff auf dem Wege der Metrisierung des komparativen Begriffs einführen muß [4], stellt der komparative Begriff die allgemeine Grundform der Glaubensbegriffe dar.

Ausgehend von $A \leqslant. B$ verstehen wir GA im Sinn des *starken Glaubensbegriffs* so, daß GA genau dann gilt, wenn A maximale Wahrscheinlichkeit hat. Da Tautologien maximale Wahrscheinlichkeit haben, können wir definieren

$GA := A =_. T$ bzw. $G(a, A) := A =_a T$.

Ein *schwacher Glaubensbegriff* G^+A läßt sich mit $A \leqslant. B$ so definieren:

$G^+A := \neg A <. A$, bzw. $G^+(a, A) := \neg A <_a A$.

Im *starken* Sinn glauben wir also A nur dann, wenn wir fest davon überzeugt sind, daß A wahr ist; wenn wir A als praktisch sicher ansehen; wenn alle Gründe für und keine gegen A sprechen. Im *schwachen* Sinn glauben wir dagegen A schon dann, wenn wir A für wahrscheinlicher halten als $\neg A$. Dabei braucht aber A nur wenig wahrscheinlicher sein als $\neg A$. $G^+(a, A)$ besagt also, daß a eher mit dem Eintreten von A als von $\neg A$ rechnet; daß a *vermutet* (ohne sich deswegen schon sicher zu sein), daß A.

Neben den *unbedingten* Glaubensbegriffen GA, G^+A, $A \leqslant. B$ und w(A) kann man endlich auch *bedingte* Glaubensbegriffe einführen: Wir schreiben G(a, A, B), bzw. G(A, B) für „B ist Grund (für a), (im starken Sinn) zu glauben, daß A". Und entsprechend $G^+(a, A, B)$,

4 Vgl. dazu z.B. Kutschera (72), 1.3.

bzw. $G^{+}(A, B)$ für „B ist Grund (für a), (im schwachen Sinn) zu glauben, daß A".

Entsprechend besage $A, B \leqslant_a C, D$, bzw. $A, B \leqslant . C, D$ daß A aufgrund von B (für a) höchstens so wahrscheinlich ist wie C aufgrund von D. Und $w_a(A, B)=r$, bzw. $w(A, B)=r$ besage, daß A (für a) aufgrund von B den Wahrscheinlichkeitsgrad r hat.

Für bedingte Glaubensbegriffe ist wiederum die komparative Form die allgemeine Grundform. Man kann z.B. definieren $G(A, B) := A, B = . B, B$ und $G^{+}(A, B) := \neg A, B < . A, B$. Und da man den unbedingten Glauben durch den bedingten definieren kann, indem man setzt $GA := G(A, T)$, $G^{+}A := G^{+}(A, T)$, $A \leqslant . B := A, T \leqslant . B, T$ und $w(A, T)$, wo T eine Tautologie ist, ist die Logik des Begriffes $A, B \leqslant . C, D$ grundlegend für die epistemische Logik.

Wir werden im folgenden jedoch nicht so vorgehen, daß wir zuerst die Logik von $A, B \leqslant . C, D$ entwickeln und die Logik der übrigen Begriffe daraus herleiten, sondern wir wollen aus didaktischen Gründen und im Blick auf die Anwendung der semantischen Ideen aus Kapitel 2 und 3 schrittweise von einfachen zu komplexeren Formen der epistemischen Logik aufsteigen.

In P1, P2 und P3 haben wir Prinzipien für G betrachtet, in denen keine iterierten Anwendungen des Operators G vorkommen. Es sind aber auch Sätze sinnvoll wie
$G(a, G(b, A))$ – a glaubt, daß b glaubt, daß A,
$G(a, G(b, G(a, A)))$ – a glaubt, daß b glaubt, daß er (a) glaubt, daß A, etc., sowie Sätze der Form
$(A <_a B) <_b (C <_c D)$ – b hält es für wahrscheinlicher, daß c D für wahrscheinlicher hält als C, als daß a B für wahrscheinlicher hält als A.

Für die Verknüpfung der Annahmen verschiedener Personen bieten sich wieder keine rationalen Prinzipien an: Daß b glaubt, daß A (oder das für so und so wahrscheinlich hält), ist für a ein empirischer Sachverhalt wie andere, und a kann durch rein rationale Überlegungen darüber nichts ausmachen. Dagegen wird man annehmen, daß gilt

P4: $G(a, A) \supset G(a, G(a, A))$ (bzw. $GA \supset GGA$).

Denn wenn a glaubt, daß A, so glaubt er auch, daß er es glaubt – er kann daran nicht sinnvoll zweifeln. Wenn a im Zeitpunkt t glaubt, daß A, so kann er zwar zu einem früheren oder späteren Zeitpunkt t' bezweifeln, ob er in t glauben wird, bzw. geglaubt hat, daß A; aber in t ist ihm das evident.

Dieses Prinzip gilt zunächst für den deskriptiven Glaubensbegriff. Ist a keine VRP, so daß sein faktischer Glaube nicht die Struktur eines rationalen Glaubens im Sinne von G hat, so kann es sein, daß a Grund hat zu glauben, daß A (also G(a, A)), aber A tatsächlich nicht glaubt. Dann glaubt a auch tatsächlich, daß er A nicht glaubt, und glaubt vielleicht auch, daß er Grund hat, A nicht zu glauben. Das ist jedoch kein Einwand gegen P4, denn wenn a Grund hat zu glauben, daß A, so hat a auch Grund zu glauben – nicht daß er A *tatsächlich* glaubt – sondern daß er Grund hat, A zu glauben. Bei dem Prinzip P4 und dem folgenden P5 ist es also wichtig, zwischen deskriptivem und rationalem Glaubensbegriff zu unterscheiden.

Neben P4 tritt das Prinzip

P5: $\neg G(a, A) \supset G(a, \neg G(a, A))$, bzw. $\neg GA \supset G\neg GA$, das ebenso zu begründen ist: Glaubt a (in t) nicht, daß A, so glaubt er auch (in t), daß er das (in t) nicht glaubt.

Entsprechend wird man für iterierte Anwendungen der anderen epistemischen Begriffe die Prinzipien ansetzen

P6: $A \leqslant . B \supset (A \leqslant . B) =. T$ und

P7: $\neg (A \leqslant . B) \supset (A \leqslant . B) =. K$, wo K eine Kontradiktion ist.

P8: $G(A, B) \supset G(G(A, B), T)$

P9: $\neg G(A, B) \supset G(\neg G(A, B), T)$

P10: $A, B \leqslant . C, D \supset (A, B \leqslant . C, D), T =. T, T$

P11: $\neg (A, B \leqslant . C, D) \supset (A, B \leqslant . C, D), T =. K, T$.

P6,P7 und P10,P11 zeigen, daß die komparativen Begriffe bei iterierten Anwendungen degenerieren, so daß es im folgenden genügt, wenn wir uns auf die Betrachtung nichtiterierter Anwendungen von $\leqslant .$ beschränken.

Es gibt in der epistemischen Logik kaum ein Prinzip, dessen Geltung nicht bestritten worden wäre. Die Einwände gegen P1 bis P3 beruhen sämtlich darauf, daß „G" nicht im Sinn eines rationalen Glaubensbegriffs, sondern deskriptiv verstanden wird.

Gegen P4 und P5 hat man erstens eingewendet, daß diese Prinzipien eine fragwürdige Fähigkeit untrüglicher Introspektion voraussetzen. Nun, man kann natürlich die problembeladene Redeweise von einer „Introspektion" vermeiden, aber es bleibt doch das Faktum, das in dem einfachen Experiment deutlich wird: Man versuche einmal zu glauben, daß ein Sachverhalt besteht, bzw. das nicht zu glauben, und zugleich daran zu zweifeln, ob man das glaubt oder nicht! Das faktische Annehmen oder Nichtannehmen allein ist schon der zureichende wie notwendige Sach- und Erkenntnisgrund für die Annahme, daß man annimmt oder nicht annimmt. Es ist nicht nur so, daß Äußerungen der Form „Ich glaube, daß A, glaube aber nicht, daß ich das glaube" oder „Ich glaube, daß ich glaube, daß A, glaube aber nicht, daß A" ganz offensichtlich absurd sind, weil ich mit einer Behauptung auch ausdrücke, daß ich von dem Zutreffen des behaupteten Sachverhalts überzeugt bin. Das wäre nur ein pragmatisches Phänomen von Äußerungen in „Ich"-Form. Vielmehr kann man auch von einer anderen Person Entsprechendes nicht behaupten.

Gegen diese Argumentation kann man zweitens einwenden, daß dabei der Glaubensbegriff so verwendet wird, daß die Aussage „Die Person a glaubt (im Zeitpunkt t), daß p" impliziert, daß a (in t) über p nachdenkt, so daß „glauben" hier einen momentanen geistigen Akt oder Zustand darstellt. Häufig wird das Wort jedoch auch so verwendet, daß es eine Disposition von a ausdrückt, denn wir sagen z.B. auch dann „a glaubt, daß 2+2=4 ist", wenn a gegenwärtig gar nicht über arithmetische Sachverhalte nachdenkt. Diesem Einwand entgehen wir aber durch unsere rationale Deutung von „glauben" als „Grund haben zu glauben": Wenn a die Disposition hat zu glauben, daß 2+2=4 ist, so hat a auch Grund, die Disposition zu haben, daran zu glauben, daß er diese Disposition hat. Und entsprechend für P5. Aus einem dispositionellen Glauben, daß p, folgt natürlich nicht ein aktueller Glauben, an einen derartigen dispositionellen Glauben, aber das spricht nicht gegen P4, da in diesem Prinzip alle Vorkommnisse von G immer in derselben Weise gedeutet werden müssen.

Im Sinne dieses zweiten Einwandes könnte man auch P5 für problematischer halten als P4. Wenn die Person a z.B. über die Frage, ob A gilt, nie nachgedacht hat und darüber also keine Meinung hat, so daß gilt $\neg G(a, A)$, kann man dann sagen, a hätte die Meinung 2. Stufe zu diesem Sachverhalt, die sich durch $G(a, \neg G(a))$ darstellen läßt? Diese Annahme ist aber harmlos, so lange man nicht, wie das bei umgangssprachlichen Formulierungen naheliegt. $\neg GA$ mit $G\neg A$ verwechselt, oder den deskriptiven und den rationalen Glaubensbegriff. Wenn a keine Meinung über A hat, so gilt $\neg G(a, A) \wedge \neg G(a, \neg A)$. Dannn hat a aber auch Grund zu glauben, daß er keine Meinung über A hat, so daß gilt $G(a, \neg G(a, A) \wedge \neg G(a, \neg A))$, also insbesondere $G(a, \neg G(a, A))$.

Eine dritte Gruppe von Einwänden gegen P4 und P5 beruht darauf, daß man die beiden Vorkommnisse von „G" in „$G(a, G(a, A))$", bzw. „$G(a, \neg G(a, A))$" in verschiedener Weise deutet. So wird z.B. darauf hingewiesen, daß man sich einreden kann, etwas zu glauben, was man tatsächlich nicht glaubt, bzw. etwas nicht zu glauben, wovon man im Grunde doch überzeugt ist. Dann würde also gelten

$\neg G(a,A) \wedge G(a,G(a,A))$, bzw. $G(a,A) \wedge \neg G(a,G(a,A))$. Man kann sich zwar etwas einreden, wovon man zunächst nicht überzeugt ist, aber wenn man es sich erfolgreich eingeredet hat, so glaubt man es auch, und glaubt nicht nur fälschlich, es zu glauben. Man kann freilich sagen: Jemand hat keine guten Gründe, etwas zu glauben, glaubt aber, sie zu haben. Dann deutet man jedoch in „$\neg G(a,A) \wedge G(a,G(a,A))$" das erste und das dritte Vorkommnis von „G" in anderer Weise (als „hat gute Gründe, zu glauben") als das zweite Vorkommnis („glaubt") [5].

Der zweite epistemische Grundbegriff neben *Glauben* ist *Wissen*. Wir wollen im folgenden Sätze der Form „Die Person a weiß, daß A" – symbolisch $W(a,A)$ – so definieren:

I) $W(a,A) := G(a,A) \wedge A$.

Das heißt, wir definieren „wissen" als „glauben und damit Recht haben", wobei wir „glauben" im starken Sinn verstehen, also im Sinne von „fest überzeugt sein".

Weiß a, daß A, so muß A wahr sein, – das ist unbestritten – und a muß auch glauben, daß A wahr ist; was wir wissen, vermuten wir nicht nur. Auch das ist unproblematisch [6]. Problematisch ist dagegen, ob ein richtiger Glaube auch als Wissen angesprochen werden kann. Das wird überwiegend bestritten mit dem Hinweis, daß ein blindes Vorurteil selbst dann kein Wissen darstellt, wenn es richtig ist [7]. Daher fügt man meist noch die Zusatzbedingung hinzu, daß der Glaube auch begründet, gerechtfertigt oder *fundiert* sein muß. Schreiben wir „$F(a,A)$" für „Die Annahme (der Glaube) von a, daß

---

5 Für eine Darstellung der grundlegenden Probleme der epistemischen Logik vgl. Hintikka (62), für eine Diskussion neuerer Arbeiten Lenzen (76).

6 Es ist allerdings nicht unbestritten. So ist verschiedentlich darauf hingewiesen worden, daß man korrekterweise sagen kann: „Ich *glaube* das nicht, ich *weiß* es". Das darf man aber nicht durch $\neg G(a,p) \wedge W(a,p)$ übersetzen. Vielmehr ist gemeint: „Ich glaube es nicht *nur*, sondern ich weiß es auch", und das ist zu übersetzen durch $G(a,p) \wedge W(a,p)$. Es ist auch anzumerken, daß „glauben" und „wissen" oft nicht *kognitiv* („deskriptiv" in einem anderem als dem oben verwendeten Sinn), sondern *performativ* zum Ausdruck einer Einschränkung, bzw. Verstärkung einer Behauptung verwendet wird. Wir beschränken uns hier allein auf eine Analyse des kognitiven Gebrauchs dieser Wörter. (Zum Unterschied deskriptiv – performativ vgl. z.B. Kutschera (71), 2.4.5).

7 Der Einwand, daß ein bloßes Raten oder Vermuten, das zufällig das Richtige trifft, kein Wissen darstellt, ist für I irrelevant, da dort „Glauben" im starken Sinn verstanden wird. Es gibt aber auch feste Überzeugungen, die bloße Vorurteile sind.

A, ist fundiert", so lautet die *klassische* Definition von „Wissen", die sich schon bei Platon findet [8]:

II) $W(a, A) := A \wedge G(a, A) \wedge F(a, A)$.

Der Begriff des Fundiertseins einer Annahme A von a wird dabei meist nicht näher expliziert. Wir können ihn aber z.B. so verstehen, daß gilt:

III) a) Was a aufgrund eigener Beobachtungen glaubt, ist fundiert.

b) Was a mit fundierten Prämissen begründet, ist fundiert.

Wir wollen nun zeigen, daß der Gedanke, der II gegenüber I auszeichnet, nicht konsequent durchführbar ist. Aus der Tatsache, daß ich aufgrund einer Beobachtung glaube, daß A gilt, folgt nicht, daß A wahr ist. Und ebensowenig folgt aus der Tatsache, daß ich B mit Prämissen $A_1, \ldots, A_n$ in einer für mich selbst überzeugenden Weise (deduktiv oder induktiv oder wie immer) begründe, nicht, daß diese Begründung korrekt und zureichend ist, d.h. daß aus der Wahrheit von $A_1, \ldots, A_n$ die Wahrheit von B tatsächlich folgt, oder daß zumindest B aufgrund von $A_1, \ldots, A_n$ tatsächlich eine hohe Wahrscheinlichkeit hat. Die fundierenden Gründe, die beobachteten Sachverhalte und die fundierenden Schlüsse sind also nicht notwendig wahr, bzw. korrekt. Wie Gettier in (63) betont hat, stellt aber ein durch unkorrekte Gründe fundierter Glaube kein Wissen in dem durch II intendierten „klassischen" Sinn dar. Daher wird man fordern, daß die fundierenden Gründe auch korrekt sein müssen, und gelangt in diesem Sinn dann zu einem stärkeren Fundiertheitsbegriff $F'(a, A)$. Aber auch das genügt noch nicht: Wenn man I verwirft und einen richtigen Glauben nicht als zureichende Bedingung für Wissen ansieht, so wird man auch korrekte Annahmen nicht als hinreichendes Fundament für ein Wissen ansehen können. D.h. man wird, wie Clark in (64) betont, auch die Fundiertheit der fundierenden Gründe im Sinne von F verlangen [9]. Die begründete Annahme ist ja nicht besser begründet als ihre schwächste Prämisse. Aber auch das genügt nicht: Man wird durch ähnliche Einwände dazu geführt, zu einem noch stärkeren Fundiertheitsbegriff F" überzugehen, nach

---

8 „... τὴν μὲν μετὰ λόγον ἀληδῆ δόξαν ἐπιστήμην εἶναι" (Theätet, 201d).

9 Auch eine richtige Annahme aufgrund einer Beobachtung ist nicht immer ein zureichender Wissensgrund: Wenn ein Jäger im Dämmerlicht in der Entfernung ein Tier sieht und aufgrund dieser Beobachtung überzeugt ist, daß dort ein Hirsch steht, so wird man ihm auch dann, wenn er recht hat, ein Wissen absprechen, wenn Beleuchtungsverhältnisse und Entfernung so sind, daß man nicht zuverlässig ausmachen kann, um was für ein Tier es sich handelt.

dem die fundierenden Gründe im Sinne von F′ fundiert sind, und so ad infinitum.

Mit anderen Worten: Man kann nicht zulassen, daß die fundierenden Gründe für ein Wissen selbst kein Wissen darstellen. Bestimmt man aber den Fundiertheitsbegriff so, daß die fundierenden Gründe ein Wissen stellen, so wird die Definition II zirkulär.

Es hilft auch nicht weiter, wenn man, um eine solche Zirkularität zu vermeiden, eine rekursive Definition des Wissens ansetzt, etwa im Sinne von III. Denn die Einwände bleiben dieselben: Welche Basis kann man für das Wissen annehmen und welche Begründungen zulassen? Wenn man sich dafür mit einem richtigen Glauben begnügt, so kommt man nicht über I hinaus; andernfalls kann man den Regreß der Fundiertheitsbegriffe nicht ohne den Preis einer Inkonsequenz abbrechen.

Der Wissensbegriff W(a, A) hat eine subjektive Komponente G(a, A) und eine objektive Komponente A. Der Fundiertheitsbegriff soll nach dem Grundgedanken der klassischen Definition die subjektive Komponente verstärken – die objektive läßt sich nicht verstärken, denn wahrer als wahr kann ein Satz nicht sein. Die Idee ist dabei wohl die, daß es subjektiv entscheidbare Kriterien dafür gibt, daß eine Annahme ein Wissen darstellt. Die subjektive Entscheidbarkeit der Fundiertheit oder ihre *Problemlosigkeit* beinhaltet, daß gilt:

IV) $G(a, F(a, A)) \supset F(a, A)$.

Dann kann aber die Fundiertheit nicht *verläßlich* sein, d.h. es kann nicht gelten

V) $F(a, A) \supset A$.

Denn aus IV und V folgt $G(a, F(a, A)) \supset A$, d.h. wenn wir glauben, daß unsere Annahme fundiert ist, so ist sie auch korrekt. Das hieße aber, daß wir unfehlbar wären. Die Suche nach einem subjektiv entscheidbaren Kriterium für Wissen ist also sinnlos. Die letzte Grundlage für die (subjektive) Rechtfertigung unserer Annahmen sind immer nur feste Überzeugungen. Prinzipiell kommen wir darüber nicht hinaus. Daher ist, systematisch gesehen, die Definition des Wissensbegriffs nach I dem Ansatz II vorzuziehen. Ein Fundiertheitsbegriff ist überflüssig: Geben wir IV auf und halten an V fest, so wird F(a, A) zu einem *objektiven* Wissenskriterium, das im Hinblick auf die Forderung A in I und II redundant ist. Geben wir dagegen V auf und halten an IV fest, so wird F(a, A) zu einem *subjektiven* Wissenskriterium. Dann wird man auch fordern müssen

VI) $G(a, A) \supset G(a, F(a, A))$.

Damit erst folgt aus G(a, A) nach P4 und P2 im Sinne von II G(a, A) ⊃ G(a, W(a, A)), und es soll ja für jeden Wissensbegriff gelten: Was ich (im starken Sinn) glaube, glaube ich auch zu wissen. Aus VI folgt aber mit IV G(a, A) ⊃ F(a, A), so daß die Forderung F(a, A) in II im Hinblick auf die Forderung G(a, A) überflüssig ist.

Mit all dem soll nicht gesagt sein, daß nur der Wissensbegriff nach I korrekt ist. Es mag in der Umgangssprache andere, engere Wissensbegriffe geben, und man kann natürlich einen solchen Wissensbegriff in der epistemischen Logik auch als zweiten undefinierten Grundbegriff neben „Glauben" einführen, wobei dann anstelle von I Postulate treten, welche die Zusammenhänge zwischen beiden Begriffen fixieren [10]. Es ist aber, wie wir versucht haben zu zeigen, kein stichhaltiges und prinzipielles erkenntnistheoretisches Argument in Sicht, nach dem der Wissensbegriff nach I durch einen engeren ersetzt werden müßte. Daher legen wir diese Definition im folgenden zugrunde.

Nach unserer Definition ist W(a, A) mit G(a, A) ein Begriff *rationalen* Wissens, d.h. wir verstehen W(a, A) nicht deskriptiv, z.B. im Sinn von „a würde auf die Frage, ob A wahr ist, wenn a wahrheitsgemäß antwortet, mit „Ja" die richtige Antwort geben" sondern im Sinne von „a hat (nach dem, was er weiß) Grund zu wissen, daß A". Insbesondere hat a nach P1 Grund, von allen logisch wahren Sätzen zu wissen, daß sie wahr sind.

Im Deutschen *präsupponiert* der Satz „a weiß, daß A", daß A wahr ist; d.h. der Satz wird ebenso wie seine Verneinung „a weiß nicht, daß A" nur dann als sinnvoll angesehen, wenn A wahr ist [11]. Semantisch kann man solchen Präsuppositionen nur durch Verwendung partieller Interpretationen Rechnung tragen, die wir erst später einführen werden. Daher behandeln wir hier die Präsupposition als Teil der Assertion: Der Satz W(a, A) ist im Falle ¬A nicht sinnlos, sondern falsch und ¬W(a, A) impliziert (als sinnvoller Satz) nicht A ∧ ¬G(a, A), sondern ¬A ∨ ¬G(a, A). Das ist bei der Übertragung natursprachlicher Sätze in unseren Formalismus und bei der Beurteilung der intuitiven Adäquatheit epistemologischer Prinzipien zu beachten.

---

[10] Vgl. dazu die Bemerkungen am Ende von 4.2.

[11] Daher kann man auch sinnvollerweise nicht sagen: „Ich weiß nicht, daß A". Denn mit einer solchen Behauptung drückt man einerseits aus, daß man die Präsupposition, daß A, als erfüllt ansieht, daß also A gilt, behauptet andererseits aber explizit, daß man das nicht glaubt.

4.2 Epistemische Logik – Unbedingter Glaube

Als *epistemische Logik* bezeichnet man meist nur die Logik des klassifikatorischen Glaubens- und Wissensbegriffs, während man die Logik des komparativen Glaubensbegriffs zur Wahrscheinlichkeitstheorie rechnet. Wir wollen im folgenden bei diesem Sprachgebrauch bleiben.

Die Sprache ***G***, die der epistemischen Logik zugrundeliegt, ergibt sich als Erweiterung der p.l. Sprache ***L*** aus 1.1, indem wir den Operator G zu den Grundzeichen hinzunehmen und festlegen, daß mit A auch GA ein Satz von ***G*** ist. Der Operator G soll stärker binden als alle aussagenlogischen Operatoren.

Wir definieren:

D4.2-1: WA := GA ∧ A.

Die epistemologischen, kurz e.l. Interpretationen von ***G*** definieren wir wie folgt:

D4.2-2: Eine *Interpretation* von ***G*** ist ein Quadrupel ⟨U, I, S, Φ⟩, so daß gilt:

1) U ist ein nichtleerer Objektbereich.
2) I ist eine nichtleere Menge von Welten.
3) Für alle $i \epsilon I$ ist S_i eine nichtleere Teilmenge von I, so daß gilt: $j \epsilon S_i \supset S_i = S_j$ für alle $j \epsilon I$.
4) Für alle $i \epsilon I$ ist Φ_i eine Funktion, so daß gilt:
   a) $\Phi_i(a) = \Phi_j(a)$ für alle $j \epsilon I$ und alle GK a von ***G***.
   b) Φ_i erfüllt die Bedingungen (a) bis (f) für p.l. Interpretationen von ***L*** über U nach D1.2-1.
   c) $\Phi_i(GA) = w$ genau dann, wenn $S_i \subset [A]$.

Dabei sei [A] wieder die Menge $\{i : \Phi_i(A) = w\}$. Erfüllungs- und Gültigkeitsbegriffe werden wie üblich definiert. Die beiden fundamentalen semantischen Theoreme gelten auch hier.

S_i ist die Menge derjenigen Welten, von denen die Bezugsperson α in i glaubt, daß eine von ihnen die wirkliche Welt ist, ohne zu wissen, welche; α glaubt daher in i, daß A, genau dann, wenn A in allen Welten aus S_i gilt. Die Bedingung (3) besagt: Wenn α in i glaubt, daß eine Welt j aus S_i möglicherweise die reale Welt ist, so glaubt α in j genau das, was α in i glaubt; denn nach den Annahmen von α könnte i=j sein [12].

Die e.l. Interpretationen entsprechen also den m.l. 2-Interpretationen (wobei G anstelle von N tritt) mit Ausnahme der Bedingung, daß

---

[12] Fußnote siehe Seite 92.

für alle $i \in I$ dort gefordert wurde $i \in S_i$. Daraus ergab sich das Prinzip N1: $NA \supset A$. Hier gilt jedoch nicht generell $GA \supset A$. Wenn A geglaubt wird, so folgt daraus nicht, daß A wahr ist.

Als *Axiomensystem* der hier betrachteten einfachsten Form der epistemischen Logik verwenden wir das p.l. System ***L***, erweitert um die folgenden Axiome und Regel:

G1: $G(A \supset B) \supset (GA \supset GB)$
G2: $GA \supset \neg G \neg A$
G3: $\bigwedge x GA(x) \supset G \bigwedge x A(x)$
G4: $GA \supset GGA$
G5: $\neg GA \supset G \neg GA$.
RG: $A \vdash GA$.

Dieses System nennen wir ***G***. ***G*** unterscheidet sich von $\boldsymbol{N_2}$ nur durch das Fehlen des Axioms N1. Die Entsprechung zu G2: $NA \supset \neg N \neg A$ folgt dort aus N1.

In ***G*** gilt wieder das *Deduktionstheorem* in der Version T2.5-1, wobei nun die Regel RG an die Stelle der Regel RN tritt. Und es gelten folgende Theoreme, die man nach dem Vorbild der Modallogik leicht beweisen kann:

TG1 a) $A \supset B \vdash GA \supset GB$
b) $A \equiv B \vdash GA \equiv GB$
c) $G(A \wedge B) \equiv GA \wedge GB$
d) $GA \vee GB \supset G(A \vee B)$
e) $G(A \supset B) \wedge GA \supset GB$
f) $G(A \equiv B) \supset (GA \equiv GB)$
g) $\bigwedge x GA[x] \equiv G \bigwedge x A[x]$
h) $\bigvee x GA[x] \supset G \bigvee x A[x]$

TG2 a) $GA \equiv GGA$
b) $\neg GA \equiv G \neg GA$
c) $GGA \vee G \neg GA$.

Die Gültigkeit des Gesetzes TG1g ist in der Literatur umstritten [13],

---

[12] Wenn wir die Bezugspersonen explizit angeben wollen, so ist zu fordern, daß mit A auch G(a, A) ein Satz ist, wo a eine GK ist. Es wird dann bei der Interpretation von ***G*** S als zweistellige Funktion aufgefaßt, so daß $S_{i,\alpha}$ für jedes $i \in I$ und $\alpha \in U$ eine nichtleere Teilmenge von I ist. Wir setzen $\Phi_i(G(a, A)) = w$ genau dann, wenn $S_{i,\Phi_i(a)} \subset [A]$. Bezeichnet a keine Person, so kann man z.B. $S_{i,\Phi_i(a)} = I$ setzen für alle i (Steine glauben also z.B. nur die logisch wahren Sätze). Da Sätze G(a, A), wo a keine Person bezeichnet, intuitiv nicht sinnvoll sind, werden sie auch in der Anwendung nicht vorkommen, so daß es auf solche Festsetzungen nicht ankommt.

[13] Vgl. dazu z.B. Hintikka (62), Kap. 6.

wobei man etwa wie folgt argumentiert: Es kann sein, daß die Bezugsperson a für jedes Objekt b glaubt, daß b eine Eigenschaft F hat, ohne zu glauben, daß alle Objekte die Eigenschaft F haben, weil a glaubt, daß es noch mehr Objekte gibt, als das tatsächlich der Fall ist. Und es kann umgekehrt sein, daß a glaubt, daß alle Objekte die Eigenschaft F haben, ohne daß für jedes Objekt b gilt, daß a glaubt, daß b die Eigenschaft F hat, weil a glaubt, daß es weniger Dinge gibt, als das tatsächlich der Fall ist.

Bei der Diskussion dieser Argumente muß man erstens beachten, daß wir mit „$\bigwedge x$" über mögliche, nicht über existierende Dinge quantifizieren. Es gilt in ***G***, wenn wir das Existenzprädikat E einführen, nicht $\bigwedge.xGA[x] \supset G\bigwedge.xA[x]$ oder $G\bigwedge.xA[x] \supset \bigwedge.xGA[x]$, sondern nur $\bigwedge.xGA[x] \wedge \bigwedge x(\neg E(x) \supset G\neg E(x)) \supset G\bigwedge.xA[x]$ und $G\bigwedge.xA[x] \wedge \bigwedge x(E(x) \supset GE(x)) \supset \bigwedge.xGA[x]$. Allgemein gilt auch weder $\bigwedge x(B[x] \supset GA[x]) \supset G\bigwedge x(B[x] \supset A[x])$ noch die Umkehrung, sondern nur $\bigwedge x(B[x] \supset GA[x]) \wedge \bigwedge x(\neg B[x] \supset G\neg B[x]) \supset G\bigwedge x(B[x] \supset A[x])$ und $G\bigwedge x(B[x] \supset A[x]) \wedge \bigwedge x(B[x] \supset GB[x]) \supset \bigwedge x(B[x] \supset GA[x])$. Die Zusatzforderungen können wir auch so lesen „Es ist bekannt, welche Objekte nicht die Eigenschaft B haben", bzw. „Es ist bekannt, welche Objekte die Eigenschaft B haben".

Die Geltung von TG1g in ***G*** hängt daran, daß wir allen Welten denselben Individuenbereich zugrunde gelegt haben [14] und voraussetzen können, daß die Bezugspersonen (im rationalen Sinn des Wortes) wissen, welche Objekte zum *universe of discourse* der Sprache gehören und welche nicht. Alle Aussagen der Form GA setzen voraus, daß ihr Wahrheitswert nicht davon abhängt, was für Ansichten die Bezugsperson a über die Intensionen der Terme in A hat. Wenn GA gilt, so gilt für einen mit A analytisch äquivalenten Satz A' auch GA' im Sinne unseres rationalen Glaubensbegriffs, selbst wenn a tatsächlich nicht glaubt, daß A' dasselbe bedeutet wie A. Daher wird man auch fordern, daß die Geltung solcher Sätze nicht davon abhängt, was a über den *universe of discourse* annimmt. Denn diese Menge bestimmt die Intensionen der Allsätze; Aussagen über ihn haben also analytischen Charakter und werden im Sinn des rationalen Glaubensbegriffs von den Bezugspersonen geglaubt.

Für W anstelle von G gelten nach D5.2-1 ebenfalls die Axiome G1 bis G3 und die Regel RG. Ferner gilt

TG3: a) $WA \supset WGA$

b) $WA \supset GWA$

---

[14] Vgl. dazu die Bemerkungen in 2.4 und 2.9.

c) WA ⊃ WWA
d) GA ⊃ WGA
e) GA ⊃ GWA

Beweis: Aus WA folgt GA, also nach G4 GGA, aus GGA ∧ GA folgt aber WGA. Aus GGA ∧ GA folgt ferner G(GA∧A), also GWA. Und aus GWA und WA folgt WWA.

TG4 a) WGA ⊃ GA
b) GWA ⊃ GA
c) WWA ⊃ WA

Beweis: Aus WGA folgt GGA, nach G4 also GA. Aus GWA folgt G(GA∧A), also GA. Und aus WWA folgt GWA, also GA, und WA, also A, also WA.

Aus TG3,c und TG4,c ergibt sich, daß G4 auch für W anstelle von G gilt.

TG5 a) ¬GA ⊃ W¬GA
b) ¬GA ⊃ G¬WA
c) ¬GA ⊃ W¬WA

Beweis: Aus ¬GA folgt nach G5 G¬GA, also W¬GA. Aus G¬GA folgt G(¬GA∨¬A), also G¬WA. Aus ¬GA folgt ¬WA, also mit G¬WA W¬WA.

Aus ¬A hingegen folgt ¬WA, aber weder G¬A noch ¬GA, also auch nicht GG¬A oder G¬GA. Daher gilt G5 bei Ersetzung von G durch W nicht.

TG6 a) G(GA⊃A)
b) ¬W¬WA ≡ GA

Beweis: (a) Aus GA folgt nach TG1a G(GA⊃A); und aus ¬GA folgt G¬GA, also nach TG1a ebenfalls G(GA⊃A).

(b) Aus GA folgt nach TG3c GWA, nach G2 also ¬G¬WA, also ¬W¬WA. Und aus ¬GA folgt nach TG5c W¬WA.

T4.2-1: Der Kalkül ***G*** ist semantisch vollständig und widerspruchsfrei.

Beweis: 1) Zur Widerspruchsfreiheit von ***G*** ist wieder zu zeigen, daß alle Axiome von ***G*** e.l. wahre Sätze sind und daß RG aus solchen Sätzen immer nur e.l. wahre Sätze erzeugt. Für G5 und G6 argumentiert man z.B. so:

G6) Ist $\Phi_i(GA)=w$, so gilt $S_i \subset [A]$; für alle $j \in S_i$ gilt also nach D4.2-2, 3a $S_j \subset [A]$, d.h. $\Phi_j(GA)=w$, also $\Phi_i(GGA)=w$.

G7) Ist $\Phi_i(\neg GA)=w$, so gibt es ein $j \in S_i$ mit $j \in [\neg A]$. Ist $k \in S_i$, so gilt nach D4.2-2, 3a $j \in S_k$, d.h. $\wedge k(k \in S_i \supset \vee j(j \in S_k \wedge j \in [\neg A]))$, d.h. $\Phi_i(G\neg GA)=w$.

Für RG erhalten wir: Ist A e.l. wahr, so gilt für alle Interpretationen [A]=I, also für alle $i \in I$: $S_i \subset [A]$.

2) Für den Vollständigkeitsbeweis können wir direkt die Beweiskonstruktion zu T2.6-2 übernehmen.

Die epistemische Logik des unbedingten Glaubens stellt also semantisch wie deduktiv nur eine geringfügige Modifikation der Modallogik dar. Sie macht damit deutlich, daß sich das semantische Instrumentarium der Modallogik auch bei der Analyse inhaltlich ganz andersartiger Begriffe anwenden läßt.

Nimmt man das Identitätssymbol „=" zur Sprache ***G*** hinzu, so muß man neben den Axiomen A5 und A6, wie in 2.7, auch das Axiom $a \neq b \supset G(a \neq b)$ in den Kalkül ***G*** aufnehmen. Das Gesetz $a=b \supset G(a=b)$ gilt nach A5 und A6, und nach A6 gilt auch, daß man im Falle a=b diese Konstanten in allen Kontexten durch einander ersetzen kann. Diese Prinzipien gelten jedoch nur für GK, d.h. Standardnamen, nicht dagegen für beliebige Terme, wie z.B. Kennzeichnungsausdrücke. Da es zum Problem der Identität in epistemischen Kontexten eine fast unübersehbare Literatur gibt, sind einige Hinweise dazu angezeigt. Im folgenden seien s, t beliebige Terme, also nicht (nur) Standardnamen.

Gegen das Prinzip $a=b \supset G(a=b)$ kann man einwenden, daß z.B. aus der Tatsache, daß Mr. Hyde mit Dr. Jekyll identisch ist, nicht folgt, daß das jedermann auch weiß. Die Extensionsgleichheit dieser beiden Namen gilt jedoch entweder analytisch, d.h. in allen möglichen Welten, dann weiß auch jeder (im rationalen Sinn des Wortes), daß sie die gleiche Person bezeichnen; oder sie gilt nicht analytisch, so daß es Welten gibt, in denen sie dieselbe Person bezeichnen (wie die reale Welt) und Welten, in denen das nicht gilt. Dann stellen sie aber nicht beide Standardnamen dar, und das Prinzip gilt dann in ***G*** nicht.

In ***G*** gilt nur das Substitutionsprinzip $s=t \wedge \bigvee x W(x=s) \wedge \bigvee x W(x=t) \wedge A[s] \supset A[t]$. Wir können nach einem Vorschlag von Hintikka „$\bigvee x W(x=s)$" lesen als „Die Bezugsperson weiß, welches Ding s ist". Aus $s=t \wedge \bigvee x W(x=s) \wedge \bigvee x W(x=t)$ folgt $G(s=t)$, woraus mit G4 nach A6 die generelle Substituierbarkeit von s und t in allen epistemischen Kontexten folgt [15].

Daran, daß ein allgemeines Substitutionsprinzip in der epistemischen Logik nicht gilt, hat man oft Anstoß genommen, da nach

[15] Wenn man die Axiome G4 und G5 in der Gestalt $G(s, A) \supset G(s, G(s, A))$ und $\neg G(s, A) \supset G(s, \neg G(s, A))$ schreibt, so muß man die Bedingung $\bigvee x W(s, x=s)$ hinzufügen, d.h. daß s weiß, wer s ist. Denn in $G(s, A)$ ist das Vorkommnis von a extensional, d.h. es gilt $s=t \wedge G(s, A) \supset G(t, A)$. Deshalb folgt aus $G(s, A)$ für s=t auch $G(s, G(t, A))$. Wenn die Person s z.B. nicht weiß, wer der größte Esel in seinem Haus (t) ist, so folgt auch, wenn er das tatsächlich selbst ist, aus der Tatsache, daß er (s) glaubt, daß A, nicht, daß er (s) glaubt, daß der größte Esel in seinem Haus (t), glaubt, daß A gilt.

dem Leibnizprinzip zwei Dinge nur dann identisch sind, wenn sie dieselben Eigenschaften haben. Diese beiden Prinzipien muß man jedoch unterscheiden: Während das Substitutionsprinzip in der epistemischen Logik nicht allgemein gilt, gilt das Leibnizprinzip auch hier. „GF(s)" drückt ja nur dann eine Eigenschaft des Objekts s aus, wenn der Name „s" in allen Welten aus S_i dasselbe bezeichnet wie in i (i sei die reale Welt); dann gilt aber auch VxW(x=s), d.h. dann ist die Vorbedingung für eine Substitutierbarkeit für „s" in ***G*** gegeben. Bezeichnet „s" hingegen in den Welten aus S_i verschiedene Objekte, oder ein anderes Objekt als in i, so kann man offenbar „GF(s)" nicht lesen als „s hat die Eigenschaft, daß die Bezugsperson glaubt, es habe die Eigenschaft F". Im ersteren Fall besagt „GF(s)" nur, daß in allen Welten, von denen die Bezugsperson a glaubt, eine von ihnen sei die reale Welt, die dort jeweils durch „s" bezeichneten (verschiedenen) Objekte die Eigenschaft F haben; im letzteren Fall besagt „GF(s)" zwar, daß ein Objekt in allen diesen Welten die Eigenschaft F hat – das dort überall durch „s" bezeichnete (konstante) Objekt – aber es ist nicht dasselbe Objekt, das in der realen Welt durch „s" bezeichnet wird.

Mithilfe der Identität kann man auch eine interessante Unterscheidung machen, die auf Quine zurückgeht, und die wir schon in 2.8 kurz angesprochen haben. „GF(s)" bedeutet soviel wie „die Bezugsperson a glaubt, daß s die Eigenschaft F hat". Das kann man jedoch, wie wir gerade gesehen haben, nicht so verstehen, daß a von dem Objekt, das „s" in der realen Welt bezeichnet, glaubt, daß es die Eigenschaft F hat, oder kurz als „a glaubt von s, daß es die Eigenschaft F hat". Die letztere Aussage können wir so formulieren: $Vx(x{=}s \wedge GF(x))$. Es gilt nun weder $GF(s) \supset Vx(x{=}s \wedge GF(x))$, noch die Umkehrung, sondern nur $VxW(x{=}s) \supset (GF(s) \equiv Vx(x{=}s \wedge GF(x)))$. Es gilt z.B. nicht: Wenn a glaubt, daß der nächste Präsident der USA ein Demokrat ist, so glaubt a von dem nächsten Präsidenten der USA (das sei etwa Ford), daß er ein Demokrat ist. Und wenn a von dem nächsten Präsidenten der USA (Ford) glaubt, daß er ein Republikaner ist, so glaubt a deswegen noch nicht, daß der nächste Präsident der USA ein Republikaner ist. Wir brauchen in diesem Beispiel nur anzunehmen, daß a glaubt, daß der Demokrat Jackson der nächste Präsident der USA ist.

Endlich noch ein Wort zu der von Hintikka behaupteten und vielfach bestrittenen Notwendigkeit, Quantifikationen in „oblique" epistemische Kontexte zuzulassen. Quine will solche Quantifikationen nur zulassen, wenn die Kontexte „transparent" sind. D.h. VxGF(x) soll nur dann sinnvoll sein, wenn gilt $s{=}t \wedge GF(s) \supset GF(t)$

für alle Namen s und t. Sein Argument, das wir schon im 2. Kapitel angeführt haben, ist, daß nur in diesem Fall GF(x) eine Eigenschaft von Objekten sei und daß „VxGF(x)" besage, daß es ein Objekt mit der Eigenschaft GFx gibt. Diesem Quineschen Bedenken tragen wir Rechnung mit unserer Deutung der Quantoren: „VxGF(x)" besagt immer, daß es ein Objekt mit der Eigenschaft GF(x) gibt. Daher ist VxVy(y=x ∧ GF(x)) auch äquivalent mit VxGF(x), d.h. bei Quantifizierungen verschwindet der Unterschied zwischen „glauben, daß x ..." und „von x glauben, daß es ...". Und es gilt nicht allgemein, wie für GK, GF(s) ⊃ VxGF(x) oder ΛxGF(x) ⊃ GF(s), sondern es gilt nur GF(s) ∧ VxG(x=s) ⊃ VxGF(x) und ΛxGF(x) ∧ VxG(x=s) ⊃ GF(s). Andererseits ist die Aussage „VxGF(x)" auch dann sinnvoll, wenn nicht gilt s=t ∧ GF(s) ⊃ GF(t) für alle Terme s und t. Wenn z.B. die Bezugsperson a glaubt, daß Dr. Jekyll ein Mörder ist (GF(s)) und auch weiß, wer Dr. Jekyll ist (VxW(x=s)), so ist es sinnvoll zu sagen „Es gibt eine Person x, so daß a glaubt, daß x ein Mörder ist" – VxGF(x). In diesem Fall können wir auch die Frage, von wem denn a das z.B. glaubt, korrekt mit „von Dr. Jekyll" beantworten. Trotzdem gilt mit GF(s) und s=t („t" sei der Name „Mr. Hyde") nicht auch GF(t), wenn a nicht weiß, wer Mr. Hyde ist, und diesen für einen friedlichen Bürger hält [16].

Wenn man ‚Wissen' neben ‚Glauben' als eigenen Grundbegriff der epistemischen Logik ansieht, wie das am Ende von 4.1 angedeutet wurde, so muß man ihn auch gesondert semantisch charakterisieren.

---

[16] D. Kaplan hat auf folgendes Problem hingewiesen: Die Menge der Propositionen **P**(I) über I ist von höherer Mächtigkeit als I. Daher gibt es keine Relation r auf Ix**P**(I) mit (1) ΛiXY(r(i, X) ∧ r(i, Y) ⊃ X=Y) und (2) ΛXVir(i, X). Andernfalls könnte man definieren X* := {i:VY(r(i, Y) ∧ ¬ i∈Y)} und erhielte dann nach (2) ein i* mit r(i*, X*), also i*∈X* ≡ ¬ i*∈X*. Daraus ergibt sich eine gewisse Unvollständigkeit der Menge I: Bestimmt man z.B. r(i, X) als X=S_i, so daß r(i, X) genau dann gilt, wenn die Bezugsperson in der Welt i eine Menge von Propositionen glaubt, deren Durchschnitt X ist, so gilt (1), es kann also (2) nicht gelten, d.h. nicht zu jeder Menge X – auch nicht zu jeder nichtleeren Menge X – gibt es ein i aus I mit S_i=X. Die Menge I ist also kleiner als sie sein sollte, damit allen (bzgl. I) möglichen Glaubensannahmen der Bezugsperson mögliche Welten entsprechen, in denen die Person diese Annahmen macht. Anders ausgedrückt: versteht man die möglichen Welten in einem realistischen Sinn, so daß diese letztere Bedingung, und damit (2) gilt, so ergibt sich ein Widerspruch. In unserem Beispiel für r (das nicht Kaplans Beispiel ist) ist diese „Unvollständigkeit" von I jedoch gerade erwünscht. Sie ergibt sich aus dem Prinzip D4.2-2,3: j∈S_i ⊃ S_j=S_i. Gilt also ¬ j∈S_j, so gilt auch ¬ j∈S_i für alle i, so daß die Menge X*={j: ¬ j∈S_j} für keine Welt i die Menge S_i sein kann. Es ist aber nicht auszuschließen, daß in der Semantik anderer Operatoren die unterschiedliche Mächtigkeit von I und **P**(I) zu Problemen Anlaß gibt.

In D4.2-2 kann man dazu S_i als die Menge derjenigen Welten deuten, von denen die Bezugsperson in i weiß, daß eine von ihnen die reale Welt ist, ohne zu wissen welche. Man setzt dann $\Phi_i(WA)=w \equiv S_i \subset [A]$. Wegen des Prinzips $WA \supset A$ ist $i \epsilon S_i$ als Zusatzbedingung anzunehmen, und die Bedingung $j \epsilon S_i \supset S_j = S_i$ ist durch $j \epsilon S_i \supset S_j \subset S_i$ zu ersetzen. Denn es soll gelten $WA \supset WWA$, aber nicht $\neg WA \supset W \neg WA$; unser Wissen ist nicht unfehlbar, d.h. es kann gelten $\neg WA$ (weil A falsch ist) und $\neg W \neg WA$, weil wir nicht wissen, daß wir nicht wissen, daß A (weil wir glauben, A sei wahr). D.h. wir erhalten dieselbe Semantik und Logik wie für das modallogische System N_1.

Interessanter ist es, eine gemeinsame Semantik und Logik für „Glauben" und „Wissen" aufzubauen, in der sich auch die Zusammenhänge zwischen beiden Begriffen angeben lassen. Eine passende Interpretation dafür ist ein Quintupel $\langle U, I, S^g, S^w, \Phi \rangle$, für das neben den Bedingungen (1), (2), (4a), (4b) von D4.2-2 gilt:

a) Für alle $i \epsilon I$ sind S_i^g und S_i^w nichtleere Teilmengen von I, so daß gilt:

a1) $j \epsilon S_i^g \supset S_j^g = S_i^g$ und $j \epsilon S_i^w \supset S_i^w \subset S_i^w$ für alle $j \epsilon I$.

a2) $i \epsilon S_i^w$

a3) $S_i^g \subset S_i^w$

a4) $j \epsilon S_i^g \supset S_j^w \subset S_j^g$

a5) $j \epsilon S_i^g \wedge k \epsilon S_i^w \supset S_j^g = S_k^g$.

b1) $\Phi_i(GA)=w$ genau dann, wenn $S_i^g \subset [A]$.

b2) $\Phi_i(WA)=w$ genau dann, wenn $S_i^w \subset [A]$.

(a3) ist erforderlich, damit das Prinzip gilt

I) $WA \supset GA$ – Was man weiß, glaubt man auch; (a4), damit gilt

II) $GGA \supset GWA$,

also nach TG2a $GA \supset GWA$ – Was man glaubt, glaubt man auch zu wissen; (a5), damit gilt

III) a) $GGA \supset WGA$ und

b) $G \neg GA \supset W \neg GA$,

also nach TG2a, b $GA \supset WGA$ – Wenn ich etwas glaube, so weiß ich, daß ich es glaube – und $\neg GA \supset W \neg GA$ – Wenn ich etwas nicht glaube, so weiß ich auch, daß ich es nicht glaube.

Diese Prinzipien stellen auch sicher, daß sich die iterierten Anwendungen von G und W wie nach D4.2-1 in *G* verhalten. Weitere Zusammenhänge von G und W sind also nicht anzunehmen. Nach D4.2-1 gilt $S_i^w = S_i^g \cup \{i\}$. Man überzeugt sich leicht, daß die Bedingungen (a2) bis (a5) dann erfüllt sind; d.h. daß man auf diese Weise ein passendes Modell des Wissensbegriffs erhält.

Man erhält ein adäquates Logiksystem zu diesem Interpretationsbegriff, wenn man zu $\boldsymbol{G}$ die Axiome und Regeln von N_1 hinzunimmt, in denen nun „N" durch „W" zu ersetzen ist, sowie die Prinzipien I bis III.

Entsprechend wäre im Fall der bedingten epistemischen Logik vorzugehen, wenn man unsere Definition des Wissens als eines korrekten Glaubens nicht akzeptiert.

4.3 Epistemische Logik – Bedingter Glaube

Es sei $\boldsymbol{G}'$ die Sprache der *bedingten epistemischen Logik*, die man als Erweiterung der p.l. Sprache $\boldsymbol{L}$ aus 1.1 erhält, indem man fordert, daß mit A und B auch G(A, B) ein Satz von $\boldsymbol{G}'$ ist.

Wir definieren:

D4.3-1: W(A, B) := G(A, B) ∧ (B⊃A) – „B ist Grund, zu wissen, daß A".

Es sei g(i, B) die Menge der Welten, von denen die Bezugspersonen a in i glaubt, daß eine von ihnen die wirkliche Welt ist (ohne zu wissen welche), wenn a in i annimmt, daß B gilt. g(i, B) hängt also von der Proposition, daß B ab, und so ist g(i, B) wieder nur eine kurze Schreibweise für g(i, [B]). Wie wir in D4.2-2 definiert haben: Φ_i(GA)=w genau dann, wenn $S_i \subset$[A], so wollen wir nun setzen: Φ_i(G(A, B))=w genau dann, wenn g(i, B)⊂[A]. Damit stellen wir sicher, daß G(A, B) für g(i, B)≠Λ die Eigenschaften eines unbedingten Glaubensbegriffs hat. g(i, B)=Λ soll nur gelten, falls B unmöglich ist. g soll folgende Eigenschaften haben:

a) g(i, A) ⊂ [A], d.h. wenn a annimmt, daß A gilt, so glaubt a, daß eine A-Welt die wirkliche ist.

b) [A] ⊂ [B] ∧ g(i, A)≠Λ ⊃ g(i, B)≠Λ, d.h. wenn a A für möglich hält, so auch B für [A] ⊂ [B].

c) g(i, B)∩[A]≠Λ ⊃ g(i, A∧B) = g(i, B)∩[A], d.h. wenn a unter der Annahme B das Bestehen von A nicht ausschließt, so sind die Welten, von denen a unter der Annahme A∧B eine für die wirkliche hält, die A-Welten unter den g(i, B)-Welten [17].

Diese Forderung wird unten durch die Sätze, die aus ihr folgen, noch an Plausibilität gewinnen, und sie wird in 4.5 im Rahmen der Logik bedingter Wahrscheinlichkeiten auch explizit begründet.

---

[17] In Hinblick auf (a) ist (c) äquivalent mit der Forderung:
c') [A]⊂[B] ∧ g(i, B)∩[A]≠Λ ⊃ g(i, A) = g(i, B)∩[A].

Wir gelangen so zu Interpretationen der Sprache *G'*, die mit den Interpretationen für die Sprache *C* nach D3.2-2 eine starke formale Verwandtschaft aufweisen. Wie dort können wir setzen

$R_i := \underset{X}{Ug}(i, X)$, wo die X Propositionen, d.h. Teilmengen von I sind,

und können dann definieren

D4.3-2: NA := G(A, ¬A).

Dadurch gewinnen wir einen Begriff mit den formalen Eigenschaften einer Notwendigkeit, wenn wir fordern

d) $i \epsilon R_i$ für alle $i \epsilon I$.

D.h. die Welt i soll von i aus möglich sein – genauer gesagt: als möglich *angesehen* werden. R_i ist ja hier die Menge der Welten, die von i aus als möglich angesehen werden, und wenn NA in i wahr ist, d.h. wenn $R_i \subset [A]$ gilt, so wird A in i als notwendig angesehen, so daß A unter beliebigen Bedingungen gilt. Hier liegt also nicht ein ontischer, sondern ein doxastischer Notwendigkeitsbegriff vor.

Wir fordern nicht, wie in D3.2-2 $i \epsilon g(i, I)$. Andernfalls hätten wir $G(A, T) \supset A$, also $GA \supset A$, wenn wir definieren:

D4.3-3: GA := G(A, T),

und allgemein $G(A, B) \wedge B \supset A$. D.h. aus der Tatsache, daß A geglaubt wird, würde die Wahrheit von A folgen; und aus der Tatsache, daß B wahr ist und Grund zu glauben, daß A, würde A folgen. Wir fordern auch nicht $g(i, I)=R_i$, denn daraus würde folgen $GA \equiv NA$ und $G(A, B) \equiv N(B \supset A)$. Wir hätten also $GA \supset WA$ und $G(A, B) \supset W(A, B)$. Dasselbe würde auch aus $g(i, I)=I$ folgen.

Im Hinblick auf die Prinzipien P8 und P9 in 4.1 fordern wir ferner

e) $j \epsilon g(i, T) \supset g(j, B) = g(i, B)$ für alle $i, j \epsilon I$ und alle Sätze B [18].

Daß diese Bedingung mit P8 und P9 gleichwertig ist, haben wir schon für die Bedingung (3e) in D3.2-2 gezeigt.

Um endlich die Geltung der Gesetze von N_2 für N sicherzustellen, fordern wir

f) $j \epsilon R_i \supset R_j = R_i$.

Für $j \epsilon g(i, T)$ folgt das aus (e), nicht aber allgemein für $j \epsilon g(i, A)$. Aus den oben diskutierten Gründen fordern wir auch nicht $g(i, T)=R_i$. Umgekehrt folgt auch (e) nicht aus (f). Im Hinblick auf T2.4-4 würde jedoch eine Forderung R_i=T für alle $i \epsilon I$ formal nichts ändern.

---

[18] Es ist nicht sinnvoll zu fordern $G(A, B) \equiv G(G(A, B), B)$, denn wenn B für a Grund ist zu glauben, daß A, so glaubt a das nicht nur aufgrund von B. B ist Grund, A zu glauben, nicht aber Grund zu glauben, daß B Grund ist, zu glauben, daß A. Dieses Prinzip folgt aber aus (e) für ¬G¬B, wie wir unten sehen werden.

Es wäre auch nicht sinnvoll zu fordern $G(A, B) \equiv NG(A, B)$, denn wenn B Grund ist, A zu glauben, so gilt nicht, daß jede Bedingung, etwa auch G(A, B), Grund ist zu glauben, daß B Grund ist zu glauben, daß A.

Wir gelangen so zu dem folgenden Begriff einer *bedingt-epistemologischen* (kurz b.e.l.) *Interpretation*:

D4.3-4: Eine *Interpretation* von *G'* ist ein Quadrupel $\langle U, I, g, \Phi \rangle$, so daß gilt:

1) U ist ein nichtleerer Objektbereich.
2) I ist eine nichtleere Menge von Welten.
3) Für alle $i \epsilon I$ und alle Teilmengen $X \subset I$ ist $g(i, X)$ eine Teilmenge von I, so daß gilt:
   a) $g(i, X) \subset X$
   b) $X \subset Y \wedge g(i, X) \neq \Lambda \supset g(i, Y) \neq \Lambda$
   c) $g(i, Y) \cap X \neq \Lambda \supset g(i, X \cap Y) = g(i, Y) \cap X$,
   d) $i \epsilon R_i$
   e) $j \epsilon g(i, I) \supset g(j, X) = g(i, X)$ für alle $X \subset I$ und alle $j \epsilon I$.
   f) $j \epsilon R_i \supset R_j = R_i$. Dabei sei $R_i := \bigcup_Y g(i, Y)$.
4) Für alle $i \epsilon I$ ist Φ_i eine Funktion, so daß gilt:
   a) $\Phi_i(a) = \Phi_j(a)$ für alle $j \epsilon I$ und alle GK a von *G'*.
   b) Φ_i erfüllt die Bedingungen (a) bis (f) für p.l. Interpretationen von *L* über U nach D1.2-1.
   c) $\Phi_i(G(A, B)) = w$ genau dann, wenn $g(i, B) \subset [A]$.

B.e.l. Interpretationen unterscheiden sich also von den c.l. Interpretationen nach D3.2-2 nur durch die Ersetzung der Bedingung $i \epsilon g(i, I)$ durch $i \epsilon R_i$.

Es sei *G'* die Erweiterung von *L* durch folgende Axiome und Regel:

G'1: $G(A, A)$
G'2: $NA \supset G(A, B)$
G'3: $N(A \supset B) \wedge G(A, C) \supset G(B, C)$
G'4: $G(A, B) \wedge G(C, B) \supset G(A \wedge C, B)$
G'5: $\neg G(\neg B, A) \supset (G(C, A \wedge B) \equiv G(B \supset C, A))$
G'6: $\bigwedge x G(A[x], B) \supset G(\bigwedge x A[x], B)$
G'7: $NA \supset A$
G'8: $NA \supset NNA$
G'9: $MA \supset NMA$
G'10: $G(A, B) \supset GG(A, B)$
G'11: $\neg G(A, B) \supset G \neg G(A, B)$
RG': $A \vdash NA$.

G' unterscheidet sich bei Ersetzung von $G(A, B)$ durch $K(B, A)$ von dem Kalkül *C* durch das Fehlen des Axioms C6 $K(B, A) \supset (A \supset B)$; G'7 folgt in *C* aus C6.

Das Deduktionstheorem für G' lautet analog wie für N_0 (vgl. T2.5-1) und wird wie dort beweisen.

Wir können nun die Theoreme von C aus Abschnitt 3.3 bei Ersetzung des Operators K durch G übernehmen, mit Ausnahme von TC11 (denn es gilt nicht GA ⊃ A).

Ferner gelten folgende Theoreme:

TG'1: G(B, A) erfüllt für festes A mit MA die Prinzipien von G.

Beweis: Es gilt

a) G(B⊃C, A) ⊃ (G(B, A) ⊃ G(C, A)) nach TC10a

b) MA ∧ G(B, A) ⊃ ¬G(¬B, A) nach TC3b

c) ⋀xG(B[x], A) ⊃ G(⋀xB[x], A) – nach G'6

d) G(B, A) ⊃ GG(B, A) – nach G'10

e) ¬G(B, A) ⊃ G¬G(B, A) – nach G'11

f) B ⊢ G(B, A) – folgt aus RG' und G'2.

Wegen MT folgt daraus

TG'2: GA erfüllt nach D4.3-3 die Prinzipien von G.

T4.3-1: Der Kalkül G' ist semantisch vollständig und widerspruchsfrei.

Die Vollständigkeit beweist man ganz analog wie die von C in T3.5-2.

G' steht also zu C in einer formal ebenso engen Entsprechung wie G zu N_2.

4.4 Wahrscheinlichkeitslogik

Die epistemische Logik wird, wie in der Einleitung betont wurde, in diesem Buch nur als ein Beispiel für die Anwendung der in den Kapiteln 2 und 3 entwickelten Semantik behandelt. Diese Entsprechung gilt nun nicht mehr für die Wahrscheinlichkeitslogik. Hier ist nicht nur ein neuer semantischer Ansatz erforderlich, sondern man benötigt auch Prinzipien, die sich in der Sprache der P.L. nicht adäquat widergeben lassen, so daß man in ihrem Rahmen keine vollständigen Systeme der Wahrscheinlichkeitslogik formulieren kann. Die Wahrscheinlichkeitslogik ist also auch kein geeigneter Gegenstand für die Entwicklung eines leistungsstärkeren semantischen Ansatzes zur Interpretation p.l. Sprachen. Daher gehen wir im folgenden nur deswegen und nur insoweit auf sie ein, als das zur Abrundung des Themas „Epistemische Logik" angezeigt erscheint.

Es sei W jene Erweiterung der p.l. Sprache L, die man erhält, wenn man den zweistelligen Operator ⩽. zu den Grundzeichen hinzunimmt und fordert, daß mit Sätzen A und B von L A⩽.B ein

Satz von *W* ist. Wir verzichten also im Hinblick auf die Prinzipien P6 und P7 in 4.1 hier ganz auf die Betrachtung von Sätzen mit iterierten Anwendungen von $\leqslant.$

Der Operator $\leqslant.$ soll stärker binden als $\supset$ und $\equiv$, aber schwächer als $\neg$, $\wedge$ und $\vee$.

Wir definieren wie üblich:

D4.4-1: a) $A <. B := \neg(B \leqslant. A)$

b) $A =. B := (A \leqslant. B) \wedge (B \leqslant. A)$

c) $A >. B := B <. A$

und schreiben im folgenden A+B für $A \vee B$ dann und nur dann (!), wenn gilt $A \rightarrow \neg B$.

Beim Aufbau der Semantik von *W* ergibt sich folgende Schwierigkeit: Die Wahrscheinlichkeit einer Proposition [A] soll mit der Zahl der Welten $i \in [A]$ wachsen. Da aber nichtleere Propositionen [A] in der Regel unendlich viele Welten enthalten, können wir nicht den einzelnen Welten Wahrscheinlichkeiten zuordnen (bzw. von einer komparativen Relation $i. \leqslant j$ – die Welt i ist höchstens so wahrscheinlich wie j – ausgehen) und die Wahrscheinlichkeit der Proposition [A] als Summe der Wahrscheinlichkeiten der Welten $j \in [A]$ bestimmen, sondern müssen eine Relation $[A]. \leqslant [B]$ für Propositionen als Mengen von Welten als semantischen Grundbegriff wählen. Dabei können wir die Eigenschaften dieser Relation der Theorie des komparativen Begriffs der subjektiven Wahrscheinlichkeit entnehmen [19].

Wir definieren also wahrscheinlichkeitslogische (kurz w.l.) Interpretationen wie folgt:

D4.4.-2: Eine *Interpretation* von *W* ist ein Quadrupel $\langle U, I, .\leqslant, \Phi \rangle$, so daß gilt:

1) U ist eine nichtleere Menge von Individuen.
2) I ist eine nichtleere Menge von Welten.
3) $.\leqslant$ ist eine zweistellige Relation auf dem Mengenkörper *K* über I, der die Mengen [A] enthält, wo A ein Satz von *L* ist, so daß gilt:
   a) $X. \leqslant Y \vee Y. \leqslant X$
   b) $X. \leqslant Y \wedge Y. \leqslant Z \supset X. \leqslant Z.$
   c) $X. \leqslant I$
   d) $X. \leqslant Y \equiv X+Z \leqslant Y+Z$
   e) $\Lambda <. I$
   f) Ist $X_1, X_2, \ldots$ eine Folge von Mengen aus *K* mit $X_l \subset X_{l+1}$ und $X_l. \leqslant Y$ für alle $l = 1, 2, \ldots$, und ist $\cup X_l \in K$, so gilt $\cup X_l. \leqslant Y$.

---

[19] Vgl. dazu z.B. Kutschera (72), 2.1. – Auch der Begriff der subjektiven Wahrscheinlichkeit ist ein rationaler, kein deskriptiver Begriff im Sinne von 4.1.

4) Φ_i ist für alle i eine Funktion, so daß gilt
   a) $\Phi_i(a)=\Phi_j(a)$ für alle $j \in I$ und alle GK von ***W***.
   b) Φ_i erfüllt die Bedingungen (a) bis (f) für p.l. Interpretationen von ***L*** über U nach D1.2-1.
   c) $\Phi_i(A \leqslant .B)=w$ genau dann, wenn $[A].\leqslant[B]$.

Man beachte, daß ***K*** unabhängig von (4c) bestimmt ist.

Die Adäquatheit der Bedingungen (3) ergibt sich so: Nach (3a) und (3b) ist die Wahrscheinlichkeit der Propositionen ein komparativer Begriff. (3c) besagt, daß tautologische Propositionen maximale Wahrscheinlichkeit haben; (3d) beinhaltet, daß die Wahrscheinlichkeit einer Proposition in dem Maße wächst, wie man disjunkte Propositionen (adjunktiv) hinzufügt. (3e) besagt, daß die Relation $.\leqslant$ nicht trivial ist, d.h. daß nicht gilt $X.=Y$ für alle $X, Y \in \boldsymbol{K}$. (3f) enthält endlich ein Grenzwertprinzip, nach dem eine obere Schranke der Wahrscheinlichkeiten von Propositionen auch eine obere Schranke für die Wahrscheinlichkeit ihrer Vereinigung ist.

Diese Forderungen sind also intuitiv plausibel. Weniger offensichtlich ist, daß sie auch hinreichen, um den Wahrscheinlichkeitsbegriff zu charakterisieren. Zu dieser Frage sei auf die Erörterung in Kutschera (72), 2.1.2 verwiesen.

Es gilt $\Phi_i(A \leqslant .B) = \Phi_j(A \leqslant .B)$ für alle $i, j \in I$, da $[A].\leqslant[B]$ nicht von i abhängt.

Wir geben nun ein *axiomatisches System **W*** der Wahrscheinlichkeitslogik an. Die Bedingungen (3a) bis (3c) können wir direkt übersetzen, für (3f) müssen wir uns mit der schwachen Bedingung W5 begnügen. ***W*** entsteht aus ***L*** durch Hinzunahme folgender Axiome und Regeln:

W1: $A \leqslant .B \vee B \leqslant .A$

W2: $A \leqslant .B \wedge B \leqslant .C \supset A \leqslant .C$

W3: $A \leqslant .B \equiv A+C \leqslant .B+C$

W4: $A \wedge \neg A <. A \vee \neg A$

W5: $\bigwedge x(A[x]=.B \vee \neg B) \supset \bigwedge x A[x]=.B \vee \neg B$

RW: $A \supset B \vdash A \leqslant .B$.

Man überzeugt sich leicht, daß der Kalkül ***W*** semantisch widerspruchsfrei ist. Wegen der Bedingung D4.4-2,3f läßt sich jedoch die Vollständigkeit nicht beweisen, da sich die Vereinigung abzählbar vieler in ***W*** darstellbarer Propositionen nicht immer in ***W*** darstellen läßt [20].

---

[20] Fußnote siehe Seite 105.

Wir begnügen uns daher hier damit, aus den in ***W*** festgehaltenen Eigenschaften des komparativen Wahrscheinlichkeitsbegriffs die Eigenschaften des starken und des schwachen Glaubensbegriffs herzuleiten.

Definieren wir

D4.4-3: $G(A) := A{=}.T$ (T ist wieder eine Tautologie), so folgen aus ***W*** die Axiome G1 bis G4 und die Regel von ***G***:

G1) Aus $\neg A \vee B{=}.T$ und $A{=}.T$ folgt $B{=}.T$[21].

G2) Aus $A{=}.T$ folgt wegen $B{=}.C \supset \neg B{=}.\neg C$ $\neg A{=}.K$, nach W4 also $\neg A{<}.A$, also $\neg A{<}.T$.

G3) Aus $\wedge x(A[x]{=}.T)$ folgt nach W5 $\wedge xA[x]{=}.T$.

RG) Aus $\vdash A$ folgt nach RW $T{\leqslant}.A$ und $A{\leqslant}.T$, also $A{=}.T$.

Die Definition D4.4-3 liefert daher ein passendes Modell des (starken) Glaubensbegriffs, mit Ausnahme der Iterationsprinzipien G4 und G5, für die wir in ***W*** Entsprechungen nicht betrachtet haben.

Definieren wir:

D4.4-4: $G^+(A) := \neg A{<}.A$,

so erhalten wir aus ***W*** in einfacher Weise folgende Gesetze:

TW1: a) $G^+A \supset \neg G^+\neg A$

b) $G^+(A \wedge B) \supset G^+A \wedge G^+B$

c) $G^+\wedge xA[x] \supset \wedge xG^+A[x]$

d) $A \vdash G^+A$

e) $A \supset B \vdash G^+A \supset G^+B$

Es gelten hingegen folgende Gesetze *nicht*:

$G^+(A \supset B) \wedge G^+A \supset G^+B$

$G^+A \wedge G^+B \supset G^+(A \wedge B)$

$\wedge xG^+A[x] \supset G^+\wedge xA[x]$.

---

[20] Die Darstellbarkeit gilt nur für Sprachen mit unendlich langen Formeln. Vgl. dazu z.B. Karp (64). – Das Axiom W5 ist äquivalent mit $\wedge x(A[x]{=}.B\wedge\neg B) \supset (\vee xA[x]{=}.B\wedge\neg B)$. Das erhält man aus D4.4-2, 3f, wenn man beachtet, daß sich nach dem Beweis des Theorems T1.4-2 jeder nicht kontradiktorische Satz der p.l. Sprache ***L*** durch eine Interpretation über einer abzählbaren Menge U erfüllen läßt, so daß sich $[\vee xA[x]]$ immer als Vereinigung abzählbar vieler Mengen $[A[a_i]]$ darstellt. Es gibt also zu jeder Interpretation Φ eine Interpretation Φ', die mit Φ' bis auf höchstens die in $\vee xA[x]$ nicht vorkommenden GK übereinstimmt und für die gilt $[\vee xA[x]] = \bigcup_{i=1}^{\infty}[A[a_i]]$, wo $a_1, a_2, \ldots$ eine Abzählung dieser GK ist.

[21] Für den Beweis des hier benutzten Theorems $A{=}.K \supset \neg A \vee C{=}.C$ (K sei eine Kontradiktion) und den anderer einfacher Theoreme von ***W*** vgl. z.B. Kutschera (72), S. 520f.

Diese Gesetze sind also typisch für den Unterschied zwischen starkem und schwachen Glauben.

Daß das letztere dieser drei Gesetze nicht gilt, kann man sich am Beispiel einer Lotterie klarmachen: Gibt es 1000 Lose mit gleichen Gewinnchancen, und weiß man, daß genau ein Los gewinnt, so wird man für jedes Los vermuten, daß es nicht gewinnt, ohne zu vermuten, daß alle Lose nicht gewinnen.

Für G^+ gilt nicht, daß die Menge $\{p{:}G^+p\}$ der Sachverhalte, von denen jemand vermutet, sie seien wahr, konsistent ist oder abgeschlossen. Auch das wird durch das Lotteriebeispiel deutlich. Dieser schwache Glaubensbegriff G^+ entspricht vielen umgangssprachlichen Verwendungen von „glauben" eher als der starke Glaubensbegriff G.

Werfen wir noch einen kurzen Blick auf die Logik bedingter Wahrscheinlichkeiten. Wir lesen „A, C $\leqslant.$ B, D" als „A ist aufgrund von C höchstens so wahrscheinlich wie B aufgrund von D". Es sei ***W'*** die Erweiterung der Sprache ***L*** der P.L., in der (A, C $\leqslant.$ B, D) ein Satz ist, wo A, B, C, D Sätze von ***L*** sind. Wir verzichten also im Hinblick auf die Prinzipien P10 und P11 in 4.1 wieder auf Sätze, die iterierte Anwendungen des Operators $\leqslant.$ enthalten.

Wie üblich definieren wir:

D4.4-5 a) $A, C <. B, D := \neg(B, D \leqslant. A, C)$

b) $A, C =. B, D := (A, C \leqslant. B, D) \wedge (B, D \leqslant. A, C)$

c) $A \leqslant. B := A, T \leqslant. B, T$, wo T eine Tautologie ist.

Die Verwendung desselben Symbols $\leqslant.$ als eines zwei- und eines vierstelligen Operators kann keinen Anlaß zu irgendwelchen Verwechslungen geben.

Die Eigenschaften der Relation $\leqslant.$ wählt man, wie im Fall der 2-stelligen Relation, so, daß solche komparativen Relationen metrisierbar sind, d.h. daß es numerische Wahrscheinlichkeiten w(A, B) gibt, für die gilt:

$(A, C \leqslant. B, D) \equiv w(A, C) \leqslant w(B, D)$.

D4.4-6: Eine *Interpretation* von ***W'*** ist ein *Quintupel* $\langle U, I, i_0, .\leqslant, \Phi\rangle$, für das gilt:

1) U ist eine nichtleere Menge von Individuen.
2) I ist eine nichtleere Menge von Welten, mit $i_0 \in I$.
3) $.\leqslant$ ist eine 4-stellige Relation auf dem Mengenkörper ***K*** über I, der die Mengen [A] enthält, wo A ein Satz von ***L*** ist, so daß gilt:
   a) $X, Y .\leqslant V, W \vee V, W .\leqslant X, Y$
   b) $X, Y .\leqslant V, W \wedge V, W .\leqslant X', Y' \supset X, Y .\leqslant X', Y'$
   c) $V, W .\leqslant X, X$
   d) $R \cap X \subset Y \supset X, Z .= Y, Z$

e) $\Lambda, I .< I, I$

f) $R \cap X \neq \Lambda \neq R \cap X' \land Y \cap Z \cap X = \Lambda = Y' \cap Z' \cap X' \supset (Y, X .< Y', X' \land Z, X .\leqslant Z', X' \supset Y \cup Z, X .< Y' \cup Z', X')$

g) $R \cap X \neq \Lambda \neq R \cap X' \land Y \cap Z \cap X = \Lambda = Y' \cap Z' \cap X' \supset (Y, X .= Y', X' \land Z, X .= Z', X' \supset Y \cup Z, X .= Y' \cup Z', X')$

h) Ist $Y_1, Y_2, \ldots$ eine Folge von Mengen mit $Y_i \subset Y_{i+1}$ und gilt $Y_i, X .\leqslant U, V$ für alle $i=1, 2, \ldots$, so ist $\cup Y_i, X .\leqslant U, V$.

i) $X, Z .< X', Z' \land Y, X \cap Z .\leqslant Y', X' \cap Z' \land \Lambda, I .< Y', X' \cap Z' \supset X \cap Y, Z .< X' \cap Y', Z'$

j) $X, Z .\leqslant X', Z' \land Y, X \cap Z .< Y', X' \cap Z' \land \Lambda, I .< X', Z' \supset X \cap Y, Z .< X' \cap Y', Z'$

k) $X, Z .< Y', X' \cap Z' \land Y, X \cap Z .\leqslant X', Z' \land \Lambda, I .< X', Z' \supset X \cap Y, Z .< X' \cap Y', Z'$

l) $X, Z .\leqslant Y', X' \cap Z' \land Y, X \cap Z .< X', Z' \land \Lambda, I .< Y', X' \cap Z' \supset X \cap Y, Z .< X' \cap Y', Z'$

m) $X, Z .= X', Z' \land Y, X \cap Z .= Y', X' \cap Z' \supset X \cap Y, Z .= X' \cap Y', Z'$

n) $X, Z .= Y', X' \cap Z' \land Y, X \cap Z .= X', Z' \supset X \cap Y, Z .= X' \cap Y', Z'$

o) $i_0 \in R$.

Dabei sei $R_Y := \bigcap_X (Y, Y .\leqslant X, Y)$ und $R := \bigcup_X R_Y$.

4) Für alle $i \in I$ ist Φ_i eine Funktion, für die gilt:

a) $\Phi_i(a) = \Phi_j(a)$ für alle $j \in I$.

b) Φ_i erfüllt die Bedingungen für p.l. Interpretationen von ***L*** über U.

c) $\Phi_i(A, B \leqslant. C, D) = w$ genau dann, wenn $[A], [B] .\leqslant [C], [D]$ [22].

Die Interpretation $\boldsymbol{M} = \langle U, I, .\leqslant, i_0, \Phi \rangle$ *erfüllt* den Satz A, wenn $\Phi_{i_0}(A) = w$ ist. A ist *allgemeingültig,* wenn jedes ***M*** A erfüllt [23].

R ist wieder die Menge der Welten, die als möglich angesehen werden. In Analogie zu 3.2 und 4.3 gilt wieder: $R \subset X$ genau dann, wenn $X, X .\leqslant X, \bar{X}$. Gilt $R \subset X$, so ist $R \cap \bar{X} = \Lambda$, also $R \cap \bar{X} \subset X$, also nach D4.4-6, 3d $\bar{X}, \bar{X} .\leqslant X, \bar{X}$, also nach (3d) $X, X .\leqslant X, \bar{X}$. Gilt andererseits $X, X .\leqslant X, \bar{X}$ und $R \cap \bar{X} \neq \Lambda$, so wegen $I, I .= X, \bar{X}$ (nach (3c)) und $\Lambda, I <. \bar{X}, \bar{X}$ (3e, 3c) nach (3f) $I, I <. X \cup \bar{X}, \bar{X}$, im Widerspruch zu (3c).

Wir können also die epistemische Notwendigkeit definieren durch:

D4.4-7: $NA := A, A \leqslant. A, \neg A$.

---

[22] Fußnote siehe Seite 108.

[23] Wir zeichnen hier eine Welt i_0 als die reale Welt aus, da $.\leqslant$ und damit R nicht von i abhängt. Die Bedingung D4.4-6, 3o müßte sonst lauten: $i \in R$ für alle $i \in I$; d.h. wir hätten dann den Spezialfall $R = I$.

Es sei nun *W′* das Axiomensystem, das man erhält, wenn man zu *L* folgende Axiome und Regeln hinzunimmt:

W′1: $(A, B \leqslant . C, D) \vee (C, D \leqslant . A, B)$

W′2: $(A, B \leqslant . C, D) \wedge (C, D \leqslant . E, F) \supset (A, B \leqslant . E, F)$

W′3: $A, B \leqslant . C, C$

W′4: $N(A \supset B) \supset (A, C \leqslant . B, C)$

W′5: $\neg T, T < . T, T$, wo T eine Tautologie ist

W′6: $NA \supset A$

W′7: $\neg N \neg A \wedge \neg N \neg B \wedge N \neg (A \wedge C \wedge E) \wedge N \neg (B \wedge D \wedge F) \wedge (C, A < . D, B) \wedge (E, A \leqslant . F, B) \supset (C \vee E, A < . D \vee F, B)$

W′8: $\neg N \neg A \wedge \neg N \neg B \wedge N \neg (A \wedge C \wedge E) \wedge N \neg (B \wedge D \wedge F) \wedge (C, A = . F, B) \wedge (E, A = . F, B) \supset (C \vee E, A = . D \vee F, B)$

W′9: $\bigwedge x(A, A \leqslant . B[x], A) \supset (A, A \leqslant . \bigwedge x B[x], A)$

W′10: $(A, B < . A', B') \wedge (C, A \wedge B \leqslant . C', A' \wedge B') \wedge (\neg T, T < . C', A' \wedge B') \supset (A \wedge C, B < . A' \wedge C', B')$

W′11: $(A, B \leqslant . A', B') \wedge (C, A \wedge B < . C', A' \wedge B') \wedge (\neg T, T < . A', B') \supset (A \wedge C, B < . A' \wedge C', B')$

W′12: $(A, B < . C', A' \wedge B') \wedge (C, A \wedge B \leqslant . A', B') \wedge (\neg T, T < . A', B') \supset (A \wedge C, B < . A' \wedge C', B')$

W′13: $(A, B \leqslant . C', A' \wedge B') \wedge (C, A \wedge B < . A', B') \wedge (\neg T, T < . C', A' \wedge B') \supset (A \wedge C, B < . A' \wedge C', B)$

---

[22] Es läßt sich intuitiv plausibel machen, daß sich jede komparative Wahrscheinlichkeitsstruktur $\langle I, \boldsymbol{K}, . \leqslant \rangle$ nach D4.4-6,3 in eine *ausgezeichnete* Struktur einbetten läßt, für die gilt: Für jedes n=1, 2, … gibt es eine n-fache gleichförmige Zerlegung $\{I^n_k\}$ von I, so daß gilt $I^n_k . = I^n_{k'}$ und $I^n_k \cap I^n_{k'} = \Lambda$, falls $k \neq k'$, für alle $k, k' = 1, \ldots, n$, und für $X, Y . < V, W$ gibt es ein n und ein $r \leqslant n$ mit $X, Y . < \sum_{k=1}^{r} I^n_{k'}, I . < V, W$. Für solche ausgezeichneten Strukturen läßt sich aber zeigen, daß sie sich eindeutig metrisieren lassen, d.h. daß es eine Funktion $w(X, Y)$ gibt mit $X, Y . \leqslant V, W \equiv w(X, Y) \leqslant w(V, W)$, die folgende Axiome erfüllt:

a1) $O \leqslant w(X, Y) \leqslant 1$

a2) $R \cap X \subset Y \supset w(Y, X) = 1$

a3) $R \cap X \neq \Lambda \wedge X \cap Y \cap Z = \Lambda \supset w(Y \cup Z, X) = w(Y, X) + w(Z, X)$

a4) Gilt $R \cap X \neq \Lambda$ und $Y_i \cap Y_k \cap X = \Lambda$ für alle i, k=1, 2, … mit i=k, so ist $w(\cup Y_i, X) = \Sigma w(Y_i, X)$.

a5) $w(Y \cap Z, X) = w(Y, X) \cdot w(Z, Y \cap X)$

a6) $w(\Lambda, I) = O$.

Dabei sei $R = \bigcup_Y R_Y$ und $R_Y = \bigcap_X (w(X, Y) = 1)$.

Ein Metrisierungssatz für bedingte Wahrscheinlichkeiten ist zuerst von B.O. Koopman in (40) bewiesen worden; er stützt sich allerdings auf andere Axiome als sie in D4.4-6,3 angegeben wurden. Üblicherweise formuliert man diese Axiome für den Spezialfall R=I.

W′14: $(A, B =. A', B') \wedge (C, A\wedge B =. C', A'\wedge B') \supset (A\wedge C, B =. A'\wedge C', B')$
W′15: $(A, B =. C', A'\wedge B') \wedge (C, A\wedge B =. A', B') \supset (A\wedge C, B =. A'\wedge C', B')$.
RW′1: $A \vdash NA$
RW′2: $A \equiv B \vdash C, A \leqslant. C, B$.

W′ ist semantisch widerspruchsfrei. Das ergibt sich direkt aus der Analogie der Axiome zu den semantischen Festlegungen über die Relation $.\leqslant$ in D4.4-6, sowie aus der Anmerkung zum Axiom W5 oben.

In *W′* gelten nun folgende Theoreme:

TW′1:
a) $A \equiv B \vdash A, C =. B, C$
b) $A \equiv B \vdash C, A =. C, B$
c) $A, A =. B, B$
d) $A \equiv B \vdash NA \equiv NB$
e) $\neg N \neg B \wedge N\neg(B\wedge A\wedge D) \wedge N\neg(B\wedge C\wedge D) \supset ((A, B \leqslant. C, B) \equiv (A\vee D, B \leqslant. C\vee D, B))$
f) $\neg N \neg B \wedge N\neg(A\wedge B\wedge C) \supset ((\neg T, B =. C, B) \equiv (A, B =. A\vee C, B))$
g) $NA \supset (A, A \leqslant. B, \neg A)$
h) $A, B =. A\wedge B, B$
i) $(A, B \leqslant. C, D) \wedge \neg N \neg D \supset (\neg C, D \leqslant. \neg A, B)$.
j) $NA \supset (A, A \leqslant. A, B)$
k) $(A, B \leqslant. A', B') \wedge (C, A\wedge B \leqslant. C', A'\wedge B') \supset (A\wedge C, B \leqslant. A'\wedge C', B')$.

Beweis: (a) ergibt sich unmittelbar aus W′4 und RW′1, (b) aus RW′2. (c) ergibt sich aus W′3. (d) gilt nach (a) und (b). (e) ergibt sich aus W′7, W′8. (f) ergibt sich aus (e). (g): Gilt NA, so nach (d) auch $N(\neg A \supset \neg T)$, also gilt $\neg A, \neg A \leqslant. \neg T, \neg A$, also nach W′4, RW′1 und (c) auch $A, A \leqslant. B, \neg A$. (h) Nach (a) gilt $A, B =. A\wedge B\vee A\wedge\neg B, B$, nach (e) für $\neg N\neg B$ wegen $B\vee\neg B, B =. B, B \quad \neg B, B =. \neg T, B$, also auch $A\wedge\neg B, B = \neg T, B$, also $\neg T, B =. A\wedge\neg B, B$, nach (f) also $A, B =. A\wedge B, B$. Gilt $N\neg B$, so gilt nach (g) wegen W′3 ebenfalls $A, B =. A\wedge B, B$. (i): Wäre $(A, B \leqslant. C, D) \wedge (\neg A, B <. \neg C, D)$, so für $\neg N\neg D \wedge \neg N\neg B$ nach W′7 $A\vee\neg A, B <. C\vee\neg C, D$, im Widerspruch zu W′3, W′4. Ist $N\neg B$, so gilt $\neg C, D \leqslant. \neg A, B$ nach (g) trivialerweise. (j) Wegen $A \equiv T\supset A$ gilt nach (d) $NA \equiv N(T\supset A)$, nach W′4 also $T, B \leqslant. A, B$, wegen $A, A \leqslant. T, B$ also die Behauptung. (k) Es gilt $(\neg T, T =. C, A\wedge B) \supset (\neg T, T =. A\wedge C, B)$ (α). Ist $\neg N\neg B$, so gilt nach (i) $\neg B, B =. \neg T, T$, wegen $T, T \leqslant. B, B$. Ist $C, A\wedge B =. \neg T, T$ und $\neg T, T. = \neg B, T\wedge B$, so gilt wegen $A, B \leqslant. T, B$ nach W′14 auch $A\wedge C, B =. \neg B\wedge T, B =. \neg T, T$. (Man setzt $A' = T$, $C' = \neg B$, $B' = B$). Aus $N\neg B$ folgt nach (d) $N\neg(A\wedge B)$, also $T, T \leqslant. C, A\wedge B$ nach (g), so daß aus $\neg T, T =. C, A\wedge B$ immer $\neg N\neg B$ folgt nach W′5. Es gilt ferner

$A \wedge C, B \leqslant . A, B$ nach W'4, also $(\neg T, T = . A, B) \supset (\neg T, T = . A \wedge C, B)$ (β). Aus W'10, W'11 und W'14 folgt mit (α) und (β) aber (k).

TW'2: W' enthält das modallogische System N_0.

Beweis: Wegen W'6 und W'9 und der Regel RW'1 ist nur zu zeigen, daß gilt $NA \wedge N(A \supset B) \supset NB$. Nach TW'1c, j folgt aus NA $\neg B, \neg B \leqslant . A, \neg B$, aus $N(A \supset B)$, also $\neg B, \neg B \leqslant . B, \neg B$, also $B, B \leqslant . B, \neg B$, also NB.

TW'3: Für ein festes B mit $\neg N \neg B$ erfüllt $A, B \leqslant . C, B$ die Prinzipien für $A \leqslant . C$ nach W.

Dabei ist für W' sinngemäß zu fordern, daß NA nur dann gilt, wenn A eine Tautologie ist. Insbesondere erfüllt also $A \leqslant . B$ nach D4.4-5c die Axiome von W.

Beweis: Die Axiome W1 bis W3 ergeben sich aus W'1, W'2 und TW'1e. W4 gilt, denn wäre $A \vee \neg A, B \leqslant . A \wedge \neg A, B$, so nach W'4 $A \vee \neg A, B \leqslant . \neg B, B$, also $B, B \leqslant . \neg B, B$, also $N \neg B$. W5 folgt aus W'9, und RW ergibt sich aus RW'1 und W'4.

Wir definieren nun:

D4.4-8: a) $G(A, B) := B, B \leqslant . A, B$

b) $G^+(A, B) := \neg A, B < . A, B$.

Dann gilt:

TW'4: Die Relation $G(A, B)$ erfüllt die Prinzipien von G' mit Ausnahme von G'8 bis G'11.

Beweis:

a) $G(A, A)$. Das folgt aus W'1, W'2.

b) $NA \supset G(A, B)$. Das folgt nach TW'2 aus $NA \supset N(B \supset A)$ und $B, B \leqslant . B, B$ mit W'4.

c) $N(A \supset B) \wedge G(A, C) \supset G(B, C)$. Das folgt aus W'4.

d) $G(A, B) \wedge G(C, B) \supset G(A \wedge C, B)$. Gilt $N \neg B$, so gilt $G(A \wedge B, B)$ nach TW'1g. Es sei also $\neg N \neg B$. Dann gilt wegen $G(a, B)$ $A \vee \neg A, B = . A, B$, also nach TW'1e $\neg A, B = . \neg T, B$; nach W'4 gilt $C \wedge \neg A, B \leqslant . \neg A, B$, also $C \wedge \neg A, B \leqslant . \neg T, B$, also nach TW'1e $C \wedge \neg A \vee C \wedge A, B \leqslant . C \wedge A, B$, also $C, B \leqslant . C \wedge A, B$. Wegen $G(C, B)$ gilt also $B, B \leqslant . C \wedge A, B$, also $G(A \wedge C, B)$.

e) $\neg G(\neg B, A) \supset (G(C, A \wedge B) \equiv G(B \supset C, A))$. Aus $G(C, A \wedge B)$, d.h. $A, A \leqslant . C, A \wedge B$ folgt $A, B \wedge A \leqslant . C, A \wedge B$; aus $B, A \leqslant . B, A$ erhält man damit nach TW'1k (wir setzen dort für A, B, A', B', C, C' in dieser Reihenfolge B, A, B, A, A, C) $A \wedge B, A \leqslant . C \wedge B, A$, also $B, A \leqslant . C \wedge B, A$. Wegen $\neg G(\neg B, A)$ gilt $\neg B, A < . A, A$, also nach TW'1g $\neg N \neg A$; daher folgt nach TW'1e aus $B, A \leqslant . C \wedge B, A$: $B \vee \neg B, A \leqslant . C \wedge B \vee \neg B, A$, also $A, A \leqslant . \neg B \vee C, A$, also $G(B \supset C, A)$. Gilt umgekehrt $G(B \supset C, A)$, also $B \vee \neg B, A \leqslant . C \wedge B \vee \neg B, A$, so gilt wegen $\neg G(\neg B, A)$, also $\neg N \neg A$ nach TW'1e auch $B, A \leqslant . C \wedge B, A$, also $B \wedge A, A \leqslant . C \wedge B, A$. Mit B, A

$\geqslant$.B, A erhält man daraus mit W′11 (wir setzen dort für A, C, B, A′, C′, B′ in dieser Reihenfolge B, C, A, B, A, A) A, B$\wedge$A $\leqslant$.C, A$\wedge$B, also A$\wedge$B, A$\wedge$B $\leqslant$.C, A$\wedge$B, also G(C, A$\wedge$B), für $\neg$T, T, $<$. B, A. Das ergibt sich aber aus $\neg$G($\neg$B, A), also $\neg$B, A $<$.A, A, also auch $\neg$N$\neg$A nach TW′1i über $\neg$A, A $<$.B, A.
f) $\bigwedge$xG(A[x], B) $\supset$ G($\bigwedge$xA[x], B). Das gilt nach W′9.

Die Interpretation von G(A, B) durch D4.4-8a ergibt also die in ***G′*** geforderten Eigenschaften und stellt damit eine intuitive Rechtfertigung von ***G′*** auf der Basis einer wahrscheinlichkeitstheoretischen Deutung dar.

4.5 Eine epistemische Interpretation von Modalaussagen

In den Abschnitten 4.2 und 4.3 haben wir bereits auf die starken formalen Übereinstimmungen im Interpretationsbegriff wie in der Axiomatik mit der Logik unbedingter und bedingter Notwendigkeiten hingewiesen und davon Gebrauch gemacht. Das legt den Gedanken nahe, eine epistemische Interpretation modallogischer Sätze anzugeben.

D4.5-1: Wir nennen eine Interpretation im Sinne von D4.3-4 *korrekt,* wenn anstelle der Bedingung (3d) gilt: (3d′) iϵg(i, I).

Entsprechend heißt eine Interpretation im Sinne von D4.2-2 *korrekt,* wenn gilt iϵS_i. Für korrekte Interpretationen gilt dann G(A, B) $\supset$ (B$\supset$A), bzw. GA $\supset$ A. Im Hinblick auf D3.2-2, bzw. D2.4-1 und D2.4-3 (für 2-Interpretationen) erhalten wir also den Satz

T4.5-1: Korrekte Interpretationen stellen ein epistemisches Modell von *C*, bzw. N_2 dar.

Von einem *epistemischen* Modell sprechen wir, weil für korrekte Interpretationen gilt G(A, B) $\equiv$ W(A, B), bzw. GA $\equiv$ WA.

Diese epistemische Interpretation von Modalaussagen hat nun nicht nur formales Interesse [24]. Dafür gibt es zwei Gründe:

Zunächst kann man sagen, daß eine Person a dann und nur dann subjektiv berechtigt ist, einen Satz K(A, B) zu behaupten, wenn gilt G(a, A, B). Wenn B für a Grund ist, zu glauben, daß A, so ist a berechtigt zu behaupten „Wenn B, dann A". Und wenn B für a kein Grund ist, zu glauben, daß A, so ist a nicht berechtigt zu behaupten

---

[24] Vgl. zum folgenden auch Kutschera (75).

„Wenn B, dann A". Wenn es nun in der Sprachgemeinschaft P, deren Sprache L die fraglichen Konditionalsätze angehören, gemeinsame und korrekte Glaubensannahmen gibt, die von (fast) allen Mitgliedern von P geteilt werden und die durch den Operator G ausgedrückt werden, dann darf analog K(A, B) in P behauptet werden genau dann, wenn G(A, B) gilt.

Das impliziert nun noch nicht, daß K(A, B) dasselbe *bedeutet* wie G(A, B), d.h. daß eine epistemische Interpretation von K(A, B) adäquat ist. Behauptbarkeitsbedingungen müssen von Wahrheitsbedingungen unterschieden werden, und diese, nicht aber jene, bestimmen die Bedeutung eines Satzes.

Prinzipiell ist das richtig. In unserem Fall erhalten wir aber aus den Behauptbarkeitsbedingungen, die wir so formulieren können:

1) $G(A, B) \supset GK(A, B)$ und $\neg G(A, B) \supset G\neg K(A, B)$ und der Forderung der Korrektheit
2) $G(A, B) \supset (B \supset A)$, also auch $GA \supset A$
den Satz
3) $G(A, B) \equiv K(A, B)$,
d.h. die epistemische Interpretation von K(A, B).

Generell ist die Unterscheidung zwischen Wahrheitsbedingungen und Behauptbarkeitsbedingungen zwar systematisch wichtig, aber keineswegs so klar und eindeutig, wie das auf den ersten Blick scheinen mag. Seit Charles S. Peirce hat sich in der Sprachphilosophie ein weitgehender Konsens darüber gebildet, daß die Bedeutung eines Satzes A durch die Konvention zu seinem Gebrauch in einer Sprachgemeinschaft P festgelegt wird. Eine Konvention zum Gebrauch von A ist nach D. Lewis (69) eine Regularität im Verhalten der Mitglieder von P. Diese Regularität hängt aber von den allgemeinen Überzeugungen in P ab. Selbst wenn die Mitglieder von P die Konvention für A so verstehen, daß A genau dann behauptet werden darf, wenn ein Sachverhalt p vorliegt, d.h. wenn für sie der Gebrauch von A einer Wahrheitsbedingung für A folgt, so hängt doch ihr tatsächlicher Gebrauch von A nicht direkt vom Bestehen von p ab, sondern davon, ob sie *glauben*, daß p gilt. Wenn die Mitglieder von P die Konvention für einen Satz A z.B. so verstehen, daß A behauptet werden kann genau dann, wenn $p_1 \wedge p_2$ gilt, sie aber alle korrekterweise glauben, daß p_2 (normalerweise) immer dann gilt, wenn p_1 gilt (oder wenn sie in allen Einzelfällen von p_1 glauben, daß auch p_2 gilt), so wird eine Person a, die nicht zu P gehört und für die solche Annahmen über den Zusammenhang von p_1 und p_2 problematisch sind, beobachten, daß in P der Satz A genau dann behauptet werden darf, wenn p_1 gilt. Für a stellt sich das als Wahrheitsbedingung für A dar; und wenn a den Satz A im Sinne dieser Bedingung gebraucht, so unterscheidet sich a nicht von den Mitgliedern von P.

Wenn man sich also auf *gemeinsame* Überzeugungen der Mitglieder einer Sprachgemeinschaft bezieht, so bestimmen die Behauptbarkeitsbedingungen das sprachliche Verhalten, den Gebrauch der Sprache; und dieser bestimmt die Bedeutung der sprachlichen Ausdrücke.

Ein zweiter Grund für eine epistemische Interpretation von Modalaussagen liegt darin, daß der Sinn von Aussagen der Form G(A, B) oder GA intuitiv klar bestimmt ist, während die ontische Deutung der Aussagen K(A, B) und NA intuitiv unbefriedigend bleibt. Es gibt zunächst keine Rechtfertigung solcher Aussagen durch Beobachtungen: Wir können wegen $K(A, B) \supset (B \supset A)$ und $NA \supset A$ zwar solche Aussagen durch Beobachtungen falsifizieren, aber es gibt, wie zuerst Hume mit aller Deutlichkeit betont hat, nichts in einer Beobachtung eines Sachverhalts A, das die Behauptung NA gegenüber der schwächeren Aussage A rechtfertigen würde, und nichts in der Beobachtung eines Sachverhalts $A \wedge B$, das den (Kausal-)Satz K(A, B) „A *weil* B" stützen würde. Auch nach der Humeschen Analyse ist der Grund für die stärkere Behauptung K(A, B) gegenüber $A \wedge B$ nur darin zu sehen, daß wir, wo wir B beobachten, fest mit dem Eintreten von A rechnen; d.h. auch Hume schlägt eine Art von epistemischer Interpretation von Kausalaussagen vor.

Nun folgt aus der Feststellung, daß sich eine Aussage A nicht durch Beobachtungen verifizieren läßt, noch nicht, daß wir nicht objektive Wahrheitsbedingungen für A angeben können. Auch empirische Aussagen der Form $\bigwedge xFx$ sind durch (endlich viele) Beobachtungen nicht verifizierbar, wie ebenfalls Hume betont hat. Trotzdem können wir dafür objektive Wahrheitsbedingungen angeben und müssen nicht auf eine epistemische Interpretation rekurrieren. Die vorgeschlagenen ontologischen oder objektivistischen Deutungen von NA und K(A, B) sind aber unbefriedigend. Die Deutung der Menge $S_i = \{j: iRj\}$ als Menge der, von i aus gesehen, möglichen Welten, oder der Menge g(i, B) als Menge der, von i aus gesehen, unter der Bedingung B möglichen Welten, setzt den Möglichkeitsbegriff voraus und erklärt ihn nicht. Von den in 2.1 diskutierten drei ontischen Interpretationen des Möglichkeitsbegriffes ist nur die der analytischen oder logischen Möglichkeiten klar bestimmt. Die Deutung als naturgesetzliche Möglichkeit oder naturgesetzliche Verträglichkeit setzt den Begriff des Naturgesetzes voraus. Dieser Begriff bedarf aber selbst der Erklärung, und diese Erklärung muß, wie die Diskussionen gezeigt haben, auf modallogische Begriffe rekurrieren. Denn der Unterschied zwischen einer akzidentellen Allaussage wie „Alle Leute, die sich am 1.3.74 im Hörsaal H7 der Universität Regensburg aufhielten, waren zwischen 20 und 30 Jahren alt" und einer naturgesetzlichen Allaussage wie „Alle Körper ziehen sich mit einer Kraft $g \cdot m_1 m_2 / r^2$ an" liegt u.a. darin, daß diese, nicht aber jene als Konditionalaussagen formuliert werden können, so daß sich daraus Kausalsätze und irreale Konditionalsätze ableiten lassen [25]. Der Versuch, den Möglichkeitsbegriff unter Rückgriff auf den des Naturgesetzes zu erklären, führt also auf einen Zirkel.

Wenn wir endlich die von R. Stalnaker und D. Lewis vorgeschlagene Deutung der Menge g(i, B) als Menge derjenigen B-Welten, die i *am ähnlichsten* sind, betrachten [26], so ist der hier vorausgesetzte Begriff einer Ähnlichkeit zwischen Welten alles andere als klar. Diese Ähnlichkeit soll nicht eine Ähnlichkeit bzgl. gewisser Eigenschaften der Welten sein, daß sie z.B. alle eine gewisse Proposition enthalten, sondern eine Ähnlichkeit insgesamt, unter Berücksichtigung aller Details. Es ist aber doch höchst fragwürdig, ob es für die Feststellung solcher Ähnlichkeiten ausreichende Kriterien gibt. Lewis vergleicht die von ihm angenommene Fähigkeit zum Ähnlichkeitsvergleich von Welten mit unserer Fähigkeit, auch so komplexe Objekte wie Städte oder Völker zu vergleichen [27]. Aber dieser Vergleich hinkt: Erstens sind Aussagen wie „Berlin ist Warschau ähnlicher als Bukarest" oder „Die Türken sind den Schweden ähnlicher als den Spaniern" ohne Angabe der Hinsicht, auf die sich der Vergleich bezieht, so vage, daß sie keinerlei Informationsgehalt haben und man ihnen auch keinen Wahrheitswert zuschreiben kann. Welten sind aber noch viel komplexere Objekte als Städte und Völker und hier wird die Angabe eines Vergleichsmaßstabs explizit ausgeschlossen. Zweitens sind Völker und Städte (relativ) konkrete Objekte, von denen wir vielleicht einen gewissen intuitiven Gesamteindruck gewinnen können, während das für Welten als abstrakte Objekte unmöglich ist.

Endlich betont Lewis, daß sich der Vergleich der Welten nicht nur auf die Menge der Details bezieht, sondern sich auch nach der *Wichtigkeit* der Details richtet, in denen sie übereinstimmen oder sich unterscheiden. „Wichtigkeit" ist aber immer „Wichtigkeit für jemanden", d.h. ein rein subjektiver Begriff. Selbst wenn sich also

---

[25] Vgl. dazu z.B. N. Goodman (55).

[26] Vgl. den Abschnitt 3.4.

[27] Vgl. D. Lewis (73), 4.2.

die Ähnlichkeitsrelation für Welten so genau erklären ließe, daß man darüber vernünftig reden könnte, so wäre sie doch keine ontische Relation.

Angesichts dieser ungelösten Schwierigkeiten einer ontischen Interpretation der Modalaussagen empfiehlt sich eine epistemische Interpretation. Im Gebrauch der Sätze NA und K(A, B) führen beide Interpretationstypen, wie wir gesehen haben, zum gleichen Ergebnis. Auch wenn man daraus noch nicht auf eine Bedeutungsgleichheit schließen will, so kann man doch sagen: Wer die epistemische Interpretation verwendet, hat gegenüber dem „Objektivisten" den Vorteil, daß er weiß, wovon er spricht, wenn er Modalsätze behauptet.

5 Normsätze

5.1 Normbegriffe

Wie im Fall der epistemischen Logik müssen wir auch in der Normlogik verschiedene Begriffstypen unterscheiden. Grundlegend ist wieder der Unterschied zwischen *deskriptiven* und *rationalen* Normbegriffen. Die Normlogik entwickelt Prinzipien für rationale Normbegriffe, die ausgehend von den deskriptiven durch Rationalitätsbedingungen eingeführt werden. Sie will nicht konkrete Normensysteme beschreiben, die z.B. auch inkonsistent sein können. Da dieser Unterschied genau dem im Abschnitt 4.1 erörterten entspricht, brauchen wir darauf hier nicht mehr eingehen.

Es gibt ferner *deontische Begriffe* und *Wertbegriffe*. Deontische Begriffe sind die des Geboten-, Verboten-, Erlaubt- und Indifferentseins. Geboten sind primär Handlungen F. Da ein Gebot an eine Person oder eine Gruppe von Personen a adressiert ist, liegt es nahe, als Grundform von Geboten Sätze der Gestalt „a ist es geboten, F zu tun" – symbolisch $O(a, F)$ – anzunehmen. Es ist jedoch geschickter, statt dessen die folgende *Normalform* von Geboten zu verwenden: „Es ist geboten, daß A" – symbolisch OA – wobei A ein Satz ist. $O(a, F)$ läßt sich ja auch durch $O(F(a))$ – es ist geboten, daß a F tut – ausdrücken. Darüber hinaus hat die Form OA den Vorteil, daß für Sätze im Gegensatz zu Handlungen (bzw. Prädikaten) die Anwendung logischer Operatoren erklärt ist und daß diese Formulierung ausdrucksreicher ist. So kann man z.B. den Unterschied zwischen „$\bigvee x O(F(x))$" – „Es gibt jemand, dem es geboten ist, F zu tun" – und „$O(\bigvee x F(x))$" – „Es ist geboten, daß jemand F tut" – mit der Schreibweise $O(a, F)$ nicht wiedergeben: $\bigvee x O(x, F)$ besagt nur soviel wie $\bigvee x O(F(x))$. Man kann dann auch Sätze OA zulassen, in denen der Satz A keine Handlung beschreibt, sondern auch Sachverhalte wie z.B., daß es regnet. Denn solche Sachverhalte lassen sich als normativ indifferent charakterisieren.

Mit dem Operator O für Gebote kann man auch die anderen deontischen Begriffe definieren, wenn man setzt:

D5.1-1: a) $VA := O\neg A$ — Es ist verboten, daß A

b) $EA := \neg O\neg A$ — Es ist erlaubt, daß A

c) $IA := \neg OA \wedge \neg O\neg A$ — Es ist indifferent, ob A.

Es empfiehlt sich aus Gründen, die unten anzugeben sind, neben diesen *unbedingten* deontischen Begriffen auch *bedingte* einzuführen: Im Falle des Gebotenseins besage O(A, B) soviel wie „Unter der Bedingung, daß B gilt, ist es geboten, daß A". Es ist z.B. nur unter der Bedingung, daß jemand ein strafwürdiges Vergehen oder Verbrechen begangen hat, geboten, ihn zu bestrafen. Wir werden sehen, daß sich solche bedingten Gebote nicht immer in der Form $B \supset OA$ oder K(OA, B) darstellen lassen.
In Analogie zu D5.1-1 können wir definieren:

D5.1-2 a) $V(A, B) := O(\neg A, B)$ – Unter der Bedingung B ist es verboten, daß A

b) $E(A, B) := \neg O(\neg A, B)$ – Unter der Bedingung B ist es erlaubt, daß A

c) $I(A, B) := \neg O(A, B) \wedge \neg O(\neg A, B)$ – Unter der Bedingung B ist es indifferent, ob A.

Unbedingte deontische Begriffe lassen sich durch bedingte definieren, denn wir können setzen

D5.1-3: $OA := O(A, T)$, wo T eine Tautologie ist.

Danach besagt OA, daß A *prima facie,* ohne Berücksichtigung der gegebenen Umstände, geboten ist.

Die zweite große Gruppe normativer Begriffe bilden die *Wertbegriffe.* Sie lassen sich einteilen

1. nach ihrem *klassifikatorischen, komparativen* oder *metrischen* Charakter,
2. nach ihrem *unbedingten* oder *bedingten,*
3. nach ihrem *intrinsischen* oder *extrinsischen,* und
4. nach ihrem *absoluten* oder *relativen* Charakter.

Die *Normalform* von Wertaussagen setzen wir wieder so an, daß Werte *Sachverhalten* zugeschrieben werden. Auch Objekten oder Handlungsweisen kann man einen Wert zuschreiben, aber solche Aussagen lassen sich ebenfalls in der Normalform wiedergeben. Für Handlungen wurde das schon oben erörtert. Objekte haben einen Wert jeweils unter einem gewissen Aspekt, d.h. ihr Besitz, ihre Verwendung zu gewissen Zwecken, ihre Funktion etc. hat einen Wert, und daß jemand ein Objekt besitzt, verwendet, oder daß ein Objekt eine bestimmte Funktion erfüllt, sind Sachverhalte.

Die folgende Übersicht enthält nur die absoluten Grundbegriffe. Der Kürze wegen schreiben wir dabei statt „Der Sachverhalt, daß A" wieder kurz „A".

Klassifikatorische Begriffe

Unbedingt: A ist gut – symbolisch PA

Bedingt: Unter der Bedingung B ist A gut – P(A, B)

Komparative Begriffe

Unbedingt: A ist höchstens so gut wie B (oder: A ist B nicht vorzuziehen) – $A \leqslant . B$

Bedingt: Unter der Bedingung C ist A höchstens so gut wie B (oder: Unter der Bedingung C ist A B nicht vorzuziehen) – $A \leqslant ._C B$

Metrische Begriffe

Unbedingt: Der Wert von A – U(A)

Bedingt: Der Wert von A unter der Bedingung B – U(A, B).

Der *intrinsische* Wert eines Sachverhalts ist sein Wert für sich und unabhängig von gegebenen oder zu erwartenden Umständen, wie sie in *extrinsischen* Wertangaben berücksichtigt werden. Wenn z.B. jemand ein Versprechen hält, so kann das intrinsisch d.h. für sich betrachtet, gut sein, aufgrund der Tatsache, daß die Umstände so sind, daß eine Einlösung seines Versprechens ihn hindert, eine moralisch vordringliche Pflicht zu erfüllen, extrinsisch aber schlecht. Der grundlegende Begriff ist der des intrinsischen Werts. Auch Angaben von bedingten intrinsischen Werten kann man als extrinsische Wertangaben auffassen. Daneben gibt es aber noch extrinsische Wertangaben, in denen die Umstände nicht explizit angegeben werden, die also nicht die Gestalt bedingter Wertaussagen haben, sondern die sich auf ein vorausgesetztes Verständnis dessen stützen, welche Umstände *normalerweise* gegeben sind, bzw. welche Umstände zu erwarten sind.

Relative Wertbegriffe geben den Wert eines Sachverhalts, gemessen am Wert eines anderen an. So besagt z.B. „A ist gut relativ zu B", daß A, gemessen am Wert von B als Standard gut ist. Wir wollen jedoch im folgenden solche relativen Wertbegriffe nicht diskutieren, da sie von eher untergeordneter Bedeutung sind.

Wir können mit den angegebenen Grundbegriffen folgende weiteren Wertbegriffe definieren:

D5.1-4: a) $SA := P\neg A$ – A ist schlecht

b) $JA := \neg PA \wedge \neg P\neg A$ – A ist indifferent

c) $A < . B := \neg(B \leqslant . A)$ – A ist schlechter als B.

d) $A = . B := (A \leqslant . B) \wedge (B \leqslant . A)$ – A ist gleichwertig mit B.

Und entsprechend für die bedingten Begriffe.

Ferner können wir die klassifikatorischen durch die komparativen und die bedingten durch die unbedingten Grundbegriffe definieren, indem wir setzen:

D5.1-5 a) $PA := P(A, T)$
b) $P(A, B) := \neg A <_{.B} A$
c) $A \leqslant_{.C} B := A \wedge C \leqslant. B \wedge C$.
d) $U(A, B) := U(A \wedge B)$.

(Dabei ist T wieder ein tautologischer Satz). Denn der Wert von A unter der Bedingung B hängt nicht vom Wert von $A \wedge \neg B$ ab.

Da der komparative Wertbegriff auch die Grundlage für die Einführung des metrischen Wertbegriffs bildet, stellt also $A \leqslant. B$ den grundlegenden Wertbegriff dar, so daß man die Logik der Wertbegriffe auch als *Präferenzlogik* bezeichnen kann.

Bei den Wertbegriffen sind *subjektive* und *normative* Begriffe zu unterscheiden. Im normativen, etwa im juristischen oder moralischen Sinne ist eine Handlung besser als eine andere, wenn durch sie z.B. ein höheres Rechtsgut gewahrt wird als durch diese. Im subjektiven Sinn ziehe ich z.B. das Rauchen einer Zigarre dem Essen von Eiscreme vor; hier sind normative Präferenzen oder Werte nicht im Spiel. Subjektive und normative Wertbegriffe haben aber dieselben formalen Eigenschaften, so daß die Logik der normativen Präferenzen mit der Logik der subjektiven Präferenzen zusammenfällt.

Wenn wir deontische Begriffe und Wertbegriffe als „normative" Begriffe bezeichnen, so deshalb, weil zwischen ihnen folgende Beziehung besteht: Stehen in einer Situation gewisse Handlungen zur Wahl, so ist es geboten, eine der besten unter ihnen zu vollziehen – falls es solche optimalen Handlungen gibt; alle anderen Handlungen sind als schlechter verboten. Es ist z.B. geboten, von zwei Handlungen diejenige zu tun, die das höhere Rechtsgut schützt [1].

Wie wir allgemein von „normativen" Begriffen reden, so subsumieren wir auch die Präferenzlogik und die Logik der deontischen Begriffe – die *deontische Logik* – unter den gemeinsamen Titel „Normenlogik". In der Normenlogik spielt die Frage eine wichtige Rolle, ob iterierte Anwendungen von deontologischen oder präferenzlogischen Operatoren sinnvoll sind. d.h. Sätze wie OEA, $O(OA \supset A)$, $A \leqslant. (B \leqslant. C)$, $P(A \leqslant. B)$, etc. Es ist nicht leicht einzusehen, welchen Sinn derartige Aussagen haben sollen. Es kann obligatorisch sein, daß jemand eine Norm *setzt*, z.B. einen Befehl, eine Anordnung gibt; aber eine Aussage, daß jemand eine Norm setzt, ist keine Normaussage, sondern beschreibt eine Handlung. Es kann ferner

---

[1] Wenn man einen *schwachen* Gebotsbegriff einführt: „Es sollte der Fall sein, daß A" – symbolisch O^+A –, so kann man auch sagen: O^+A gilt genau dann, wenn PA; d.h. man sollte eine Handlung vollziehen genau dann, wenn sie gut ist, wenn sie also im Sinne von D5.1-5b (prima facie) besser ist als ihre Unterlassung.

obligatorisch sein, daß jemand eine Norm *befolgt;* aber auch eine Aussage über die Befolgung einer Norm stellt keinen Normsatz dar. Gebote beziehen sich im üblichen Verständnis auf Handlungen. Normsätze sind aber keine Aussagen über Handlungen, und daher deckt sich die Anwendung von deontischen Operatoren auf Normsätze nicht mit deren üblicher Verwendung. Und Sätze wie „Es ist geboten, bestehende Gebot zu befolgen" kann man nicht nur durch $O(OA \supset A)$ darstellen, sondern einfacher auch durch $OA \supset OA$.

Eine Aussage $(A \lessdot B) \lessdot (C \lessdot D)$ kann bei einer subjektiven Deutung sinnvoll sein, wenn sich der Hauptoperator auf meine, die beiden anderen Vorkommnisse von $\lessdot$ aber auf die Präferenzen anderer beziehen. So kann ich sagen „Ich ziehe es vor, daß mein Sohn lieber Fußball spielt als vor dem Fernseher sitzt, als umgekehrt". Aber für die gleiche Bezugsperson sind solche Sätze nicht sinnvoll, und ebenso wenig für normative Präferenzen.

Wir werden aber im nächsten Abschnitt eine semantische Deutung von deontischen Sätzen angeben, die nicht von dem üblichen Bezug von Geboten auf Handlungen ausgeht und in der sich iterierte Anwendungen deontischer Operatoren als durchaus sinnvoll darstellen.

5.2 Deontische Logik

Für die Logik unbedingter Gebote können wir direkt den Formalismus der epistemischen Logik in 4.2 übernehmen. ***D*** sei die Sprache, die aus ***L*** entsteht, wenn wir fordern, daß mit A auch OA ein Satz von ***D*** ist. Wir definieren den Interpretationsbegriff für ***D*** in genauer Entsprechung zu D4.2-2 und deuten die Mengen S_i nun als Mengen derjenigen Welten, die von i aus gesehen normativ optimal sind. Das Prinzip $j \epsilon S \supset S_j = S_i$, das zu den Theoremen $OA \equiv OOA$ und $\neg OA \equiv O \neg OA$ führt, besagt nun, daß eine Welt j von i aus gesehen nur dann normativ optimal ist, wenn in ihr dieselben Gebote wie in i gelten; d.h. wenn von j aus gesehen dieselben Welten als normativ optimal erscheinen wie von i aus. Dadurch kann man iterierten Anwendungen des Operators O einen Sinn geben. Wie in der Logik des unbedingten Glaubens lassen sich iterierte Anwendungen deontischer Operatoren in vielen Fällen aber wieder auf einfache Anwendungen reduzieren.

Es läge intuitiv vielleicht näher, anstelle der Mengen S_i im Sinne von 3.4 Relationen $j \leqslant_i k$ auf I zugrunde zu legen – j ist von i aus gesehen höchstens so (normativ) gut wie k – und zu definieren: OA ist wahr genau dann, wenn es eine Welt j gibt, so daß alle Welten, die besser sind als j, A-Welten sind. Wie wir in 3.4 gesehen haben, führt das, was die Aussagenlogik angeht, zur Auszeichnung derselben Menge d.l. wahrer Sätze. Die entsprechende Bemerkung gilt auch für bedingte Gebote.

Wir können daher die Theoreme von ***G*** direkt für die deontische Logik übernehmen und erhalten für iterierte Anwendungen deontischer Operatoren z.B. die Gesetze $O(OA \supset A)$, $VA \equiv OVA$, $EA \equiv OEA$, $EOA \equiv OA$ und $VOA \equiv E\neg A$ [1].

Für bedingte Gebote können wir in entsprechender Weise den Formalismus der epistemischen Logik in 4.3 übernehmen.

Es sei ***D'*** die Sprache, die man aus ***L*** enthält, indem man fordert, daß mit A und B auch O(A, B) ein Satz von ***D'*** sein soll. Wir deuten nun in D4.3-4 die Mengen g(i, A) als die, von i aus gesehen, unter der Bedingung A (normativ) optimalen Welten. R_i ist dann die Menge der von i aus normativ bewertbaren Welten.
Wir definieren wieder
D5.2-1: $NA := O(A, \neg A)$.

N hat die Eigenschaft einer Notwendigkeit, stellt jetzt aber einen *normativen* Notwendigkeitsbegriff dar: Ein Satz A ist in diesem Sinn notwendig, wenn er in allen überhaupt bewertbaren Welten gilt; oder: wenn A unter allen Bedingungen geboten ist.

Der Grund für die Einführung bedingter Gebote läßt sich am besten durch die von R.M. Chisholm in (63) diskutierten „pflichtwidrigen Gebote" veranschaulichen. Es sei z.B. A der Satz „Hans verstößt gegen bestehende Gesetze", B der Satz „Hans wird bestraft". Es soll gelten

1) Wenn A, dann OB.
2) Wenn $\neg$A, dann $O\neg B$.
3) $O\neg A$
4) A

Wenn man nun die bedingten Gebote (1) und (2) in der Form

1') $A \supset OB$
2') $\neg A \supset O\neg B$

darstellt, so folgt daraus mit (3) und (4) $O\neg A \wedge OB$, also $O(\neg A \wedge B)$. D.h. es wäre dann geboten, daß Hans nicht gegen bestehende Gesetze verstößt und trotzdem bestraft wird; und Welten, in denen das gilt, würden als „normativ optimal" ausgezeichnet. Das ist offenbar ganz inadäquat. Es würde auch nichts helfen, (1) und (2) in der Form

[1] Für eine elementare Einführung in die Normenlogik vgl. Kutschera (73).

1″) K(OB, A)
2″) K(O¬B, ¬A)

darzustellen, denn daraus folgen wieder die Sätze (1′) und (2′). Und wenn man (1) und (2) in der Form

1‴) $O(A \supset B)$
2‴) $O(\neg A \supset \neg B)$

darstellt, so ist das inadäquat, weil dann (1‴) eine deontologische Folge von (3) ist, was für (1) nicht gilt, und weil bei dieser Darstellung bedingter Gebote allgemein gilt $O\neg C \supset O(C \supset D)$; d.h. der Verstoß gegen ein Gebot verpflichtet zu beliebigen Handlungen. Wenn man also stiehlt, so soll man auch lügen, Steuern hinterziehen, etc. Wenn man dagegen (1) und (2) durch

1⁗) O(B, A)
2⁗) O(¬B, ¬A)

darstellt, so ergeben sich solche inadäquaten Folgerungen nicht. Aus (3) folgt insbesondere nicht (1⁗).

Es ist aber zu beachten, daß bei der Darstellung bedingter Gebote in der Form O(A, B) nicht eine Abtrennungsregel $O(A, B) \wedge B \supset OA$ gilt: Wenn A unter der Bedingung B gilt und diese Bedingung erfüllt ist, so folgt daraus nicht, daß A deswegen auch *prima facie* geboten ist. Außerdem ist zu beachten, daß wegen des Prinzips O(A, A) z.B. gilt, daß es unter der Bedingung, daß man Steuern hinterzieht, geboten ist, Steuern zu hinterziehen [2]. Wenn man aber tatsächlich Steuern hinterzieht, so folgt daraus nicht, daß es (prima facie) geboten ist, Steuern zu hinterziehen. Es gilt nach der Entsprechung zu G′5 vielmehr nur $OB \wedge O(A, B) \supset OA$ und $EB \wedge O(A, B) \supset EA$.

5.3 Präferenzenlogik [3]

Es liegt zunächst nahe, Präferenzen für Propositionen über Präferenzen für Welten zu definieren. Es sei I wieder eine Menge von Welten und auf I sei eine 2-stellige Relation $.\leqslant$ definiert, so daß $i .\leqslant j$ besagt, daß i (normativ) höchstens so gut ist wie j. $.\leqslant$ sei wieder

---

2 Aus diesem Grund entspricht auch das, was in der Welt i geboten ist, nicht dem, was unter allen in i geltenden Bedingungen geboten ist. Wegen $g(i,\{i\}) \subset \{i\}$ gilt $g(i,\{i\}) \subset X$ genau dann, wenn $\neg i \epsilon R$ oder $i \epsilon X$ ist. In jeder Welt i sind also unter den in ihr geltenden Bedingungen mindestens die Propositionen X geboten, die in i gelten. Es gilt aber keineswegs $A \supset OA$.

3 Vgl. zum folgenden auch Kutschera (75b).

eine Quasiordnung, so daß gilt $i.\leqslant j \lor j.\leqslant i$ und $i.\leqslant j \land j.\leqslant k \supset i.\leqslant k$, so daß wir definieren können: $i.<j := \neg(j.\leqslant i)$ und $i.=j := (i.\leqslant j) \land (j.\leqslant i)$.

Für eine Definition einer Präferenzrelation $X.\leqslant Y$ für Propositionen mit dieser Relation bieten sich eine Reihe von Möglichkeiten an, z.B.

I a) $X.\leqslant Y \equiv \bigwedge j(j\epsilon Y \supset \bigwedge i(i\epsilon X \supset i.\leqslant j)) \land (Y=\Lambda \supset X=\Lambda)$
b) $X.\leqslant Y \equiv \bigwedge i(i\epsilon X \supset \bigvee j(j\epsilon Y \land i.\leqslant j)) \land \bigwedge j(j\epsilon Y \supset \bigvee i(i\epsilon X \land i.\leqslant j))$
c) $X.\leqslant Y \equiv \bigwedge i(i\epsilon X \supset \bigvee j(j\epsilon Y \land i.\leqslant j))$
d) $X.\leqslant Y \equiv \bigwedge j(j\epsilon Y \supset \bigvee i(i\epsilon X \land i.\leqslant j))$ [4].

Nach (a) ist Y mindestens so gut wie X, wenn alle Y-Welten mindestens so gut sind wie alle X-Welten. Das ist sicher hinreichend für $X.\leqslant Y$, aber als notwendige Bedingung zu stark, denn (a) definiert nicht einmal eine partielle Präferenzordnung für Propositionen: Es sind nicht nur die meisten Propositionen danach unvergleichbar, sondern es gilt nicht einmal die Reflexivität $X.\leqslant X$.

Nach (b) gilt $X.\leqslant Y$, wenn es zu allen Y-Welten mindestens ebenso schlechte X-Welten gibt und zu allen X-Welten mindestens ebenso gute Y-Welten. D.h. wenn wir Y wählen, können wir zwar schlechter fahren als mit X, aber Y eröffnet uns mindestens ebenso gute Möglichkeiten wie X und keine schlechteren als X.

Nach (c) gilt $X.\leqslant Y$, wenn Y eine mindestens so gute Möglichkeit eröffnet wie X. Wir orientieren uns also nur an den jeweils besten Welten aus einer Proposition, und nach (d) nur an den jeweils schlechtesten Möglichkeiten.

Die Definitionen (b) bis (d) und andere denkbare leiden alle darunter, daß wir mit der Relation $i.\leqslant j$ als Basis den Wert einer Proposition X nur an den besten oder schlechtesten Möglichkeiten messen können, die sie eröffnen, während wir intuitiv den Wert von X oft als ein Mittel des Werts der Welten $i\epsilon X$ bestimmen werden. Diesen Gedanken werden wir unten erörtern. Wenn man aber nur die positiven oder negativen Chancen mißt, die X eröffnet, so liegt es nahe, z.B. die Definition (c) zu wählen, die zudem den Vorteil der formalen Einfachheit hat und (ebenso wie (d)) im Gegensatz zu (b), das nur eine partielle Quasiordnung für Propositionen definiert, eine (totale) Quasiordnung auszeichnet.

Bei der Verwendung der Relation $X.\leqslant Y$ nach (c) muß man sich allerdings immer vor Augen halten, daß sie nur die *intrinsischen* Werte von X und Y vergleicht und sie an den positiven Chancen bemißt, die X und Y eröffnen. Aus Ic folgt z.B. das Prinzip

---

4 Für weitere Definitionen vgl. Danielsson (68), und Kutschera (75a).

II) $X.\leqslant Y \supset X\cup Y.=Y$,

das intuitiv durchaus problematisch ist. Denn danach ist der Wert der Proposition, daß ich Steuern zahle oder stehle, ebenso hoch wie der Wert der Proposition, daß ich Steuern zahle. Für alle Definitionen von $X.\leqslant Y$ allein auf der Basis von $i.\leqslant j$ gilt aber, sofern $X\cup Y$ überhaupt mit X, bzw. Y vergleichbar ist, d.h. falls gilt $(X.\leqslant X\cup Y) \vee (X\cup Y.\leqslant X)$, bzw. $(Y.\leqslant X\cup Y) \vee (X\cup Y.\leqslant Y)$, entweder II oder (wie z.B. nach Id) $X.\leqslant Y \supset X.=X\cup Y$.

Es sei nun ***P*** die Sprache, die man als Erweiterung von ***L*** erhält, wenn man fordert, daß mit A und B auch $A\leqslant.B$ ein Satz von ***P*** ist.

Die semantische Festlegung nach Ic können wir nach den Ausführungen in 3.4 auch so formulieren, daß wir anstelle einer Ähnlichkeitsrelation zwischen Welten (d.h. CS-Interpretationen) ein System von Ähnlichkeitssphären zugrundelegen (d.h. SS-Interpretationen). Dann wird die Relation $A\leqslant.B$ formal genau so definiert wie die Relation der komparativen Möglichkeit $A\leqslant B$ in 3.4. Die Sphären $S\epsilon\boldsymbol{S}_i$ sind nun zu deuten als Mengen von Welten j, die, von i aus gesehen, mindestens einen gewissen Wert haben. Die Forderung D3.4-3, 3a muß daher, entsprechend zur deontischen Logik, durch die schwächere Forderung $i\epsilon\cup\boldsymbol{S}_i$ ersetzt werden: Die wirkliche Welt ist nicht notwendig die optimale, aber sie soll normativ bewertbar sein.

Die Logik ***P*** der Präferenzen im Sinne von Ic fällt also mit einer abgeschwächten Version der Logik der komparativen Möglichkeit zusammen; sie ergibt sich nach D3.4-4a aus der Logik bedingter Obligationen ***D'*** mithilfe der Definiton:

D5.3-1: $A\leqslant.B := \neg O(\neg B, A\vee B) \vee N\neg(A\vee B)$ [5].

Umgekehrt kann man auf der Basis der Präferenzen nach T3.4-4 bedingte Gebote definieren durch:

D5.3-2: a) $O(B, A) := N\neg A \vee (A\wedge\neg B <. A\wedge B)$

b) $NA := \neg A \leqslant. \neg T$.

Der formale Vorzug einer Charakterisierung der Präferenzen im Sinne von Ic liegt also darin, daß wir hier explizit Gebote, d.h. deontische Begriffe, durch Präferenzen, d.h. Wertbegriffe definieren können.

---

5 Für iterierte Anwendungen des Operators $\leqslant.$ wird die Präferenzstruktur trivial, denn es gilt
$A\leqslant.B \supset (A\leqslant.B)=.T$ und $\neg(A\leqslant.B) \supset (A\leqslant.B)=.\neg T$. Das ergibt sich aus $A\leqslant.B \supset N(A\leqslant.B)$ und $\neg(A\leqslant.B) \supset N\neg(A\leqslant.B)$.

Dieser formale Vorzug vermag aber den Mangel an intuitiver Adäquatheit dieses Präferenzbegriffs nicht wettzumachen. Wir verstehen üblicherweise Präferenzen eben nicht so, daß das Prinzip II gilt. Nun ist es durchaus erlaubt, bei der Explikation umgangssprachlicher Terme von deren Gebrauch etwas abzuweichen, wenn damit ein präziser, einfacher und systematisch fruchtbarer Begriff eingeführt wird. Auch die Begriffe des Glaubens und des Gebotenseins, die wir im 4. Kapitel und in 5.2 präzisiert haben, weichen von ihnen alltäglichen Entsprechungen ab [6]. Im Fall unseres Präferenzbegriffes läßt sich jedoch die Frage nach der Fruchtbarkeit dieses Begriffes bisher nicht befriedigend beantworten. Daher wollen wir noch einen Blick auf einen allgemeineren Ansatz zur Explikation des Präferenzbegriffes werfen.

Man wird beim Vergleich zweier Propositionen X und Y oft nicht nur die jeweils besten oder schlechtesten Welten daraus berücksichtigen, sondern wird sagen, X sei besser als Y, wenn die *meisten* X-Welten besser sind als die *meisten* Y-Welten, oder wenn die X-Welten im Mittel besser sind als die Y-Welten. Nehmen wir der Einfachheit halber an, die Menge der Welten $I=\{i_1, \ldots, i_n\}$ sei endlich. Wenn man eine gegebene Präferenzrelation zwischen den Welten aus I so metrisieren kann, daß man den einzelnen Welten i reelle Zahlen u(i) als ihren Wert zuordnen kann, die eindeutig sind bis auf lineare Transformationen [7], so wird man danach den Wert U(X) einer Proposition X bestimmen durch

$$\text{III)}\ U(X)=\frac{\Sigma_{i\epsilon X}u(i)\cdot g(i)}{\Sigma_{i\epsilon X}g(i)} \quad \text{für } \Sigma_{i\epsilon X}g(i)\neq 0.$$

Dabei ist g(i) das Gewicht der Welt i, so daß wir die Welten $i\epsilon X$ bei der Mittelwertbildung verschieden stark berücksichtigen können. Wir können z.B. nur die Welten $i\epsilon X$ berücksichtigen, von denen eine im Fall von X normalerweise realisiert ist [8], oder wir können die

---

6 Das veranschaulicht für die deontische Logik z.B. die „Paradoxie von Ross": Es gilt das Prinzip $OA \supset O(A\vee B)$. D.h. wenn es geboten ist, Steuern zu zahlen, so ist es auch geboten, Steuern zu zahlen oder zu morden. Daraus folgt natürlich nicht, daß es geboten ist, zu morden. Vielmehr wird das Normensystem in diesem Fall auch ein Gebot $O\neg B$ enthalten, das mit $O(A\vee B)$ durchaus verträglich ist. Trotzdem entspricht das Prinzip nicht dem üblichen Verständnis des Gebotsbegriffs.

7 Das gelingt z.B., wenn man von einer relativen Präferenzrelation $i,j.\leqslant k,l$ – i ist der Welt j nicht stärker vorzuziehen als k der Welt l – ausgeht, welche die Struktur eines *algebraischen Differenzensystems* hat. (Vgl. dazu Krantz, Luce, Suppes, Tversky (71).)

8 Vgl. dazu Kutschera (75b).

Gewichte als Wahrscheinlichkeiten auffassen. Gleichwahrscheinlichkeit der Welten führt zu einer Art *intrinsischer* Präferenz; drücken die Wahrscheinlichkeiten die Erwartungen eines Subjekts oder einer Gruppe von Subjekten aus, so gelangt man zu einem *probabilistischen* Präferenzbegriff.

Betrachten wir den letzteren Fall etwas näher. w(X) sei die Wahrscheinlichkeit der Proposition X. Dann erhalten wir aus III das Prinzip

$$\text{IV)} \quad U(X+Y) = \frac{U(X) \cdot w(X) + U(X) \cdot w(Y)}{w(X+Y)} \quad \text{für } w(X+Y) > 0.$$

Dabei deute das Symbol + wieder die Vereinigung disjunkter Mengen an. Es gilt also folgendes *starke Mittelwertprinzip*

V a) $X.<Y \wedge w(X) \neq 0 \neq w(Y) \supset X.<X+Y.<Y$

b) $X.<Y \wedge w(X)=0 \supset X+Y.=Y$

c) $X.<Y \wedge w(Y)=0 \supset X+Y.=X$

d) $X.=Y \supset X.=X+Y.=Y$

im Gegensatz zum *schwachen Mittelwertprinzip*

VI) $X.\leqslant Y \supset X.\leqslant X+Y.\leqslant Y$,

das auch nach Ic erfüllt ist.

V ist, anders als II, intuitiv durchaus plausibel: Wenn ich z.B. in einer Lotterie eine Reise nach Bochum gewinnen kann (X), eine Reise nach Paris (Y), oder ein Los, mit dem ich in einer zweiten Ausspielung mit Sicherheit eine der beiden Reisen gewinne (X+Y), so werde ich, falls ich die Wahrscheinlichkeit von X und Y in der zweiten Ausspielung für größer ansehe als Null, X das Los X+Y vorziehen, Y aber dem Los X+Y, wenn ich lieber nach Paris als nach Bochum fahre (Va). Denn X+Y garantiert mir mindestens X, eröffnet mir aber auch die Chance auf Y; Y dagegen ist X+Y vorzuziehen, denn mit dem Los X+Y kann ich Y nur im besten Fall gewinnen. Entsprechend argumentiert man für Vb bis d.

Nach IV gilt

$$\text{VII)} \quad U(X) = \frac{1}{w(X)} \Sigma_{i \in X} u(i) \cdot w(\{i\}) \quad \text{für } w(X) > 0.$$

Die Präferenzrelation ist dann darzustellen durch

VIII) $X.\leqslant Y \equiv U(X) \leqslant U(Y)$.

Es stellt sich nun die Frage, welche Eigenschaften eine intuitiv befriedigende Präferenzrelation zwischen Propositionen haben muß. Man wird fordern, daß die Eigenschaften von der Art sind, daß sich ein Metrisierungssatz beweisen läßt des Inhalts, daß es zu allen solchen Präferenzrelationen eine Funktion U gibt, die VIII erfüllt, und Funktionen w (mit den Eigenschaften einer Wahrscheinlicheit) und u, so daß sich U(X) in der Form VII, bzw. für unendlich viele Welten, in der Form

$$\text{VII}')\ U(X) = \frac{1}{w(X)} \int_X u(i)\, dw \text{ für } w(X) > 0$$

darstellen läßt. Ein solcher Metrisierungssatz ist von E. Bolker in (66) bewiesen worden. Die Eigenschaften, die Bolker von der Relation X.≤Y fordert, sind wieder zu stark, als daß sie sich p.l. adäquat erfassen ließen, so daß man sagen kann, daß es im Rahmen p.l. Sprachen keinen vollständigen Kalkül der probabilistischen Präferenzlogik gibt. Daher wollen wir hier auch nicht weiter auf diesen Ansatz zur semantischen Charakterisierung von Präferenzrelationen eingehen, obwohl er den zweifellos interessantesten Versuch darstellt, einen intuitiv adäquaten Präferenzbegriff zu präzisieren [9].

---

9 Vgl. auch Bolker (67), sowie Jeffrey (65).

6 Die Sprache der Typenlogik

Bisher haben wir nur die Semantik p.l. Sprachen betrachtet. Wir wollen nun dazu übergehen, Interpretationen für Sprachen der einfachen Typenlogik (kurz T.L.) anzugeben, wobei wir uns dem Vorgehen von R. Montague in (70) anschließen, der zuerst einen allgemeinen semantischen Rahmen für solche Sprachen entwickelt hat. Das Gewicht der folgenden Erörterungen liegt nicht mehr auf der semantischen Analyse einzelner Ausdrücke, wie in den Kapiteln 2 bis 5, sondern auf der Diskussion allgemeiner Eigenschaften von Interpretationen.

6.1 Die Syntax der Sprache *T*

Die Sprache *T* der T.L., die wir hier zugrundelegen, wird syntaktisch wie folgt bestimmt. Wir definieren zunächst den Begriff der *Kategorie* wohlgeformter Ausdrücke:

D6.1-1: a) σ, ν sind (Grund-) Kategorien.

b) Sind τ, ρ Kategorien, so ist auch $\tau(\rho)$ eine Kategorie.

c) Ist τ eine Kategorie, so ist auch $\iota(\tau)$ eine Kategorie.

σ ist die Kategorie von Sätzen, ν die von Eigennamen (Namen für Objekte). $\tau(\rho)$ ist die Kategorie eines Funktors, der aus Ausdrücken der Kategorie ρ Ausdrücke der Kategorie τ erzeugt. $\tau(\rho_1)\ldots(\rho_n)$ – wir schreiben dafür auch $\tau(\rho_1, \ldots, \rho_n)$ – ist also die Kategorie eines n-stelligen Funktors, der aus Ausdrücken der Kategorien $\rho_1, \ldots, \rho_n$ einen Ausdruck der Kategorie τ erzeugt. Die Kategorie n-stelliger Prädikate von *L* ist z.B. $\sigma(\nu, \ldots, \nu)$; $\sigma(\sigma(\nu))$ ist die Kategorie des All- oder Existenzquantors, $\nu(\sigma(\nu))$ die des Kennzeichnungsoperators von *L*. $\iota(\tau)$ ist die Kategorie von Ausdrükken, die Intensionen von Ausdrücken der Kategorie τ bezeichnen.

Das *Alphabet* von *T* besteht aus den Grundzeichen $\lambda, \mu, \delta, =, (,)$ und abzählbar unendlich vielen Konstanten und Variablen zu jeder Kategorie τ. Wir deuten oft die Kategorie eines Ausdrucks durch einen oberen Index an.

D6.1-2: *Terme von T*

a) Konstanten der Kategorie τ von *T* sind Terme der Kategorie τ von *T*.

b) Ist F ein Term der Kategorie $\tau(\rho)$ $(\tau \neq \iota)$ und ist a ein Term der Kategorie ρ von *T*, so ist F(a) ein Term der Kategorie τ von *T* [1].

c) Ist A[a] ein Term der Kategorie τ, a eine Konstante der Kategorie ρ, x eine Variable der Kategorie ρ von *T*, die in A[a] nicht vorkommt, so ist $\lambda x(A[x])$ ein Term der Kategorie $\tau(\rho)$ von *T*.

d) Ist A ein Term der Kategorie τ von *T*, so ist $\mu(A)$ ein Term der Kategorie $\iota(\tau)$ von *T*.

e) Ist A ein Term der Kategorie $\iota(\tau)$ von *T*, so ist $\delta(A)$ ein Term der Kategorie τ von *T*.

f) Sind A und B Terme derselben Kategorie von *T*, so ist $A \equiv B$ ein Term der Kategorie σ von *T*.

Sätze sind Terme der Kategorie σ, *Eigennamen* sind Terme der Kategorie ν.

Klammern, die nicht notwendig sind, um den Bereich eines Operators λ, μ, δ oder $\equiv$ eindeutig abzugrenzen, lassen wir im folgenden auch weg.

T_1 sei diejenige Teilsprache von *T*, in der die Operatoren μ, δ nicht vorkommen und nur Konstante und Variable derjenigen Kategorien, die sich allein nach den Regeln (a), (b) von D6.1-1 bilden lassen.

Die Rolle der Operatoren λ, μ und δ wird in der Semantik von *T* deutlich werden.

6.2 Extensionale Interpretationen von *T*

Wir charakterisieren die Semantik von *T* aus didaktischen Gründen in zwei Stufen und betrachten zunächst den Fall, daß den Ausdrükken von *T* nur Extensionen zugeordnet werden. Wir beschränken uns dazu auf die Teilsprache T_1.

Es sei A^B die Menge der Funktionen mit dem Definitionsbereich B und dem Wertebereich A [2].

---

1 Für $F(a_1)\dots(a_n)$ kann man auch $F(a_1, \dots, a_n)$ schreiben.

2 Fußnote siehe Seite 130.

D6.2-1: Es sei E_τ die *Menge der möglichen Extensionen* der Terme von T_1 der Kategorie τ, bezogen auf einen bestimmten Objektbereich U. Wir setzen:

a) $E_\nu = U$
b) $E_\sigma = \{w, f\}$
c) $E_{\tau(\rho)} = E_\tau^{E_\rho}$ [3].

Dabei stellt „w" den Wahrheitswert „wahr" und „f" den Wahrheitswert „falsch" dar.

D6.2-2: Eine *extensionale Interpretation* von T_1 über dem (nichtleeren) Objektbereich U ist eine einstellige Funktion Φ, für die gilt:

a) $\Phi(a) \epsilon E_\tau$ für alle Konstanten a der Kategorie τ.
b) $\Phi(F(a)) = \Phi(F)(\Phi(a))$ für alle nach D6.1-2, b gebildeten Terme.
c) $\Phi(\lambda x A[x])$ ist jene Funktion f aus $E_{\tau(\rho)}$, für die gilt: $f(\Phi'(b)) = \Phi'(A[b])$ für alle $\Phi' \underset{b}{=} \Phi$. Dabei sei der Term $\lambda x A[x]$ nach D6.1-2, c gebildet, und die Konstante b der gleichen Kategorie wie x soll in ihm nicht vorkommen.
d) $\Phi(a \equiv b) = w$ genau dann, wenn $\Phi(a) = \Phi(b)$, für alle Terme nach D6.1-2, f.

Begriffe lassen sich nach G. Frege als Funktionen mit dem Wertebereich $\{w, f\}$ auffassen. $\lambda x A[x]$ stellt das dar, was Frege als *Wertverlauf* der Funktion bezeichnet, die der Ausdruck A[x] als Extension hat. *Klassen* lassen sich darstellen als Wertverläufe von Begriffen, so daß, falls A[a] ein Satz ist, $\lambda x A[x]$ als Wertverlauf eines Begriffes dessen Umfang charakterisiert, oder die Klasse der unter diesen Begriff fallenden Entitäten.

$a \equiv b$ ist gleichbedeutend mit der (materialen) Äquivalenz, wenn a, b Sätze sind; andernfalls bedeutet $a \equiv b$ dasselbe wie die Identität $a = b$.

2 Der Werte*bereich* A einer Funktion ist zu unterscheiden von ihrem Werte*vorrat* C: C ist die Menge aller Werte, welche die Funktion für die Argumente aus ihrem Definitionsbereich annimmt: A ist eine Menge mit $C \subset A$. – $(A^B)^C$ läßt sich durch $A^{B \times C}$ darstellen, nicht aber $A^{(B^C)}$: $(A^B)^C$ ist die Menge der Funktionen h auf C, mit $h(x) = g$ für $x \epsilon C$ und $g \epsilon A^B$. Ist $y \epsilon B$, so ist $g(y) \epsilon A$, also $h(x)(y) \epsilon A$, und dafür können wir auch schreiben $h(x, y) \epsilon A$. $A^{(B^C)}$ ist hingegen die Menge der Funktionen h, die Funktionen g von C in B Werte aus A zuordnen: $h(g) \epsilon A$.

3 Wir führen der Einfachheit wegen „U" nicht als Index von „E_τ" mit, beachten aber, daß die Mengen E_τ von U abhängen.

In T_1 kann man die üblichen logischen Operatoren definieren durch [4]:

D6.2-3 a) $\Lambda x^{\tau}(A) := \lambda x^{\tau}A \equiv \lambda x^{\tau}(x^{\tau} \equiv x^{\tau})$

b) $\neg A := A \equiv \Lambda x^{\sigma}(x^{\sigma})$

c) $A \wedge B := \Lambda x^{\sigma(\sigma)}(B \equiv (x^{\sigma(\sigma)}(A) \equiv x^{\sigma(\sigma)}(B)))$

d) $A \vee B := \neg(\neg A \wedge \neg B)$

e) $A \supset B := \neg A \vee B$

f) $V x^{\tau} A := \neg \Lambda x^{\tau} \neg A$.

Man kann U wieder als Menge der „möglichen Objekte" ansehen und eine Teilmenge U′ von U als Menge der „existierenden Objekte" auszeichnen. Dann wird man E wieder als ein einstelliges Grundprädikat für Existenz einführen und in Ergänzung von D6.2-2 fordern:

e) $\Phi(E)$ ist jene Funktion aus $E_{\sigma(\nu)}$, die genau die Objekte aus U′ auf w abbildet.

Man kann dann wie in D1.7-1 definieren:

D6.2-4: a) $\Lambda.xA[x] := \Lambda x(E(x) \supset A[x])$

b) $V.xA[x] := \neg \Lambda.x \neg A[x]$

und so Quantoren einführen, die sich nur auf existierende Objekte beziehen.

6.3 Intensionale Interpretationen von *T*

Wir betrachten nun auch die Zuordnung von Intensionen zu den Ausdrücken von *T* und gehen dazu von T_1 zur vollen Sprache *T* über. Die Intension eines Ausdrucks wird dabei nach dem Gedanken von R. Carnap als diejenige Funktion verstanden, die seine Extension in Abhängigkeit von den möglichen Welten festlegt.

Wir definieren also in Ergänzung von D6.2-1 die *möglichen Intensionen* von Termen der Kategorie τ bzgl. des Objektbereich U

D6.3-1: $E_{\iota(\tau)} = E_{\tau}^{I}$ [5].

Wir fassen die Intension eines Ausdrucks a der Kategorie τ als Extension eines anderen Ausdrucks a′ der Kategorie $\iota(\tau)$ auf, den wir mithilfe des μ-Operators bilden; es ist also a′=μa. Hängt ein Funktor wie N („notwendig") nicht von der Extension eines Ausdrucks a ab, sondern von seiner Intension, so schreiben wir Nμa statt Na. Das hat den Vorteil, daß wir generell nur von Extensionen

---

[4] Vgl. dazu Montague [70], S. 387. Die Definitionen von Negation und Konjunktion sind von A. Tarski angegeben worden.

[5] Wir führen „I" ebenso wie „U" nicht als Index von „E_{τ}" mit, obwohl die Mengen E_{τ} von I und U abhängen.

von Ausdrücken sprechen, also jedem Ausdruck nur eine semantische Funktion zuordnen müssen. Dadurch wird die allgemeine Charakterisierung von intensionalen Funktoren wesentlich vereinfacht.

D6.3-2: Eine *intensionale Interpretation* von $\boldsymbol{T}$ über dem (nichtleeren) Weltbereich I mit dem (nichtleeren) Objektbereich U ist eine zweistellige Funktion $\Phi_i(a)$, so daß für alle $i \epsilon I$ gilt:

a) $\Phi_i(a) \epsilon E_\tau$ für alle Konstanten a von $\boldsymbol{T}$ der Kategorie τ.

b) $\Phi_i(F(a)) = \Phi_i(F)(\Phi_i(a))$.

c) $\Phi_i(\lambda x A[x])$ ist jene Funktion f aus $E_{\tau(\rho)}$, für die gilt: $f(\Phi'_i(b)) = \Phi'_i(A[b])$ für alle Φ' mit $\Phi' \underset{b}{=} \Phi$, und $\Phi'_j(b) = \Phi'_i(b)$ für alle $j \neq i$ aus I; die Konstante b der gleichen Kategorie wie x komme in $\lambda x A[x]$ nicht vor.

d) $\Phi_i(a \equiv b) = w$ genau dann, wenn $\Phi_i(a) = \Phi_i(b)$.

e) $\Phi_i(\mu A) = \lambda i \Phi_i(A)$

f) $\Phi_i(\delta A) = \Phi_i(A)(i)$.

$\Phi' \underset{b}{=} \Phi$ besagt wieder, daß sich die intensionalen Interpretationen Φ, Φ' höchstens bzgl. der Werte $\Phi_i(b)$ und $\Phi'_i(b)$ für beliebig viele $i \epsilon I$ unterscheiden.

$\Phi_i(A)$ ist die *Extension* des Terms A in der Welt i, $\lambda i \Phi_i(A)$ seine *Intension.*

Die Definition D6.3-2 bedarf einiger Erläuterungen:

1. Es liegt wieder nahe, Konstanten der Kategorie ν als Standardnamen zu interpretieren. Eine solche Bedingung könnte man leicht zu (a) hinzufügen.

2. Wenn die Variable x in $\lambda x A[x]$ nicht im Bereich eines Vorkommnisses von μ steht, so kann man auch definieren: $\Phi_i(\lambda x A[x])$ ist jene Funktion f aus $E_{\tau(\rho)}$, für die gilt $f(\Phi_i'(b)) = \Phi'_i(A[b])$ für alle Φ' mit $\Phi' \underset{b}{=} \Phi$; denn es ist dann für alle Φ', Φ'' mit $\Phi' \underset{b}{=} \Phi$, $\Phi'' \underset{b}{=} \Phi$ und $\Phi'_i(b) = \Phi''_i(b)$: $\Phi'_i(A[b]) = \Phi''_i(A[b])$. Das gilt aber nicht, wenn $\lambda x A[x]$ z.B. der Ausdruck $\lambda x^\nu G^{\sigma(\iota(\sigma))}(\mu(F^{\sigma(\nu)}(x^\nu)))$ ist, für den $\mu(F(a))$ auch von der Intension von a, d.h. von Werten $\Phi_j(a)$ mit $j \neq i$ abhängen kann, wenn sie auch nicht in jedem Fall von diesen Werten abhängen muß. Besteht nun eine solche Abhängigkeit, so hat der Ausdruck $\lambda x G(\mu(F(x))$, der ja als Funktion aus $E_{\sigma(\nu)}$ interpretiert werden soll, auf den ersten Blick keinen vernünftigen Sinn. Man kann aber die Bildung der Terme $\lambda x A[x]$ nicht auf solche Fälle beschränken, in denen x nicht im Bereich eines Vorkommnisses von μ steht. Denn es gibt auch Interpretationen von G und F, für die der Wahrheitswert von $G(\mu(F(a)))$ nicht von der Intension, sondern nur von der Extension von a abhängt. In solchen Kontexten kann man auf die Bildung von Termen wie $\lambda x A[x]$, $\Lambda x A[x]$, $V x A[x]$

nicht verzichten. Syntaktisch muß man also die Bildung solcher Terme allgemein zulassen, und man muß sie dann so interpretieren, daß sie den normalen Sinn haben, wenn die fragliche Abhängigkeit nicht besteht. Das leistet aber die Bedingung (c). Durch (c) erhält aber der Ausdruck $\lambda x G\mu F(x)$ auch im Falle der Abhängigkeit einen vernünftigen Sinn. Er repräsentiert die Klasse der Objekte, von denen es wahr ist, daß sie die durch $G\mu F(x)$ bezeichnete Eigenschaft haben. Wir können „$G\mu F(a)$" genau dann als „a hat die Eigenschaft $G\mu F(x)$" lesen, wenn a in allen Welten j, so daß $\Phi_i(G\mu F(a))$ von $\Phi_j(a)$ abhängt, dasselbe Objekt bezeichnet wie in i. Die Klasse der Objekte mit der Eigenschaft $G\mu F(x)$ ist also die Klasse der durch Standardnamen a darstellbaren Objekte, für die $G\mu F(a)$ wahr ist, und so wird $\lambda x G\mu F(x)$ nach (c) gedeutet. Unsere Interpretation der „Quantifikationen" mit „λ" in nichtextensionale Kontexte entspricht damit genau dem Vorgehen in den früheren Kapiteln [6].

3. Den Operator δ benötigt man, um z.B. den Term $\lambda x^{\iota(\nu)}\, G^{\sigma(\iota(\sigma))}(\mu(F^{\sigma(\nu)}(\delta(x^{\iota(\nu)}))))$ bilden zu können, und damit den Satz $\Lambda x G(\mu(F(\delta(x))))$ (für alle Intensionen x vom Typ $\iota(\nu)$ gilt, daß G, angewandt auf die Intension von F, angewandt auf die Extension von x, wahr ist). Während $\lambda y^{\nu} G(\mu(F(y^{\nu})))$ eine Funktion aus $E_{\sigma(\nu)}$ ist, ist $\lambda x G(\mu(F(\delta(x))))$ eine Funktion aus $E_{\sigma(\iota(\nu))}$.

4. Die Semantik nach D6.3-2 ist so angesetzt, daß den Termen sowohl Extensionen wie Intensionen zugeordnet werden. Da die Intension eines Terms seine Extensionen in allen möglichen Welten eindeutig festlegt, scheint es demgegenüber auf den ersten Blick einfacher zu sein, wenn man den Termen direkt Intensionen zuordnet und alle Funktoren so deutet, daß sie Funktionen darstellen, die Intensionen auf Intensionen abbilden. Dann könnte man auf den μ-Operator verzichten. Es ist aber schon bei der Definition der Mengen I_{τ} möglicher Intensionen der Kategorie τ nicht möglich, auf die Einführung von Extensionen zu verzichten, denn $I_{\tau(\rho)}$ ist nicht $I_{\tau}{}^{I_{\rho}}$, sondern $(E_{\tau}{}^{E_{\rho}})^{I}$. Ferner will man z.B. unterscheiden zwischen einer Quantifikation über Objekte der Kategorie τ und einer Quantifikation über Intensionen der Kategorie $\iota(\tau)$; man muß die Unterscheidung Extension – Intension also auch irgendwie syntaktisch deutlich machen. Daher ist von einer solchen „direkt-intensionalen" Semantik kein Vorteil gegenüber dem Ansatz von Montague zu erwarten [7].

---

6 Vgl. dazu insbesondere die Diskussion in 4.2.

7 Für andere semantische Ansätze vgl. z.B. D. Lewis (70) und Cresswell (73). Für eine typentheoretische Sprache ohne allgemeine Funktionsterme, die ebenso ausdrucksreich ist wie *T*, vgl. Gallin (75), Teil II.

In *T* kann man nun zusätzlich zu den extensionalen logischen Operatoren nach D6.2-3 auch Modaloperatoren definieren, wie z.B.

D6.3-3 a) $NA := \mu(A) \equiv \mu(\Lambda x^{\nu}(x^{\nu} \equiv x^{\nu}))$ – Es ist (logisch notwendig, daß A

b) $A \doteqdot B := \mu A \equiv \mu B$ – A und B sind intensionsgleich.

Die Festlegung, daß allen Welten $i \epsilon I$ derselbe Bereich U möglicher Objekte zugrundeliegt, bewirkt nicht, daß der Satz gilt „Es ist notwendig, daß es genau k Objekte gibt", wobei k die Anzahl der Elemente der Menge U ist. Denn dieser Satz ist nicht mit den Quantoren Λ und V, sondern mit $\Lambda.$ und $V.$ zu formulieren. Er gilt also nicht, wenn die U_i nicht für alle $i \epsilon I$ die gleiche Zahl k von Elementen enthalten.

Zur Verdeutlichung des semantischen Ansatzes in D6.3-2 geben wir die Interpretation einiger schon bekannter extensionaler und intensionaler Funktoren an:

Negation: „$\neg$" ist ein Funktor der Kategorie $\sigma(\sigma)$. Seine Extension in jeder Welt i ist jene Funktion g aus $E_{\sigma(\sigma)}=\{w, f\}^{\{w, f\}}$, für die gilt $g(w)=f$ und $g(f)=w$. Die Intension von „$\neg$" ist also diejenige Funktion h aus $E_{\sigma(\sigma)}{}^{I}$, für die gilt $h(i)=g$ für dieses g und alle $i \epsilon I$.

Konjunktion: „$\wedge$" ist ein Funktor der Kategorie $\sigma(\sigma)(\sigma)=\sigma(\sigma, \sigma)$. Seine Extension in jeder Welt i ist jene Funktion g aus $E_{\sigma(\sigma, \sigma)} = \{w, f\}^{\{w, f\} \times \{w, f\}}$, für die gilt $g(w, w)=w$ und $g(w, f)=g(f, w)= g(f, f)=f$. Die Intension von „$\wedge$" ist also diejenige Funktion h aus $E_{\sigma(\sigma, \sigma)}{}^{I}$, für die gilt $h(i)=g$ für dieses g und alle $i \epsilon I$.

Allquantor: Schreiben wir Allquantoren als Funktionskonstanten „Λ^{ρ}", so daß $\Lambda^{\rho}(a^{\sigma(\rho)})$ ein Satz ist, wenn a eine Konstante oder ein Term $\lambda x^{\rho} b$ der Kategorie $\sigma(\rho)$ ist, so ist „Λ^{ρ}" ein Funktor der Kategorie $\sigma(\sigma(\rho))$. Seine Extension in jeder Welt i ist jene Funktion g aus $E_{\sigma(\sigma(\nu))} = \{w, f\}^{(\{w, f\}^{E_{\rho}})}$, für die gilt $g(h_0)=w$ und $g(h)=f$ für alle $h \neq h_0$, wobei $h, h_0 \epsilon E_{\sigma(\rho)}$ und h_0 diejenige Funktion aus dieser Menge ist, die allen Elementen von E_{ρ} den Wert w zuordnet. Die Intension von „Λ^{ρ}" ist entsprechend diejenige Funktion m aus $E_{\sigma(\sigma(\nu))}{}^{I}$, die allen $i \epsilon I$ diese Funktion g als Wert zuordnet.

Notwendigkeit: „N" ist ein Funktor der Kategorie $\sigma(\iota(\sigma))$. Anstelle der Schreibweise „NA" für „Es ist notwendig, daß A" schreiben wir also nun „NμA". Die Extension von „N" in einer Welt i ist diejenige Funktion g_i aus $E_{\sigma(\iota(\sigma))} = \{w, f\}^{(\{w, f\}^{I})}$, für die für alle $h \epsilon \{w, f\}^{I}$ gilt: $g_i(h)=w$ genau dann, wenn für alle $j \epsilon I$ gilt $iRj \supset h(j)=w$. Dabei ist iRj die in D2.4-1 zur Interpretation von „N" verwendete Relation der Zugänglichkeit von j von i aus. Die Intension von „N" ist jene Funktion aus $E_{\sigma(\iota(\sigma))}{}^{I}$, die jeder Welt i die entsprechende Funktion g_i zuordnet.

Bedingte Notwendigkeit: „K" ist ein Funktor der Kategorie $\sigma(\iota(\sigma))(\iota(\sigma)) = \sigma(\iota(\sigma), \iota(\sigma))$. Anstelle von „K(A, B)" schreiben wir nun $K(\mu A, \mu B)$. Die Extension von „K" in einer Welt i ist diejenige Funktion h_i aus $E_{\sigma(\iota(\sigma),\ \iota(\sigma))} = \{w, f\}^{E_{\iota(\sigma)} \times E_{\iota(\sigma)}}$, für die für alle Paare $m, n \epsilon E_{\iota(\sigma)} = \{w, f\}^{I}$ gilt: $h_i(m, n) = w$ genau dann, wenn für alle $j \epsilon I$ gilt $g(i, \{j: n(j)=w\}) \subset \{j: m(j)=w\}$. Dabei sind g(i, X) die in D3.2-2 zur Interpretation von „K" verwendeten Mengen. Die Intension von „K" ist dann jene Funktion aus $E_{\sigma(\iota(\sigma),\ \iota(\sigma))}{}^{I}$, die jedem $i \epsilon I$ diese Funktion h_i zuordnet.

Diese Beispiele zeigen, daß die Allgemeinheit des semantischen Ansatzes nach D6.3-2 – wie nicht anders zu erwarten – mit einer höheren Komplexität im Einzelfall erkauft wird.

6.4 Typenlogische Gesetze

Es ist nicht möglich, einen zugleich vollständigen und widerspruchsfreien Kalkül der Typenlogik anzugeben. Daher beschränken wir uns in diesem Abschnitt darauf, einige fundamentale typenlogische Gesetze zu formulieren. Da der Schwerpunkt unserer Erörterungen auf der Semantik liegt, wie wir am Anfang dieses Kapitels betont haben, sollen diese Gesetze vor allem dazu dienen, die Interpretation der Sprache ***T*** zu verdeutlichen [8].

Betrachten wir zunächst die extensional interpretierte Sprache $\boldsymbol{T}_1$. In ihr stellen alle p.l. gültigen Sätze auch t.l. wahre Sätze dar, wobei wir GK und GV von ***L*** nun als Konstanten und Variablen beliebiger Kategorien auffassen können. Auch die Theoreme von ***LJ*** stellen, wenn wir das Identitätssymbol „=" durch „=" ersetzen und die verallgemeinerte Lesart verwenden, Theoreme der T.L. dar.

Neu hinzu kommen folgende Gesetze

T1: $\lambda x A[x](a) \equiv A[a]$ – das *Abstraktionsprinzip*, und

T2: $\Lambda x(a(x) \equiv b(x)) \supset (a \equiv b)$ – das *Extensionalitätsprinzip.*

Aus dem Substitutionsprinzip (A6) folgt mit R2 auch die Umkehrung von T2

T3: $(a \equiv b) \supset \Lambda x(a(x) \equiv b(x))$.

Und aus T1 und T2 folgt

T4: $\Lambda x(A[x] \equiv B[x]) \supset (\lambda x A[x] \equiv \lambda x B[x])$,

---

8 Für einen Kalkül der Typenlogik, der im verallgemeinerten Sinn Henkins vollständig ist, vgl. Gallin (75).

und mit A6 und T1 die Umkehrung

T5: $(\lambda x A[x] \equiv \lambda x B[x]) \supset \bigwedge x(A[x] \equiv B[x])$.

Es gilt ferner

T6: $a \equiv \lambda x a(x)$.

Das folgt aus $\bigwedge x(a(x) \equiv a(x))$ und $\lambda x a(x)(x) \equiv a(x)$ (nach T1).

Ferner gilt das *Leibnizprinzip*

T7: $\bigwedge x^{\sigma(\tau)}(x^{\sigma(\tau)}(a^\tau) \equiv x^{\sigma(\tau)}(b^\tau)) \supset (a^\tau \equiv b^\tau)$.

Denn aus der Antezedensbedingung folgt $\lambda y^\tau (y^\tau{\equiv}a)(a) \equiv \lambda y^\tau(y^\tau{\equiv}a)(b)$ nach A4, wegen $\lambda y(y{\equiv}a)(a)$ also $\lambda y(y{\equiv}a)(b)$; nach T1 gilt also $\bigwedge x(x(a) \equiv x(b)) \supset (a{\equiv}b)$.

Die Umkehrung von T4 ergibt sich wieder mit A6.

Beim Übergang von $\boldsymbol{T}_1$ zur intensional interpretierten Sprache $\boldsymbol{T}$ sind entsprechende Modifikationen nötig wie beim Übergang von der extensionalen P.L. zur Modallogik. Dabei ist nun zusätzlich zu beachten, daß die Konstanten nicht, wie die GK in *N*, sämtlich als Standardnamen interpretiert sind.

Nach D6.3-2c und D6.2-3a gilt:

a) $\Phi_i(\bigwedge x A[x])=w$ genau dann, wenn für alle Φ' mit $\Phi' \underset{a}{=} \Phi$ und $\Phi_j'(a) = \Phi_i'(a)$ für alle $j \in I$ gilt $\Phi_i'(A[a])=w$ (wobei die Konstante a nicht in $\bigwedge x A[x]$ vorkommt).

Nach D6.2-3f gilt entsprechend:

b) $\Phi_i(\bigvee x A[x])=w$ genau dann, wenn es ein Φ' mit $\Phi' \underset{a}{=} \Phi$ und $\Phi_j'(a) = \Phi_i'(a)$ für alle $j \in I$ gibt, so daß gilt $\Phi_i'(A[a])=w$ (wobei die Konstante a nicht in $\bigvee x A[x]$ vorkommt).

Danach gilt

c) $\Phi_i(\bigvee x N(x{\equiv}a))=w$ genau dann, wenn $\Phi_j(a) = \Phi_i(a)$ gilt für alle $j \in I$.

In diesem Fall bezeichnen wir auch den Term a als „Standardnamen", wenn er auch von einer anderen Kategorie als ν ist.

Anstelle von A4, A6 und T1 gelten dann in $\boldsymbol{T}$ nur folgende Gesetze:

A4*: $\bigwedge x A[x] \wedge \bigvee y N(y{\equiv}a) \supset A[a]$

A6*: $N(a{\equiv}b) \supset (A[a] \supset A[b])$

T1*: $\bigvee y N(y{\equiv}a) \supset (\lambda x A[x](a) \equiv A[a])$.

Kommt a in A[a] nicht im Bereich des Operators μ (oder eines durch μ definierten Operators) vor, so gilt auch A4, A6 und T1. Die Gesetze T2 bis T7 gelten auch für $\boldsymbol{T}$.

Man beachte, daß zwar gilt $\bigwedge x \bigvee y N(x{\equiv}y)$, aber nicht für alle a $\bigvee y N(y{\equiv}a)$. Dagegen gilt $\bigvee y N(y{\equiv}\mu a)$ für alle a. Denn weder $\Phi_i(\mu a) = \lambda i \Phi_i(a)$ für einen Term a der Kategorie τ noch $\Phi_i(b)$ für irgendein b der Kategorie $\iota(\tau)$ hängt von i ab.

Für den Operator N, der Wahrheit in allen Welten ausdrückt, gelten die Gesetze von N_2 im Abschnitt 2.5. Dabei gilt für Standardnamen, was dort allgemein für GK gilt; für beliebige Terme gelten dagegen entsprechende Einschränkungen, wie sie in 2.8 für Kennzeichnungsterme hervorgehoben wurden. Es gelten also speziell auch das Axiom, bzw. die Gesetze N3, TN7, TN8, in verallgemeinerter Lesart, sowie die Theoreme

T8: $\bigvee yN(y\equiv a) \wedge \bigvee zN(z\equiv b) \wedge a\equiv b \supset N(a\equiv b)$

T9: $\bigvee yN(y\equiv a) \wedge \bigvee zN(z\equiv b) \wedge \neg(a\equiv b) \supset N\neg(a\equiv b)$.

Für die Operatoren μ und δ gilt endlich

T10: $(\mu a \equiv \mu b) \equiv N(a\equiv b)$

T11: $\delta\mu a \equiv a$.

7 Verallgemeinerungen des Interpretationsbegriffs

Für die Anwendung der intensionalen Semantik zur Analyse von natürlichen Sprachen ist es erforderlich, den Interpretationsbegriff nach D6.3-2 zu verallgemeinern, um einigen semantischen Phänomenen solcher Sprachen gerecht zu werden. Besonders wichtig ist dabei die Einführung von partiellen und pragmatischen Interpretationen.

7.1 Partielle Interpretationen

In natürlichen Sprachen kommen viele Ausdrücke vor, die grammatikalisch wohlgeformt, aber bedeutungslos sind; die syntaktisch richtig aus bedeutungsvollen Wörter (bzw. Morphemen) zusammengesetzt sind [1], denen aber durch die semantischen Regeln keine Bedeutungen zugeordnet werden.

Wir greifen vier typische Fälle solcher wohlgeformter, aber bedeutungsloser Ausdrücke heraus:

1) *Unvollständig erklärte Funktoren*: Es gibt viele Prädikate, die nicht für alle syntaktisch zulässigen Argumente erklärt sind. So ist z.B. das Verb „laufen" für Tiere mit Gehwerkzeugen, Menschen, Maschinen, Flüssigkeiten und Nasen erklärt, nicht aber z.B. für Pflanzen, Mineralien und Zahlen. Und „lachen" ist nur für Menschen und die Sonne erklärt. Der Satz „Der Mond lacht" ist syntaktisch ebenso gebildet wie der Satz „Die Sonne lacht", hat aber im Gegensatz zu diesem keine Bedeutung.

2) *Nicht erfüllte Präsuppositionen*: Eine Präsupposition einer Aussage, bzw. einer Äußerung A ist eine Bedingung, die in A nicht als bestehend behauptet wird, die aber erfüllt sein muß, damit sowohl A wie auch die Verneinung von A sinnvoll ist. So wird in dem Satz „Hans hat das Rauchen aufgegeben" ebenso wie in „Hans hat das Rauchen nicht aufgegeben" vorausgesetzt, daß Hans bisher geraucht

[1] Bedeutungslose Ausdrücke gelten nicht als Wörter im Sinne des der Syntax zugrundeliegenden Lexikons.

hat. Der Satz „Fritz weiß, daß es in Regensburg eine Universität gibt" setzt ebenso wie seine Verneinung: „Fritz weiß nicht, daß es in Regensburg eine Universität gibt" voraus, daß es in Regensburg tatsächlich eine Universität gibt; und in der Äußerung „Ich als Arzt bin mir der Bedrohlichkeit der Symptome bewußt" wird vorausgesetzt, daß der Sprecher Arzt ist. Diese Voraussetzungen sind nicht Inhalt der Behauptungen der Sätze, sondern Bedingungen dafür, daß sie sinnvoll sind. Auch solche Präsuppositionen entziehen sich als Tatsachenfragen der syntaktisch-grammatikalischen Erfassung. Nichterfüllte Präsuppositionen liegen speziell auch in folgenden Fällen vor:

3) *Kennzeichnungen bei nichterfüllter Normalbedingung*: Kennzeichnungsterme wie „das Buch von Russell" oder „der Sohn von Georg VI" haben im normalen, alltagssprachlichen Gebrauch keine Bedeutung, da das kennzeichnende Prädikat nicht genau auf ein Ding zutrifft, die *Normalbedingung* für Kennzeichnungen also nicht erfüllt ist.

4) *Leere Allsätze*: Im üblichen Verständnis ist der Satz „Alle Kinder von Hans sind rothaarig" bedeutungslos, wenn Hans keine Kinder hat. Und allgemein ist ein Satz der Form „Alle A's sind B" nur dann bedeutungsvoll, wenn es A's gibt. Die Präsupposition eines solchen Satzes ist also „Es gibt A's" [2].

Es gibt nun eine Reihe von Lösungsansätzen für dieses Problem syntaktisch wohlgeformter aber bedeutungsloser Ausdrücke. Wir können von *syntaktischen Lösungsversuchen* absehen, die darauf hinauslaufen, alle bedeutungslosen Ausdrücke als syntaktisch nicht wohlgeformt auszuscheiden. In diesem Sinn könnte man im Hinblick auf (1) z.B. eine mehrsortige Sprache einführen mit mehreren Objektbereichen und mehreren Sorten von Konstanten und Variablen derselben Kategorie, so daß jedes einstellige Prädikat genau für die Elemente eines dieser Objektbereiche erklärt ist. Schon die Beispiele unter (1) zeigen aber, daß das ein hoffnungsloses Unterfangen ist, da man die Definitionsbereiche der Prädikate nicht mit so einfachen Gattungsnamen wie „Tiere", „Menschen", „Abstrakte Objekte" etc. beschreiben kann. Und dieser Versuch versagt völlig in den Fällen (2) bis (5). Wenn man nicht Syntax und Semantik in unübersichtlicher Weise verquicken will, bleiben nur semantische Lösungen des Problems.

---

2 Auf die Präsuppositonen von Kennzeichnungen und Allsätzen hat insbesondere P.F. Strawson hingewiesen.

Solche Lösungen bieten sich auf folgenden Wegen an:

a) *Vervollständigung der semantischen Festlegungen*: Man legt z.B. fest, daß ein Grundprädikat, das für ein Argument nicht erklärt ist, ihm den Wert „falsch" zuordnet – „17 läuft" und „Der Mond lacht" sind dann falsche Sätze. Man ergänzt ferner, z.B. im Sinn Freges, die Festlegung über Kennzeichnungsterme so, daß sie auch bei nichterfüllter Normalbedingung eine Bedeutung erhalten und deutet Allsätze so, daß sie bei nichterfüllter Präsupposition wahr sind. In den Fällen unter (2) endlich behilft man sich so, daß man die Präsuppositionen in die Assertion mit hineinnimmt [3]. Der Satz „Hans hat das Rauchen aufgegeben" wird also interpretiert im Sinne von „Hans hat bisher geraucht und raucht jetzt nicht mehr". Diese Vervollständigung der semantischen Festlegungen ist das in der Logik seit Frege übliche Verfahren.

b) *Unvollständige 2-wertige Interpretationen*; Man arbeitet mit der 2-wertigen Semantik, wobei man aber auch Interpretationen zuläßt, die nicht jedem syntaktisch wohlgeformten Term eine Bedeutung zuordnen. Funktoren können dabei im Sinn von partiellen Funktionen gedeutet werden, so daß ein Satz F(a) bedeutungslos bleibt, wenn das Designat von a nicht zum Definitionsbereich des Designats von F gehört. Aussagen mit Präsuppositionen werden nur dann gedeutet, wenn diese erfüllt sind. Diesen Weg hat D. Scott in (70) vorgeschlagen.

c) *3-wertige Interpretationen*: Man führt neben den Wahrheitswerten „wahr" und „falsch" für Sätze einen dritten Wert „bedeutungslos" ein und baut in diesem Sinn eine 3-wertige Semantik auf. Eine 3-wertige Semantik für die elementare Prädikatenlogik wird z.B. in Woodruff (70) angegeben [4] und von Blau in (73).

d) *Mengen von 2-wertigen Interpretationen*: Man geht von der Idee aus, daß Bedeutungslosigkeiten entstehen, falls nur beschränkte Informationen über die Interpretation der Sprache vorliegen, und stellt eine solche beschränkte semantische Information durch die Menge T der 2-wertigen Interpretationen Φ dar, auf die diese Information zutrifft. T ordnet dann dem Ausdruck A den Wert α zu, falls für alle $\Phi \epsilon T$ gilt $\Phi(A)=\alpha$. Gibt es kein solches α, so bleibt T

---

3 Vgl. dazu auch D4.2-1.

4 Allerdings werden dort nur solche Bedeutungslosigkeiten untersucht, die sich daraus ergeben, daß Eigennamen nichts bezeichnen. Das ist aber gerade ein relativ uninteressanter Fall.

für A undefiniert. Dieses Vorgehen läuft also darauf hinaus, einen Term als bedeutungslos anzusehen, wenn es einander widersprechende, aber aufgrund der semantischen Informationen mögliche Deutungen dieses Terms gibt. Ist z.B. ein Prädikat F(x) nur auf einem Teilbereich U′ des vorausgesetzten Objektbereichs U erklärt, so betrachtet man alle möglichen Fortsetzungen dieser partiellen Funktion auf U als mögliche Interpretationen von F. Wenn dann die Konstante a ein Objekt aus U-U′ bezeichnet, so liefern diese Interpretationen für F(a) verschiedene Werte, so daß F(a) bzgl. der Menge dieser Interpretationen als bedeutungslos ausgezeichnet wird. Und wenn die Normalbedingung für einen Kennzeichnungsterm nicht erfüllt ist, so betrachtet man jede Zuordnung irgendeines Objektes zu diesem Term als eine mögliche Interpretation, so daß er wieder bzgl. der Menge dieser Interpretationen bedeutungslos ist. Ein solcher Ansatz ist von B. van Fraassen in (69) entwickelt worden.

Eine Vervollständigung der semantischen Festlegungen nach (a) führt zu vielen Inadäquatheiten in der semantischen Analyse natursprachlicher Sätze. Vor allem wird der Unterschied zwischen Assertion und Präsupposition eines Satzes verwischt und damit sein Inhalt verfälscht. Deutet man den Satz „Hans hat das Rauchen aufgegeben" im Sinne von „Hans hat bisher geraucht und Hans raucht jetzt nicht mehr", so besagt die Verneinung dieses Satzes soviel wie „Hans hat bisher nicht geraucht oder Hans raucht jetzt immer noch", ist also im Gegensatz zu „Hans hat das Rauchen nicht aufgegeben" auch dann wahr, wenn Hans nie geraucht hat. Der Weg (a) bietet daher keine befriedigende Lösung unseres Problems.

Die Einführung 3-wertiger Interpretationen nach (c) ist auf verschiedene Weise möglich. Da die Logik der natürlichen Sprachen für bedeutungsvolle Sätze sicher 2-wertig ist, und man den Wert „bedeutungslos" im Sinne von semantisch indeterminiert im Sinne der Festlegungen der 2-wertigen Logik deuten will, entspricht eine solche 3-wertige Logik für typenlogische Sprachen genau dem, was man mit den partiellen Interpretationen erhält [5]. Die Erörterungen im nächsten Kapitel werden aber zeigen, daß die Methode (b) für andere Sprachen vor (c) gewisse Vorzüge hat.

Die Methode (d) endlich hat den Nachteil, daß partiell definierte Funktionen nicht als Argumente von Funktionen höherer Stufe auftreten können. Denn die vollständigen Interpretationen Φ, die im üblichen Sinn (z.B. nach D6.2-3) rekursiv bestimmt werden, deuten

---

[5] Vgl. dazu Kutschera (75c).

alle Funktoren als vollständig definierte Funktionen. Von einer nur partiellen Definition eines Funktors ist immer nur bzgl. der Menge T aller betrachteten vollständigen Interpretationen Φ die Rede. Daher kann es zwar z.B. ein bzgl. T unvollständig erklärtes Prädikat F der Kategorie $\sigma(\nu)$ geben, das als Argument eines Prädikats der Kategorie $\sigma(\sigma(\nu))$ auftreten kann, aber für jedes Φ aus T hängt der Wert $\Phi(G(F))$ nicht vom Definitionsbereich von F nach T ab, und damit hängt auch T(G(F)) nicht von diesem Definitionsbereich ab. Da der Wahrheitswert z.B. eines Satzes wie „Hans sagte, daß A" von den Präsuppositionen von A abhängen kann, d.h. davon, in welchen Welten A einer Extension zugeordnet wird, ist der Ansatz (d) damit zu eng für die Behandlung mancher semantischer Fragen.

Wir beschränken uns daher im folgenden darauf, den Ansatz (b) zu entwickeln.

Dazu müssen wir zunächst die Menge der möglichen Extensionen nach D6.2-1 und D6.3-1 wie folgt erweitern

D7.1-1 a) $E^+_\nu = U$

b) $E^+_\sigma = \{w, f\}$

c) $E^+_{\tau(\rho)} = E_\tau^{+(E^+_\rho)}$

d) $E^+_{\iota(\tau)} = E_\tau^{+(I)}$.

Dabei sei $A^{(B)}$ die Menge der Funktionen mit dem Wertebereich A und einem Definitionsbereich $B' \subset B$, der auch leer sein kann.

Wir definieren dann in Analogie zu D6.3-2:

D7.1-2: Eine *partielle intensionale Interpretation* von ***T*** über den (nichtleeren) Mengen U und I ist eine zweistellige Funktion $\Phi_i(a)$, so daß für alle $i \epsilon I$ gilt:

a) Ist $\Phi_i(a)$ definiert, so ist $\Phi_i(a) \epsilon E^+_\tau$ für alle Konstanten a der Kategorie τ.

b) $\Phi_i(F(a)) = \Phi_i(F)(\Phi_i(a))$, wo $\Phi_i(F)$ und $\Phi_i(a)$ definiert sind.

c) $\Phi_i(\lambda x A[x])$ ist jene Funktion f aus $E^+_{\tau(\rho)}$, für die gilt: $f(\Phi'_i(b)) = \Phi'_i(A[b])$ für alle Φ' mit $\Phi' \underset{b}{=} \Phi$, für die $\Phi'_i(b)$ erklärt ist [6], falls für alle solchen Interpretationen Φ' und Φ'' aus $\Phi'_i(b) = \Phi''_i(b)$ folgt $\Phi'_i(A[b]) = \Phi''_i(A[b])$; andernfalls ist $\Phi_i(\lambda x A[x])$ die total undefinierte Funktion aus $E^+_{\tau(\rho)}$.

d) $\Phi_i(a \equiv b) = w$, wenn $\Phi_i(a) = \Phi_i(b)$; und $\Phi_i(a \equiv b) = f$, wenn $\Phi_i(a) \neq \Phi_i(b)$ [7].

---

6 $\Phi' \underset{b}{=} \Phi$ gilt auch, wenn $\Phi'(b)$ oder $\Phi(b)$ undefiniert ist.

7 $\Phi_i(a) = \Phi_i(b)$ wie auch $\Phi_i(a) \neq \Phi_i(b)$ impliziert, daß die Werte $\Phi_i(a)$ und $\Phi_i(b)$ definiert sind.

e) $\Phi_i(\mu(a))=\lambda i\Phi_i(a)$

f) $\Phi_i(\delta(A))=\Phi_i(A)(i)$, wenn $\Phi_i(A)(i)$ definiert ist.

Nach (c) und (e) sind Terme der Kategorie $\tau(\rho)$ oder $\iota(\tau)$ immer definiert, da auch die total undefinierten Funktionen aus $E^+_{\tau(\rho)}$ und $E^+_{\iota(\tau)}$ mögliche Extensionen sind. Dagegen bleiben die Werte $\Phi_i(F(a))$, $\Phi_i(a \equiv b)$ und $\Phi_i(\delta(A))$ nach (b), (d) und (f) undefiniert, falls die Φ-Werte, auf die in den Rekursionsbedingungen Bezug genommen wird ($\Phi_i(F)$ und $\Phi_i(a)$, $\Phi_i(a)$ und $\Phi_i(b)$, bzw. $\Phi_i(A)(i)$), nicht definiert sind.

Wenn wir die Definition D6.2-3a übernehmen, gilt $\Phi(\Lambda xA[x])=w$, falls $\Phi(\lambda xA[x])$ eine vollständige Funktion ist, die für jedes Argument den Wert w annimmt; andernfalls gilt $\Phi(\Lambda xA[x])=f$, da $\Phi(\lambda xA[x])$ immer definiert ist. Nach der Definition D6.2-3f ist danach aber $VxA[x]$ bereits dann wahr, wenn $\Phi(\lambda xA[x])$ eine unvollständige Funktion ist, unabhängig davon, ob diese Funktion für ein Argument den Wert w annimmt oder nicht. Die Definition (a) ist also nicht brauchbar. Um Quantoren Λx und Vx zu erhalten, die sich nur auf den Bereich der Objekte beziehen, für die $A[x]$ definiert ist, führen wir einen Operator ~ ein, so daß $a\sim b$ ein Term von $\boldsymbol{T}$ ist, wenn a und b Terme derselben Kategorie $\tau(\rho)$ sind, und legen in Ergänzung von D7.1-2 fest:

g) $\Phi_i(a\sim b)=w$, wenn $\Phi_i(a)$ und $\Phi_i(b)$, beschränkt auf den Durchschnitt ihrer Definitionsbereiche, identisch sind und dieser Durchschnitt nicht leer ist. Und $\Phi_i(a\sim b)=f$, wenn $\Phi_i(a)$ und $\Phi_i(b)$, beschränkt auf den Durchschnitt ihrer Definitionsbereiche, nicht identisch sind und dieser Durchschnitt nicht leer ist.

Dann kann man mit der Definition

D7.1-3: $\Lambda x^\tau A[x^\tau] := \lambda x^\tau A[x^\tau]\sim\lambda x^\tau(x^\tau\equiv x^\tau)$

anstelle von D6.2-3a einen passenden Allquantor einführen, und kann auch die übrigen Definitionen nach D6.2-3 beibehalten. Danach ist $\Phi_i(\neg A)$ genau dann definiert, wenn $\Phi_i(A)$ definiert ist; $\Phi_i(A\wedge B)$, $\Phi_i(A\vee B)$ und $\Phi_i(A\supset B)$ sind genau dann definiert, wenn $\Phi_i(A)$ und $\Phi_i(B)$ definiert sind; $VxA[x]$ ist wie $\Lambda xA[x]$ genau dann undefiniert, wenn $\lambda xA[x]$ eine total undefinierte Funktion ist.

Diese Definition löst freilich nicht das oben erörterte Problem umgangssprachlicher Allsätze der Form: „Alle A's sind B". Ein solcher Satz soll in der üblichen Auffassung nur über die A's sprechen, d.h. er soll genau dann einen Wahrheitswert haben, falls es A's gibt und B für alle A's definiert ist. Zur Darstellung solcher Sätze kann man aber z.B. einen restringierten Quantor einführen, so daß im extensionalen Fall gilt: $\Phi(\Lambda xA[x]:(B[x]))=w$, bzw. $=f$, wenn es ein Φ' mit $\Phi' \underset{b}{=} \Phi$ und $\Phi'(A[b])=w$ gibt, und wenn für alle solchen Φ' gilt

$\Phi'(B[b])$=w, bzw. wenn es ein solches Φ' mit $\Phi'(B[b])$=f gibt. Dabei sei b eine Konstante derselben Kategorie wie x, die in A[x] und B[x] nicht vorkommt.

Kennzeichnungsterme kann man semantisch nun so erklären, daß $\Phi(\iota x^{\tau} A[x^{\tau}])=\alpha$ ist, falls es ein $\alpha \epsilon E_{\tau}^{+}$ gibt, so daß für alle Φ' mit $\Phi' \underset{b}{=} \Phi$ und $\Phi'(A[b])$=w gilt $\Phi'(b)=\alpha$. Dabei sei b eine Konstante der Kategorie τ, die in $\iota x A[x]$ nicht vorkommt.

Die Einführung von partiellen Interpretationen schafft den geeigneten Rahmen für die Behandlung von Präsuppositionen:

D7.1-4: Ein Satz B von ***T*** ist bzgl. Φ eine *Präsupposition* des Satzes A genau dann, wenn für alle $i \epsilon I$ gilt: $\Phi_i(A)$ ist nur dann definiert, wenn $\Phi_i(B)$ =w ist.

Nach dieser Definition hat ein Satz auch dann eine Intension (als partielle Funktion), wenn er aufgrund einer nichterfüllten Präsupposition in einer Welt i keine Extension hat. Eine Kennzeichnung, für die in einer Welt die Normalbedingung nicht gilt, ist also deshalb nicht schon völlig bedeutungslos, sie bezeichnet nur nichts.

7.2 Vagheit und Analytizität

Die Unterscheidung von analytischen und synthetischen Sätzen, von Bedeutungs- und Tatsachenwahrheiten, spielt in der Philosophie, insbesondere in Wissenschafts- und Erkenntnistheorie, eine wichtige Rolle. Es war zuerst W.V. Quine in (51), der auf die Schwierigkeiten hingewiesen hat, diese Unterscheidung präzise zu definieren, und der darüber hinaus die These vertrat, daß sie sich prinzipiell nicht genau fixieren läßt. Wir wollen hier nicht im einzelnen auf Quines Argumente eingehen [8], sondern nur darauf hinweisen, daß sich erstens für viele Sätze, die wir als „analytisch" bezeichnen, wie z.B.

a) *Alle Junggesellen sind unverheiratet*

Bedingungen denken lassen, unter denen die Geltung dieser Sätze fraglich wäre. Wenn z.B. durch Gesetze jeder volljährige Mann verpflichtet würde, sich zu verheiraten, und die Leute zum Teil, um dieser Vorschrift zu genügen, Scheinehen eingingen, ohne jedoch ihren Lebensstil als Junggesellen zu ändern, so könnte man sagen, daß der Satz (a) nun falsch sei: Ein Junggeselle sei nach wie vor ein Mann, der nicht in ehelicher Gemeinschaft lebt, und auch solche Leute seien verheiratet. Man kann deshalb aber nicht sagen, der

[8] Vgl. dazu z.B. Kutschera (71), 2.3.2.

Satz (a) sei nicht analytisch, denn mit gleichem Recht könnte man auch sagen, er gelte nach wie vor: Junggesellen seien unverheiratete Leute, und wenn alle dem Gesetz Folge leisteten, gäbe es eben keine Junggesellen mehr. Wir wissen also nicht mehr, was wir unter so merkwürdigen und ungewöhnlichen Umständen sagen sollen, und daher nützt uns die Bestimmung, ein analytischer Satz sei ein Satz, der unter allen denkbaren Bedingungen wahr ist, nichts, weil die meisten Sätze nicht unter allen denkbaren Bedingungen einen wohlbestimmten Wahrheitswert haben; weil ihre Gebrauchskriterien nicht für alle möglichen Situationen erklärt sind.

Zweitens erweist sich auch die Bestimmung der analytischen Sätze als Aussagen, deren Wahrheit sich allein aus der Bedeutung der in ihnen vorkommenden Wörter (bzw. Morpheme) ergibt, als wenig hilfreich, da die Bedeutungen der Wörter nicht nur durch semantische Zuordnungen oder Regeln festgelegt werden, sondern auch durch unsere Annahmen über die Welt. Sätze wie

b) *Reife Zitronen sind gelb und sauer*

c) *Tiger haben gelblich-braunes Fell mit schwarzen Streifen und leben in den Waldgebieten Süd- und Ostasiens*

haben einerseits einen synthetischen Gehalt und bestimmen andererseits auch die Bedeutung der Wörter „Zitrone", bzw. „Tiger" mit. Der Sinn unserer Bestimmung einer Frucht als Zitrone, bzw. einer Großkatze als Tiger würde sich ändern, wenn (b) bzw. (c) nicht mehr gelten würden.

Für intensional interpretierte Kunstsprachen kann man den Begriff ‚analytisch' so definieren:

I) Ein Satz A der Sprache S ist analytisch genau dann, wenn er in allen möglichen Welten wahr ist, über denen S interpretiert ist.

Diese Definition läßt sich aber nicht ohne weiteres auf eine natürliche Sprache S anwenden, für die eine Menge I der möglichen Welten, über der sie interpretiert ist, ja nirgends explizit angegeben ist, sondern sich nur als Menge aller logisch möglichen Welten bestimmen läßt, in denen genau die Sätze gelten, die analytisch in S sind. Solange die Menge dieser Sätze aber nicht festgelegt ist – und dazu sollte ja (I) verwendet werden – liegt auch I nicht fest.

D. Lewis hat in (69), V.5 einen Vorschlag gemacht, dieses Problem in den Griff zu bekommen. Er unterscheidet dort die Begriffe ‚analytisch in S' (im Sinne der obigen Definition) und ‚analytisch in einer Sprachgemeinschaft'. Letzteres wird so definiert:

II) A ist analytisch in der Sprachgemeinschaft P genau dann, wenn es eine im Sinne der intensionalen Semantik exakte Sprache S gibt, in der A analytisch ist und die die wirkliche Sprache von P ist.

Die Schwierigkeit der Unterscheidung analytischer und synthetischer Sätze ist nun nach Lewis kein Definitionsproblem – das ist mit (I) und (II) gelöst – sondern sie liegt erstens in dem empirischen Problem, festzustellen, welche Sprache die wirkliche Sprache von P ist, und zweitens in dem Problem, das dadurch entstehen kann, daß der Sprachgebrauch in P nicht *eine* Präzisionssprache eindeutig als die wirkliche Sprache von P auszeichnet, sondern nur eine Menge von syntaktisch gleichen, semantisch aber nur für die normalen Verständigungszwecke ausreichend ähnlichen Sprachen [9]. Es gibt also eine Menge ***S*** von Sprachen von P und man kann nur für solche Sätze A behaupten, sie seien analytisch in P, die in allen Sprachen S aus ***S*** (im Sinne von (I)) analytisch sind. Das mögen aber nur wenige sein. Und wenn es auch mehr Sätze gibt, die in allen Sprachen S∈***S*** synthetisch sind, so kann sich doch zwischen der Klasse der in P eindeutig analytischen und der in P eindeutig synthetischen Sätze eine breite Schicht von Sätzen ergeben, die sich weder als unbestreitbar analytisch, noch als offensichtlich synthetisch einstufen lassen.

Adäquater als dieses Bild einer Gruppe von Präzisionssprachen, die in einer Sprachgemeinschaft P gesprochen werden, erscheint es jedoch anzunehmen, daß in P nur *eine* Sprache gesprochen wird, die allerdings keine Präzisionssprache ist, sondern in vieler Hinsicht semantisch unbestimmt oder vage.

Es stellt sich damit die Frage, wie man semantische Vagheiten präzise beschreiben kann und ob sich damit ein Begriff der Analytizität definieren läßt, der den faktischen Vagheiten der Abgrenzung Analytisch – Synthetisch Rechnung trägt.

Das Problem der Vagheit stellt sich bei der semantischen Analyse natürlicher Sprachen auch unabhängig vom Problem der Analytizität. In solchen Sprachen kommen viele Sätze und Terme vor, die semantische Unbestimmtheiten aufweisen, denen bei einer logischen Analyse Rechnung getragen werden muß, wenn man sie nicht über- oder uminterpretieren will.

Es gibt mehrere Typen sprachlicher Phänomene, bei denen wir von „Vagheiten" reden. Wir wollen insbesondere *pragmatische* und *semantische* Vagheiten unterscheiden:

---

9 Wir unterstellen hier die syntaktische Identität der Sprachen nur der Einfachheit halber. Auch hier wird man realistischerweise gewisse Divergenzen annehmen müssen.

Pragmatische Vagheiten entstehen einmal, wenn eine sprachliche Äußerung kein zureichendes Mittel zur Verwirklichung der Kommunikationsabsicht ist; wenn z.B. eine Mitteilung zu inhaltsarm ist, um dem Hörer die erforderlichen oder gewünschten Informationen zu geben; oder wenn eine Aufforderung so allgemein gehalten ist, daß der Hörer nicht weiß, was er nun konkret tun soll. Pragmatische Vagheiten entstehen zweitens, wenn der Bezug von Indexausdrücken in einer Äußerung wie „wir", „er", „dieser" aus ihrem Kontext nicht hinreichend deutlich wird.
Semantische Vagheiten sind nicht Vagheiten von Äußerungen, sondern solche von Sätzen oder Wörtern. Sie entstehen, wenn die Bedeutungen von Termen nicht eindeutig oder ausreichend festgelegt sind für alle grammatikalisch zulässigen Verwendungen. Typische Fälle semantisch vager Ausdrücke sind „offene" Prädikate, für die es Anwendungsbereiche oder Anwendungssituationen gibt, in denen genaue Kriterien dafür fehlen, ob man sie einem Gegenstand zu- oder absprechen kann.
Hinzu kommt die Vagheit grammatischer Konstruktionen, die nicht durch eigene Morpheme ausgedrückt werden.

Wir können nun mit Hilfe der partiellen Interpretation ein einfaches Modell zur Beschreibung von semantischen Vagheiten angeben.

Ist $\boldsymbol{M}=\langle U, I, \Phi\rangle$ eine partielle Interpretation von $\boldsymbol{T}$ im Sinne von D7.1-2, so definieren wir:

D7.2-1: Ein Term t heißt *wohldefiniert bzgl.* $\boldsymbol{M}$ *in* i – symbolisch $W(t, \boldsymbol{M}, i)$ –, wenn $\Phi_i(t)$ definiert ist. t heißt *wohldefiniert bzgl.* $\boldsymbol{M}$ in J ($J \subset I$) – symbolisch $W(t, \boldsymbol{M}, J)$ –, wenn gilt $\bigwedge i(i \epsilon J \supset W(t, \boldsymbol{M}, i))$.

Wir können nun sagen, daß ein Term t umso vager ist bzgl. einer Interpretation $\boldsymbol{M}$, je kleiner der Bereich der Welten i ist, in denen t wohldefiniert ist, d.h. in denen gilt $W(t, \boldsymbol{M}, i)$.

Dieser Gedanke läßt sich wie folgt präzisieren:
Wir gehen aus von einer komparativen Ähnlichkeitsrelation zwischen Welten $j \leqslant_i k$ – die Welt j ist der Welt i höchstens so ähnlich wie die Welt k – oder von einem System von Ähnlichkeitssphären $\boldsymbol{S}$ im Sinne der Definitionen D3.4-1, bzw. D3.4-3 und definieren eine komparative Relation der Vagheit für Terme $t \leqslant_i t'$ – t ist (bzgl. $\boldsymbol{M}$ und $\boldsymbol{S}$) in i höchstens so vage wie t':

D7.2-2: $t \leqslant_i t' := \bigwedge S(S \epsilon \boldsymbol{S}_i \wedge W(t', \boldsymbol{M}, S) \supset W(t, \boldsymbol{M}, S))$.

Man überzeugt sich leicht, daß diese Relation für jedes i eine schwache Ordnung ist, d.h. daß gilt $t \leqslant_i t' \vee t' \leqslant_i t$ und $t \leqslant_i t' \wedge t' \leqslant_i t'' \supset t \leqslant_i t''$ [10].

---

[10] Fußnote siehe Seite 148.

Die Rede von „Vagheit" ist nur dann angemessen, wenn die Terme t und t′ in i jedenfalls unter normalen Bedingungen wohldefiniert sind, d.h. wenn gilt $W(t, \boldsymbol{M}, \cap\boldsymbol{S}_i)$ und $W(t', \boldsymbol{M}, \cap\boldsymbol{S}_i)$.

Mit diesem Vagheitsbegriff $\leqslant_i$ erfaßt man nur einen von zwei Typen semantischer Vagheit. Diese Typen lassen sich am Beispiel des Wortes „Sessel" verdeutlichen:

Es ist das Kennzeichen vager Terme im 1. Sinn, daß es unter normalen Bedingungen hinreichend klare Gebrauchsregeln für sie gibt, daß diese Regeln unter entlegenen *Umständen* dagegen unbestimmt werden. Wir wissen, um ein Beispiel Wittgensteins anzuführen, normalerweise genau, wie wir das Wort „Sessel" zu gebrauchen haben; ob das, was da vor mir steht, ein Sessel ist oder nicht. Aber: „Wie, wenn ich hingehe und ihn holen will, und er entschwindet plötzlich meinem Blick? – Also war es kein Sessel, sondern irgend eine Täuschung. – Aber in ein paar Sekunden sehen wir ihn wieder und können ihn angreifen, etc. – Also war der Sessel doch da und sein Verschwinden war irgend eine Täuschung. – Aber nimm an, nach einer Zeit verschwindet er wieder, – oder scheint zu verschwinden. Was sollen wir nun sagen? Hast du für solche Fälle Regeln bereit, – die sagen, ob man so etwas noch „Sessel" nennen darf? Aber gehen sie uns beim Gebrauch des Wortes „Sessel" ab; und sollen wir sagen, daß wir mit diesem Wort eigentlich keine Bedeutung verbinden, da wir nicht für alle Möglichkeiten seiner Anwendung mit Regeln ausgerüstet sind?" [11]

Dieser Fall der Vagheit eines Wortes, die dadurch charakterisiert ist, daß seine Gebrauchsregeln nur für gewisse (normale) Umstände erklärt sind, ist zu unterscheiden von der Vagheit, die dadurch entsteht, daß die Anwendbarkeit eines Prädikats nach seiner Gebrauchsregel von der Ähnlichkeit der Objekte mit gewissen Standardobjekten abhängt, von typischen Gegenständen, auf die wir es gewöhnlich anwenden. M. Black hat diesen Typ von Vagheit in (49), S. 32f, durch sein fiktives Museum für Angewandte Logik verdeutlicht, in dem man in einem Raum eine Reihe von ca. 1000 Gegenständen findet, die auf der einen Seite mit einem klassischen Clubsessel beginnt, auf der anderen mit einem formlosen Holzklotz endet, und in der sich die Objekte von ihren Nachbarn kaum merklich unter-

[10] Aus $W(t', \boldsymbol{M}, S) \supset W(t, \boldsymbol{M}, S)$ und $W(t'', \boldsymbol{M}, S) \supset W(t', \boldsymbol{M}, S)$ folgt $W(t'', \boldsymbol{M}, S) \supset W(t, \boldsymbol{M}, S)$. Und gilt $t \leqslant_i t'$ nicht, so gibt es ein $S \epsilon \boldsymbol{S}_i$ mit $W(t', \boldsymbol{M}, S) \wedge \neg W(t, \boldsymbol{M}, S)$. Nach D3.4-3, 3b gilt für alle $T \epsilon \boldsymbol{S}_i$ $T \subset S$ oder $S \subset T$. Im ersteren Fall gilt $W(t', \boldsymbol{M}, T)$, im letzteren $\neg W(t, \boldsymbol{M}, T)$, in beiden Fällen also $W(t, \boldsymbol{M}, T) \supset W(t', \boldsymbol{M}, T)$.

[11] Wittgenstein (53), 80.

scheiden. Die Grenze zwischen Sesseln und Nichtsesseln in dieser Reihe läßt sich nicht genau fixieren. Das Prädikat „Sessel" ist nicht von der Art, daß es einen wohldefinierten Anwendbarkeitsbereich hätte.

Diesen zweiten Typ von Vagheit wollen wir hier nicht näher erörtern [12]. Wir können zwar durch partielle Interpretationen ausdrükken, daß es Objekte gibt, die sich nicht eindeutig als Sessel oder Nichtsessel klassifizieren lassen. Aber diese Vagheit hat erstens nichts mit dem Problem der Analytizität zu tun, das wir hier im Auge haben, und zweitens ließen sich Grade der Vagheit von Anwendungen der Prädikate nur für jedes Prädikat für sich und auf der Basis spezifischer Ähnlichkeitskriterien (wie Form-, Farb- oder Verwendungsähnlichkeit) angeben.

Bzgl. der Interpretationen von *T* definiert man im Sinne von (I)
D7.2-3: Ein Satz A ist *analytisch* bzgl. einer Interpretation Φ über I und U genau dann, wenn er gültig ist in Φ (d.h. wenn für alle $i \epsilon I$ gilt $\Phi_i(A)=w$).

Wenn wir diesen Begriff auf partielle Interpretationen übertragen, so erhalten wir zwei Analytizitäts-Begriffe:

D7.2-4: a) Ein Satz A ist bzgl. einer partiellen Interpretation Φ über I und U *analytisch i.e.S.* genau dann, wenn für alle $i \epsilon I$ gilt $\Phi_i(A)=w$.

b) A ist bzgl. Φ *analytisch i.w.S.* genau dann, wenn für alle $i \epsilon I$ gilt $\Phi_i(A) \neq f$ (d.h. $\Phi_i(A)=w$ oder $\Phi_i(A)$ ist undefiniert).

Entsprechend sagen wir

D7.2-5: a) Ein Satz A ist bzgl. einer partiellen Interpretation Φ über I und U *synthetisch i.e.S.* genau dann, wenn es Welten $i \epsilon I$ gibt mit $\Phi_i(A)=f$.

b) A ist bzgl. Φ *synthetisch i.w.S.* genau dann, wenn es Welten $i \epsilon I$ gibt mit $\Phi_i(A) \neq w$.

Sätze, die nicht analytisch i.e.S. sind, sind also synthetisch i.w.S., und solche, die nicht analytisch i.w.S. sind, sind synthetisch i.e.S. Analytische Sätze i.e.S. sind auch analytisch i.w.S., und synthetische Sätze i.e.S. sind auch synthetisch i.w.S.

Ein Satz A kann analytisch i.w.S. und zugleich synthetisch i.w.S. sein – wenn es nämlich Welten $i \epsilon I$ gibt, in denen $\Phi_i(A)$ undefiniert ist, während $\Phi_j(A)=w$ gilt für alle Welten j, in denen A definiert ist. Ein solcher Satz sagt zwar i.e.S. nichts über die Welt aus, da er

[12] Vgl. dazu Kutschera (71), 2.4.7.

in allen Welten, in denen er überhaupt eine eindeutig bestimmte Extension hat, wahr ist. Er sagt aber i.w.S. etwas über die Welt aus, nämlich daß sie zur Menge der Welten gehört, in denen A eindeutig ist.

Die analytischen Sätze i.w.S., die nicht auch analytisch i.e.S. sind, sind Sätze, die nicht in allen Welten wahr sind, sondern nur in gewissen Teilmengen von I. Wenn sie in der wirklichen Welt eine Extension haben, heißt das: sie gelten nur unter normalen, nicht aber unter beliebig entlegenen Bedingungen. Wir hatten oben gesehen, daß wohl die Mehrzahl der nicht logisch-mathematisch gültigen analytischen Sätze von dieser Art sind. Nun wird auch der Zusammenhang zwischen Bedeutungspostulaten und Annahmen über die Welt deutlich: Die Bedeutungspostulate gelten nur für Umstände, die den in unserer Welt tatsächlich obwaltenden Bedingungen hinreichend ähnlich sind.

Die analytischen Sätze i.w.S. unterscheiden sich z.B. von Naturgesetzen dadurch, daß es für diese auch Welten gibt, in denen sie eindeutig falsch sind, während das für analytische Sätze nicht vorkommen kann.

Wir können auch einen komparativen Analytizitätsbegriff einführen $A \leqslant_i B$ – A ist (bzgl. Φ und $\boldsymbol{S}$) in i höchstens so analytisch wie B – indem wir setzen:

D7.2-6 $A \leqslant_i B := \bigwedge S(S \in \boldsymbol{S}_i \wedge S \subset [A] \supset S \subset [B])$.

Dabei ist $[A] = \{ i\colon \Phi_i(A) = w \}$. $\boldsymbol{S}$ ist wieder ein System von Ähnlichkeitssphären [13].

Wir haben damit zwei Analytizitätsbegriffe – den Begriff der Analytizität i.w.S. und den der komparativen Analytizität – angegeben, die Quines Bedenken gegen den klassischen Begriff der Analytizität Rechnung tragen, ohne die Unterschiede zwischen analytischen und synthetischen Aussagen zu verwischen. Und wir haben in Form eines einfachen Modells aufgezeigt, wie Bedeutungspostulate mit Annahmen über die Welt zusammenhängen. Endlich verschwindet auch die eingangs erwähnte Schwierigkeit der Bestimmung der Menge I der möglichen Welten für die Interpretation einer natürlichen Sprache: Wir können als I immer die Menge aller logisch möglichen Welten wählen, 5-dimensionale und solche mit verheirateten Junggesellen eingeschlossen, und lassen dann für solche entlegenen Welten die

---

[13] Vgl. dazu die Definition der komparativen Möglichkeit in D3.4-4. Danach stellt $A \leqslant_i B$ eine Relation der komparativen Notwendigkeit dar.

Wörter undefiniert, deren Gebrauchskriterien auf normale Umstände zugeschnitten sind.

7.3 Pragmatische Interpretationen

Bisher haben wir uns mit der Semantik von *Ausdrücken* befaßt. Wir wollen nun auch auf die Semantik von *Äußerungen* eingehen. Derselbe Ausdruck kann vom selben Sprecher zu verschiedenen Zeiten oder von verschiedenen Sprechern zur selben Zeit geäußert werden. Äußerungen sind also konkrete Sprechakte – seien sie laut- oder schriftsprachlich –, bzw. Resultate solcher Akte, die raum-zeitlich, nach Sprecher und Hörer und nach der Situation, in die sie eingebettet sind, bestimmt sind. Ausdrücke sind dagegen Formen solcher Sprechakte, die von den genannten konkreten Bestimmungen der Äußerungen abstrahiert sind, Formen laut-, bzw. schriftsprachlicher Äußerungen. Wir verwenden die Terme „Äußerung" und „Ausdruck" hier immer für Resultate von Sprechakten, bzw. Sprechaktformen. Es sind also sprachliche Produkte, die sich wie *Vorkommnis* und *Typ*, bzw. *Element* und *Klasse* zueinander verhalten.

Eine Semantik von Äußerungen ist bei der Analyse von Natursprachen deshalb nötig, weil die Bedeutung einer Äußerung eines Ausdrucks A sich nicht immer allein aus der Bedeutung von A ergibt sondern durch die Umstände der Äußerung zusätzliche Bestimmungen erfahren kann.

Wir machen das an zwei Phänomenen deutlich:

1. Wörter wie „ich", „du", „dieser", „hier", „jetzt", „morgen" usw., die erst durch den pragmatischen Kontext ihrer Äußerung einen bestimmten Bezug erhalten, nennt man nach Y.Bar-Hillel *Indexausdrücke* (*indexical expressions*). „Ich" bezeichnet den jeweiligen Sprecher, „du" den jeweils Angesprochenen, „jetzt" den Moment der Äußerung, usw. Kommen solche Ausdrücke in einer Aussage vor, so hängen deren Extension und Intension von Parametern ab, die in der Aussage selbst nicht vorkommen und die sich auf die Umstände einer Äußerung dieser Aussage (auf Sprecher, Angesprochenen, Zeitpunkt, Ort etc.) beziehen. Eine Aussage wie „Ich habe dich gestern hier gesehen" hat also z.B. keinen bestimmten Wahrheitswert. Einen Wahrheitswert hat erst eine Äußerung dieses Satzes, bei der die Bezüge der Indexausdrücke festliegen.

Eine entsprechende Funktion haben auch Verbalendungen, die Person und Zeit wie Indexausdrücke angeben.

2. Wie der intendierte Sinn eines mehrdeutigen Wortes durch den

sprachlichen Kontext bestimmt werden kann („Er öffnet das Schloß" – „Er bewohnt das Schloß"), kann er auch durch den pragmatischen Kontext der Äußerung, durch ihre Umstände, bestimmt werden („Dieses Schloß ist sehr alt"). Eine Determination einer Wortbedeutung durch die Umstände der Äußerung ergibt sich aber nicht nur bei mehrdeutigen Wörtern. Wenn z.B. jemand, der eine Hecke schneiden will, zu mir sagt: „Ich brauche eine Schere", so ist aus dem pragmatischen Kontext klar, welche Art von Schere hier gemeint ist; in diesem Kontext sind die Äußerungen „Ich brauche eine Schere" und „Ich brauche eine Heckenschere" gleichbedeutend, während eine generelle Synonymie der entsprechenden Sätze nicht besteht [14]. Auch die Verwendung von „holen", bzw. „bringen", oder „kommen", bzw. „gehen", richtet sich nach den Umständen der Äußerung, dem Ort, an dem sich der Sprecher befindet.

Nach Montague kann man die relevanten pragmatischen Parameter einer Äußerung in einem Index j zusammenfassen (j ist also ein n-tupel von Parametern), dem *Bezugspunkt* (*point of reference*) der Äußerung. Die Menge dieser Bezugspunkte sei J. Ein Index j wird sicher eine Bestimmung für den (oder die) Sprecher, den (oder die) Hörer, den Zeitpunkt und den Ort der Äußerung enthalten müssen; aber auch Bestimmungen der durch Indexausdrücke wie „dieses" oder „jenes" besprochenen Objekte oder für die durch den pragmatischen Kontext ausgezeichneten Bezüge von Kennzeichnungstermen wie „Dieser Mann" etc. Es genügt aber im Prinzip, Ort und Zeit der Äußerung in j zu fixieren, da daraus und aus der Welt i, in der die Äußerung stattfindet, sich alle übrigen Bestimmungen ergeben. Für die folgenden formalen Definitionen können wir es jedoch offen lassen, welche Bestimmungen die Bezugspunkte j enthalten.

Man kann nun entweder nach Y.Bar-Hillel Äußerungen als Paare $\langle A, j\rangle$ eines Ausdrucks A und eines Index j auffassen und solchen Paaren Extensionen und Intensionen zuordnen; oder man nimmt den Parameter j als zusätzliches Argument in die Interpretation Φ von Ausdrücken auf. Beide Ansätze sind gleichwertig.

Wir definieren:

D7.3-1: Eine *pragmatische intensionale Interpretation* von ***T*** über U, I und der (nichtleeren) Indexmenge J ist eine dreistellige Funktion $\Phi_{i,j}(a)$, die für alle $j\epsilon J$ die Bedingungen von D6.3-2 erfüllt.

$\Phi_{i,j}(a)$ ist die *Extension der Äußerung* $\langle A, j\rangle$ in der Welt i; $\lambda i\Phi_{i,j}(A)$ ist die *Intension der Äußerung* $\langle A, j\rangle$; $\lambda j\Phi_{i,j}(A)$ ist die *Ex-*

[14] Vgl. dazu auch Kutschera (71), 2.4.3.

tension des Ausdrucks A in der Welt i; und $\lambda ji\Phi_{i,j}(a)$ ist die *Intension des Ausdrucks* A.

Indexausdrücke und indexabhängige Ausdrücke bzgl. einer Interpretation Φ sind Terme a, für die es Welten $i\epsilon I$ und Indices $j, j'\epsilon J$ gibt mit $\Phi_{i,j}(a) \neq \Phi_{i,j'}(a)$.

Es scheint nicht sinnvoll zu sein, in Analogie zu μ einen Operator ω in *T* aufzunehmen, für den gelten würde $\Phi_{i,j}(\omega(A)) = \lambda j\Phi_{i,j}(a)$; denn die Indexausdrücke haben in jedem Kontext einen konstanten Bezug. Wenn z.B. Kurt den von Hans an Fritz adressierten Satz „Ich bewundere dich" dem Max in indirekter Rede mitteilen will, so sagt er nicht: „Hans sagte, wie ich hörte, zu Fritz, daß *ich dich bewundere*", sondern er wird sagen: „Hans sagte, wie *ich* hörte, zu Fritz, daß *er ihn bewundere*". Aus diesem Grund ist es auch nicht zweckmäßig, die Indices i aus I und j aus J in einen zusammenzufassen, da man sonst mit dem Operator μ auch von den Bezugspunkten abstrahieren würde.

Der *Erfüllungsbegriff* für pragmatische Interpretationen wird wie für Interpretationen definiert, und wir sagen, daß eine Interpretation Φ eine Äußerung $\langle A, j\rangle$ (wobei A ein Satz ist) in i erfüllt, wenn gilt $\Phi_{i,j}(A)=w$.

Man kann mit Montague auch Folgebeziehungen für Äußerungen definieren:

D7.3-2: Die Folgebeziehung $\langle A_1, j_1\rangle, \ldots, \langle A_n, j_n\rangle \rightarrow \langle B, j\rangle$, in der $A_1, \ldots, A_n$, B Sätze seien und $j_1, \ldots, j_n$, j Indices aus J, ist *gültig*, wenn für alle $i\epsilon I$ und alle pragmatischen Interpretationen Φ gilt: Erfüllt Φ alle Äußerungen $\langle A_k, j_k\rangle$ (k=1, . . . , n) in i, so erfüllt Φ auch die Äußerung $\langle B, j\rangle$ in i.

Mit solchen Folgebeziehungen kann man z.B. darstellen, daß aus der Äußerung von Hans zu Eva „Ich liebe dich" die Äußerung in der gleichen Situation von Eva gegenüber Hans „Du liebst mich" logisch folgt.

Um diesen Ansatz zur Interpretation von Äußerungen noch etwas besser zu verdeutlichen, gehen wir kurz auf die Darstellung von Zeitangaben ein. Natürliche Sprachen enthalten sowohl Indexausdrükke (wie „heute", „letztes Jahr") als auch Eigennamen (wie „am 2.2.1975", „im Jahr 3. v. Chr.") für Zeitmomente oder -intervalle, sowie zeitliche Funktoren (wie „immer", „während", „bevor"). Aus Gründen der Einfachheit verzichten wir auf Eigennamen für Zeitpunkte oder -intervalle und betrachten nur temporale Indexausdrükke, so daß die $j\epsilon J$ Zeitmomente sind. Auf J sei eine Relation $j \leqslant k$ – j ist nicht später als k – definiert. $\Phi_{i,j}(A)=w$ gilt dann, wenn der

Satz A im Zeitpunkt j seiner Äußerung wahr ist; d.h. wenn die Äußerung $\langle A, j\rangle$ wahr ist.

Wir können Zeitoperatoren der Kategorie $\sigma(\sigma)$ z.B. definieren durch

a) $\Phi_{i,j}(T_{\leqslant}(A))=w \equiv \bigwedge k(k \leqslant j \supset \Phi_{i,k}(A)=w)$ – $T_{\leqslant}(A)$ besagt also soviel wie „Bisher war es der Fall, daß A".

b) $\Phi_{i,j}(T_{\geqslant}(A)=w \equiv \bigwedge k(j \leqslant k \supset \Phi_{i,k}(A)=w)$ – „Von nun an ist es der Fall, daß A"

c) $\Phi_{i,j}(T_{v}(A))=w \equiv \bigvee k(k<j \wedge \Phi_{i,k}(A)=w)$ – „Es war der Fall, daß A"

d) $\Phi_{i,j}(T_{z}(A))=w \equiv \bigvee k(j<k \wedge \Phi_{i,k}(A)=w)$ – „Es wird der Fall sein, daß A".

e) $\Phi_{i,j}(T_{p}(A))=w \equiv \bigwedge j(\Phi_{i,j}(A)=w)$ – „Es ist immer der Fall, daß A".

Zeitoperatoren der Kategorie $\sigma(\sigma,\sigma)$ werden z.B. definiert durch

f) $\Phi_{i,j}(T_{vv}(A, B))=w \equiv \bigvee kl(l<k<j \wedge \Phi_{i,l}(A) = \Phi_{i,k}(B)=w \wedge \bigwedge l'(l' \leqslant k \supset \Phi_{i,l'}(B)=f))$ – „Bevor es der Fall war, daß B, war es der Fall, daß A".

g) $\Phi_{i,j}(T_{w}(A, B))=w \equiv \bigvee k(k \epsilon \{j' : j'<j \wedge \Phi_{i,j'}(B)=w\} \wedge \Phi_{i,k}(A)= \Phi_{i,k}(A)=w)$ – „Während es der Fall war, daß B, war es der Fall, daß A".

Ebenso, wie man mit den Indices j auf nichtsprachliche Äußerungssituationen Bezug nimmt, kann man auch Indices einführen, mit denen auf den sprachlichen Kontext eines Ausdrucks Bezug genommen wird. In der Umgangssprache gibt es, wie wir schon oben betont haben, Mehrdeutigkeiten, die durch den sprachlichen Kontext aufgelöst werden, d.h. derselbe Ausdruck kann in verschiedenen Kontexten verschiedenes bedeuten.

Es sei K eine Menge von Indices, die den Termen von ***T*** eineindeutig zugeordnet sind; k(A) sei der Index des Terms A. Dann kann man Φ auch vom Index $k \epsilon K$ abhängen lassen. $\Phi_{i,k(A)}(b)$ ist dann die Extension von b im Kontext A in der Welt i, $\Phi_{i,k(A)}(A)$ ist die Extension von A in i und $\lambda i \Phi_{i,k(A)}(A)$ die Intension von A.

Mit einem solchen Ansatz kann man z.B. darstellen, daß ein Term b im Kontext F(b) eine andere Intension hat als im Kontext G(b), bzw. daß F im Kontext F(b) eine andere Bedeutung hat als im Kontext F(c), und kann so Mehrdeutigkeiten Rechnung tragen.

7.4 Bedeutungen

Bei der Einführung der Intensionen im Abschnitt 2.3 wurde betont, daß der Intensionsbegriff nur eine erste Näherung zur Präzisierung des Bedeutungsbegriffs ist. Daß dieser sehr viel enger ist als jener, ergibt sich z.B. daraus, daß alle logisch äquivalenten Sätze dieselbe Intension, aber nicht immer dieselbe Bedeutung haben. Insbesondere kann man nicht sagen, daß alle logisch wahren Sätze dieselbe Bedeutung hätten.

Die Frage ist also, wie man den Rahmen der intensionalen Semantik so erweitern kann, daß sich darin auch ein Bedeutungsbegriff charakterisieren läßt, der enger ist als der Intensionsbegriff. S. Kripke hat vorgeschlagen, dazu die Menge der möglichen Welten I so zu erweitern, daß auch logisch anomale Welten zugelassen werden, die zwar logisch unmöglich sind, aber von logisch nicht perfekten Personen als möglich angesehen werden. Da es aber keine Grenze für die möglichen logischen Inkompetenzen möglicher Personen gibt, ist dieses Vorgehen wenig attraktiv. Es läuft auch einfach darauf hinaus, die Interpretation der logischen Operatoren so zu ändern, daß die üblichen Wahrheitsbedingungen nicht in allen Welten aus I gelten. Dafür ist aber kein intuitiv überzeugender Grund ersichtlich.

Intuitiv überzeugender ist der Vorschlag Carnaps in (47), zwei Ausdrücke genau dann als bedeutungsgleich anzusehen, wenn sie in derselben syntaktischen Weise mit intensional äquivalenten Konstanten aufgebaut sind [15].

Den Begriff der syntaktischen Struktur können wir so definieren: $*_1^\tau, *_2^\tau, \ldots$ seien für jede Kategorie τ verschiedene Symbole, die nicht zum Alphabet von ***T*** gehören. Ist $A[*_1^{\tau_1}, \ldots, *_n^{\tau_n}]$ eine endliche Folge von Grundzeichen von ***T*** und dem Symbolen $*_1^{\tau_1}, \ldots, *_n^{\tau_n}$, so soll $A[b_1^{\tau_1}, \ldots, b_n^{\tau_n}]$ derjenige Ausdruck sein, der aus $A[*_1^{\tau_1}, \ldots, *_n^{\tau_n}]$ durch Ersetzung aller Vorkommnisse von $*_1^{\tau_i}$ durch solche von $b_1^{\tau_i}$ $(i=1, \ldots, n)$ entsteht. Diese Schreibweise stellt also eine Verallgemeinerung der bisher verwendeten Notation A[b] dar, die in 1.1 eingeführt wurde.

Stimmen zwei Terme A und B bis höchstens auf Umbenennungen von Variablen überein, so deuten wir das durch die Schreibweise $A \approx B$ an.

---

15 Carnap spricht dann von einer *intensionalen Isomorphie*. Diesen Ansatz macht auch D. Lewis in (70).

Wir sagen nun, daß zwei Terme A und B *strukturgleich* sind genau dann, wenn es einen Ausdruck $C[*_1, \ldots, *_n]$ gibt, der keine Konstanten enthält, und Konstanten $a_1, \ldots, a_n$ und $b_1, \ldots, b_n$, so daß gilt $A \approx C[a_1, \ldots, a_n]$ und $B \approx C[b_1, \ldots, b_n]$. Wir nennen dann auch den Term A *bzgl. der Konstanten* a_k *strukturgleich* mit dem Tern B *bzgl. der Konstanten* b_k (k=1, ..., n). Die *syntaktische Struktur* der Terme A und B wird durch einen Ausdruck $C[*_1, \ldots, *_n]$ mit den angegebenen Eigenschaften repräsentiert.

Wir verwenden die am Ende des vorigen Abschnitts eingeführten Kontextparameter und erweitern die Sprache ***T*** um Konstanten η^τ der Kategorie $\iota(\tau)(\iota(\tau))$, für die gelten soll $\Phi_{i,k}(\eta(A)) = \Phi_{i,k(A)}(A)$. Wenn also z.B. für einen Satzoperator F der Kategorie $\sigma(\iota(\sigma))$ der Wahrheitswert von $F(\mu A)$ von der Bedeutung von A abhängen soll, so schreiben wir $F(\eta\mu A)$.

Wir bezeichnen $\lambda i \Phi_{i,k(a)}(a)$ als *Grundintension* der Konstanten a, und $\lambda i \Phi_{i,k(A)}(A)$ als *Bedeutung* des Terms A. Es liegt nahe, zu fordern, daß $\Phi_{i,k(A)}(a) = \Phi_{i,k(a)}(a)$ für alle $i \epsilon I$ gilt, wenn die Konstante a nicht in A vorkommt. Um nun die Bedeutungen im Sinn Carnaps festzulegen, fordern wir

1) Gilt $\Phi_{i,k(a)}(a) = \Phi_{i,k(b)}(b)$ für alle $i \epsilon I$, so gilt für alle $i \epsilon I$ auch $\Phi_{i,k(A)}(a) = \Phi_{i,k(B)}(b)$, falls A bzgl. a strukturgleich ist mit B bzgl. b.

Konstanten mit gleichen Grundintensionen sollen also in allen strukturgleichen Kontexten dieselbe Intension haben.

Daraus folgt dann der Satz:

T7.4-1: Die Bedeutung eines Terms hängt nur von seiner syntaktischen Struktur und den Grundintensionen der in ihm vorkommenden Konstanten ab.

Denn wenn zwei Terme $A = C[a_1, \ldots, a_n]$ und $B = C[b_1, \ldots, b_n]$ dieselbe Struktur haben, so hängt $\Phi_{i,k}(A)$ nur von $\lambda i \Phi_{i,k}(a_j)$ (j=1, ... n) ab, falls η in A nicht vorkommt. Gilt also $\Phi_{i,k(a_j)}(a_j) = \Phi_{i,k(b_j)}(b_j)$ für alle i und j, so gilt nach (1) auch $\Phi_{i,k(A)}(a_j) = \Phi_{i,k(B)}(b_j)$, also $\Phi_{i,k(A)}(A) = \Phi_{i,k(B)}(B)$ für alle $i \epsilon I$. Ist der Satz schon bewiesen für alle strukturgleichen Terme, in denen η höchstens r mal vorkommt, so gilt er auch für solche Terme, in denen η r+1 mal vorkommt. Denn $\Phi_{i,k}(\eta A) = \Phi_{i,k(A)}(A) = \Phi_{i,k(B)}(B) = \Phi_{i,k}(\eta B)$.

Der Carnapsche Bedeutungsbegriff ist sicherlich hinreichend eng. Für viele Fälle, in denen wir von Bedeutungsgleichheit sprechen, ist er tatsächlich *zu* eng, aber das ist kein Einwand gegen seine Brauchbarkeit. Wenn ein Funktor zwei in unserem Sinn bedeutungsverschiedenen Argumenten denselben Wert zuordnet, wenn sein Wert z.B. invariant ist gegenüber gewissen grammatischen Transformationen der syntaktischen Struktur der Argumente, so läßt sich immer eine entsprechende Interpretation des Funktors im Rahmen der Bedeutungssemantik angeben.

7.5 Performative Modi

Die intensionale Semantik ist zunächst eine Semantik für Behauptungssätze, da sie den Sätzen Wahrheitswerte zuordnet. In natürlichen Sprachen kommen aber auch andere Satztypen vor: Fragen, Befehle, Warnungen, Empfehlungen, Begrüßungen, Bestätigungen, Vermutungen, Wünsche, Versprechungen, Einwände, Glückwünsche, Bitten, Anleitungen, Entschuldigungen usw. Äußerungen solcher Sätze sind nicht wahr oder falsch – es sei denn in einem indirekten oder übertragenen Sinn –, sondern mit ihnen vollziehen wir Handlungen. Auf die Mannigfaltigkeit solcher Redetypen hat vor allem J.L. Austin in seiner Theorie der *Sprechakte* hingewiesen [16].

Man kann jedoch auch solche Typen von Äußerungen in einer Sprache wie ***T*** auf dem Umweg über ihre Beschreibungen interpretieren. Dazu bringen wir in einem ersten Schritt die Äußerungen auf ihre *explizit-performative Normalform.* Sie läßt sich am besten durch Beispiele erläutern:
Die Äußerungen:

a) *Der Mond hat keine Atmosphäre.*
b) *Schließe die Tür!*
c) *Ist Fritz gekommen?*

werden in die Form gebracht:

a′) *Ich behaupte (dir gegenüber), daß der Mond keine Atmosphäre hat.*
b′) *Ich befehle dir, daß du die Tür schließt!*
c′) *Ich frage dich, ob Fritz gekommen ist.*

D.h. es wird durch ein Prädikat (*behaupten, befehlen, fragen*) der *performative Modus* des Satzes explizit gemacht, und Sprecher und Hörer werden durch Indexausdrücke bezeichnet.

Man kann dann in einem zweiten Schritt die Äußerungen (a′) bis (c′) beschreiben, indem man Namen a und b für Sprecher und Hörer verwendet. Dann lauten die Beschreibungen so

a″) *a behauptet (b gegenüber), daß der Mond keine Atmosphäre hat*

[16] Vgl. dazu z.B. Austin (62) und Searle (69), sowie die Darstellung in Kutschera (71), 2.4.5. – Zur folgenden Behandlung von performativ charakterisierten Äußerungen und Sätzen vgl. auch D. Lewis (70).

b″) *a befiehlt b, daß b die Tür schließt*

c″) *a fragt b, ob Fritz gekommen ist.*

Diese *performativen Beschreibungen* der Äußerungen (a) bis (c) sind Aussagesätze. Wir können sie symbolisch in der Form P(a, b, A) schreiben, wo P, der *performative Operator,* den performativen Modus der beschriebenen Äußerung angibt und A ein Aussagesatz ist, das sog. *Äußerungsradikal* der Äußerung.

Mit der Bedeutung einer solchen performativen Beschreibung einer Äußerung liegt auch deren Bedeutung fest. Wenn Hans zu Fritz sagt „Schließe die Tür!" und ein Zuhörer fragt nach der Bedeutung dieser Äußerung, so wird man ihm sagen, daß Hans Fritz befiehlt, die Tür zu schließen. Man gibt also die Bedeutung der Äußerung durch eine performative Beschreibung an. Wir können daher die Bedeutung der Äußerung mit der Bedeutung ihrer Beschreibung identifizieren, d.h. mit der Bedeutung eines Aussagesatzes, so wie wir sie bisher festgelegt haben.

Dabei ist es wichtig, zwischen der Bedeutung des Äußerungsradikals einer Äußerung und ihrer eigenen Bedeutung zu unterscheiden: (a) hat nicht dieselbe Bedeutung wie (a″), denn (a) kann wahr, (a″) aber falsch sein, oder umgekehrt.
Die intensionale Semantik stellt sich so als eine Semantik performativ nicht charakterisierter Äußerungsradikale dar, in deren Rahmen sich in der angegebenen Weise Äußerungen auch performativ interpretieren lassen.

Performative Beschreibungen von *Sätzen* werden durch Prädikate gegeben wie z.B. „Jemand befehlen, daß er die Tür schließt". Ist P(a, b, A) also die performative Beschreibung einer Äußerung eines Satzes B, so ist $\lambda xyP(x, y, A)$ oder kurz P(A) die performative Beschreibung von B. A stellt dann das *Satzradikal* dar.

Man beachte, daß der performative Modus einer Äußerung eines Satzes B vom Kontext der Äußerung abhängen kann. Dem kann man aber durch die Verwendung von Bezugspunkten im Sinne von 7.3 Rechnung tragen, so daß $\lambda i\Phi_{i,j}(P)$ für verschiedene j verschieden sein kann.

Es ist also durch einen einfachen Kunstgriff möglich, auch andere Satztypen als Behauptungssätze im Rahmen der intensionalen Semantik zu interpretieren. In diesem Fall bedarf es daher keiner Erweiterung des Interpretationsbegriffs von *T*. Die performativen Operatoren werden im Rahmen der Semantik von *T* wie andere Verben, d.h. wie deskriptive Konstanten interpretiert.

8 Intensionale Semantik und natürliche Sprachen

8.1 Universale und logische Grammatik

Das hauptsächliche Anwendungsgebiet der intensionalen Semantik ist bisher die „philosophische Logik", d.h. die logische Analyse einzelner nicht-extensionaler deskriptiver Ausdrücke, in der Wahrheitsbedingungen für Sätze mit solchen Ausdrücken angegeben und damit auch Folgebeziehungen zwischen solchen Sätzen ausgezeichnet werden. Daher liegt auch der Schwerpunkt dieser „Einführung" auf Beispielen solcher Anwendungen, wie sie in den Kapiteln 2 bis 5 dargestellt wurden.

Es war jedoch das Ziel, insbesondere von R. Montague, bei der Entwicklung der intensionalen Semantik einer typenlogischen Sprache, einen allgemeinen semantischen Rahmen für solche Analysen anzugeben, und damit eine Logiksprache zu entwickeln, die auch hinreichend ausdrucksstark sein sollte zur Analyse nicht nur einzelner Ausdrücke, sondern ganzer natürlicher Sprachen. Die typenlogische Semantik sollte danach die Rolle einer *universalen Grammatik* übernehmen.

Die Idee einer universalen Grammatik hat in der Linguistik wie in der Philosophie eine lange Tradition. So sagte z.B. schon Roger Bacon, daß die Grammatik für alle Sprachen im wesentlichen die gleiche sei, wenn sie auch akzidentellen Variationen unterliegen könne: „Grammatica una et eadem est secundum substantiam in omnibus linguis, licet accidentaliter varietur." [1]

Es ist also Aufgabe der universalen Grammatik, diese allgemeinen Konstanten der verschiedenen natürlichen Sprachen herauszuarbeiten und ein System allgemeiner grammatikaler Kategorien und Zusammenhänge zu entwickeln, in denen sich die einzelnen Sprachen darstellen und analysieren lassen. Der Gedanke, daß eine solche universale Grammatik sich nicht als ein empirisch zu ermittelnder gemeinsamer Nenner aller vorkommenden Sprachen ergibt, sondern als eine *rationale* oder *apriorische* Grammatik konstruiert werden muß und damit als eine universale Grammatik aller *möglichen* Sprachen, ist

---

[1] Vgl. „Grammatica Graeca", hrsg. von E. Charles, Oxford 1869, S. 278.

ebenfalls schon alt, So gaben z.B. A. Arnauld und C. Lancelot ihrer sog. „Logik von Port Royal" von 1660 den Titel „Grammaire générale et raisonnée". Die traditionelle Logik war jedoch viel zu ausdrucksarm, um einen solchen Anspruch einlösen zu können, und dasselbe galt für die symbolische Logik bis hin zu den Arbeiten von S. Kripke, die eine rein extensionale Logik war und damit ungeeignet zur Analyse der vielen nichtextensionalen Kontexte, wie sie in natürlichen Sprachen vorkommen. Die Entwicklung einer intensionalen Typenlogik gibt jedoch Anlaß, die Frage erneut zu prüfen, ob nicht die logische Syntax und Semantik die Rolle einer universalen Grammatik übernehmen kann.

R. Montague hat dazu in (70) folgende Gedanken entwickelt. Er definiert:

D8.1-1: Eine *desambiguierte* Sprache ***S*** ist ein Quintupel $\langle A, F_i, K_j, S, j_0 \rangle_{i \in I, j \in J}$ (wobei A die (nichtleere) Menge der Ausdrücke von ***S*** ist, die $F_i (i \in I)$ die syntaktischen Operationen, K_j $(j \in J)$ die Menge der Grundausdrücke der syntaktischen Kategorie j, S die Menge der syntaktischen Regeln von ***S***, und j_0 die Kategorie der Behauptungssätze), so daß gilt:

a) Die Operationen F_i erzeugen aus Ausdrücken der Menge A wieder Ausdrücke der Menge A.

b) A ist die kleinste Menge, die alle K_j enthält und abgeschlossen ist bzgl. aller Operationen F_i.

c) Für alle $i \in I$ und $j \in J$ sind K_j und der Wertebereich von F_i disjunkt.

d) Für alle i, $i' \in I$ und alle Argument-n-tupel a, bzw. a' im Definitionsbereich von F_i, bzw. $F_{i'}$, gilt: $F_i(a)=F_{i'}(a') \supset i=i' \wedge a=a'$.

e) S ist eine Menge von Folgen der Gestalt $\langle F_i, \langle j_1, \ldots, j_n \rangle, j \rangle$. Dabei sei n die Stellenzahl der Operation F_i, $i \in I$ und $j_1, \ldots, j_n, j \in J$.

f) $j_0 \in J$.

Es stellt also $K = \bigcup_{j \in J} K_j$ das *Grundvokabular* der Sprache ***S*** dar, aus dem mithilfe der Operationen F_i die Menge der Ausdrücke von ***S*** erzeugt wird (a, b). Danach ist es möglich, daß ein Grundausdruck verschiedenen Kategorien angehört, wie das in natürlichen Sprachen oft vorkommt; so ist z.B. „murder" sowohl ein Substantiv wie ein Verb. Nach (c) erzeugen die Operationen F_i keine Grundausdrücke, sondern nur zusammengesetzte Ausdrücke. Eine desambiguierte Sprache ist eine solche, in der jeder zusammengesetzte Ausdruck sich eindeutig in Teilausdrücken analysieren läßt. Daher fordert (d), daß sich derselbe Ausdruck nicht mit verschiedenen Operationen aus verschiedenen Argumenten erzeugen läßt. Die syntaktischen Regeln sind nach (e) syntaktische Operationen, die dem Ergebnis in Abhängigkeit von den Kategorien der Argumente eine Kategorie zuordnen. Daher lassen sich die Mengen C_j *wohlgeformter Ausdrücke der Kategorie* $j \epsilon J$ so definieren:

D8.1-2: Die C_j ($j \epsilon J$) sind die kleinsten Mengen, für die gilt:

a) $K_j \subset C_j \subset A$,

b) $F_i(a_1, \ldots, a_n) \epsilon C_j$, wenn $\langle F_i, \langle j_1, \ldots, j_n \rangle, j \rangle \epsilon S$ und $a_r \epsilon C_{j_r}$ für $1 \leqslant r \leqslant n$.

$C = \bigcup_{j \epsilon J} C_j$ ist die *Menge der wohlgeformten Ausdrücke* von ***S***.

Eine desambiguierte Sprache ist z.B. die typenlogische Sprache ***T***. Beim Aufbau von ***T*** haben wir die Menge der Kategorien J in D6.1-1 definiert. Die Mengen K_j (statt „j" haben wir dort den Index „τ" verwendet) enthalten die Konstanten der Kategorie j. Anstelle der syntaktischen Operationen wurden in D6.1-2 direkt syntaktische Regeln formuliert. Die entsprechenden Operationen ergeben sich aus den Bedingungen (b) bis (f) dort, wenn wir die kategorialen Restriktionen weglassen. Dann erhalten wir fünf syntaktische Operationen; F_1 erzeugt aus zwei Ausdrücken a und b den Ausdruck a(b), etc.

D8.1-3: Die *Sprache* ***S*** ist ein Paar $\langle S', R \rangle$, wo ***S'*** eine desambiguierte Sprache und R eine zweistellige Relation ist mit dem Vorbereich A (der Ausdrucksmenge von ***S'***).

R bezeichnet man auch als *analysierende Relation.* Das ist so zu verstehen, daß der Nachbereich von R die Menge der Ausdrücke von ***S*** sein soll; der Nachbereich von R, (im Vorbereich) beschränkt auf C_j, ist die Menge der wohlgeformten Ausdrücke von ***S*** dieser Kategorie; die Vereinigung dieser Mengen ist dann die Menge der wohlgeformten Ausdrücke von ***S***. Ein wohlgeformter Ausdruck Z von ***S*** ist *syntaktisch mehrdeutig* genau dann, wenn es mindestens zwei Ausdrücke X und Y von ***S'*** aus C gibt mit R(X, Z) und R(Y, Z).

D8.1-4: Eine *Interpretation* einer desambiguierten Sprache $S = \langle A, F_i, K_j, S, j_0 \rangle_{i \epsilon I, j \epsilon J}$ ist ein System $\langle B, G_i, f \rangle_{i \epsilon I}$, für das gilt:

a) Die G_i ($i \epsilon I$) sind Operationen, die gleichstellig sind mit den F_i, die auf B definiert sind, und deren Wertebereich B ist.

b) f ist eine Funktion auf $\bigcup_{j \epsilon J} K_j$ mit dem Wertebereich B.

B ist dabei die Menge der Bedeutungen. Die G_i sind semantische Operationen, die den syntaktischen Operationen F_i entsprechen; d.h. sie ordnen den Ausdrücken $F_i(a_1, \ldots, a_n)$ Bedeutungen in Abhängigkeit von den Bedeutungen der $a_1, \ldots, a_n$ zu. Und f ist eine Funktion, die den Grundausdrücken von ***S*** Bedeutungen zuordnet.

Wenn wir wieder auf ***T*** blicken, so läßt sich B unter Bezugnahme auf D6.2-1 und D6.3-1 als Menge $\bigcup_{T} E_T$ bestimmen. Nach D6.3-2 entspricht jeder syntaktischen Operation zur Bildung wohlgeformter Ausdrücke von ***T*** eine semantische Operation zur Bestimmung der Bedeutung der zusammengesetzten Ausdrücke aus der Bedeutung ihrer Teilausdrücke [2]. Und in D6.3-2, a wird eine Zuordnung von Bedeutungen zu den Grundausdrücken (den Konstanten) von ***T*** angegeben.

Durch eine Interpretation wird eine eindeutige Zuordnung g von Bedeutungen zu allen (wohlgeformten) Ausdrücken von ***S*** definiert, die auf K mit f übereinstimmt.

Für beliebige Sprachen $S=\langle S', R\rangle$ wird eine Interpretation über eine solche für S' definiert, so daß ein Ausdruck Y von ***S*** genau dann die Bedeutung b hat, wenn es ein $X \in S'$ mit R(X, Y) gibt, so daß b die Bedeutung von X ist. Während alle Ausdrücke einer desambiguierten Sprache genau eine Bedeutung haben, kann ein strukturell mehrdeutiger Ausdruck von ***S*** mehrere Bedeutungen haben.

Die Idee einer universalen Grammatik läßt sich dann in der These ausdrücken:

I) Jede Sprache ***S*** läßt sich in der in D8.1-3 angegebenen Weise darstellen.

Diese These liefert zunächst eine Abgrenzung des Begriffs der „möglichen Sprache". Wenn es darüber hinaus gelingt, Mengen von Kategorien, von syntaktischen Operationen und von möglichen Bedeutungen anzugeben, die allen Sprachen gemeinsam sind, so kann man von einer „universalen Grammatik" in einem engeren und präziseren Sinn des Wortes sprechen.

Diese These könnte man wie folgt begründen: Jede Sprache ***S*** enthält ein wohlbestimmtes Grundvokabular und bestimmte syntaktische Operationen, mit denen sich alle (wohlgeformten) Ausdrücke von ***S*** aus dem Grundvokabular erzeugen lassen. Andernfalls wäre sie syntaktisch nicht wohldefiniert. Ferner lassen sich die wohlgeformten Ausdrücke kategorial so klassifizieren, daß die Anwendung der gleichen syntaktischen Operation auf wohlgeformte Ausdrücke

---

2 Man könnte in D8 1-4 auch nur den im Sinne der syntaktischen Regeln von ***S*** restringierten syntaktischen Operationen F_i von S_i semantische Operationen G_i entsprechen lassen.

gewisser Kategorien immer Ausdrücke einer bestimmten Kategorie ergibt. Dazu kann man z.B. im Sinne von Y.Bar-Hillel u.a. die sog. *Substitutionskategorien* von ***S*** ermitteln, die sich so definieren lassen [3]: Zwei Ausdrücke X und Y von ***S*** heißen genau dann *isogen,* wenn für jeden Satz A[X] gilt: Ist A[X] wohlgeformt in ***S***, so auch A[Y], und umgekehrt. Dann entsprechen den Äquivalenzklassen bzgl. dieser Relation „isogen" eindeutig die Kategorien von ***S***. Syntaktisch mehrdeutige Ausdrücke ergeben sich nur dann, wenn derselbe Ausdruck mit zwei syntaktischen Operationen aus verschiedenen Argumenten erzeugt werden kann. Um das zu vermeiden, kann man z.B. mit Hilfe von Klammern den Aufbau der Ausdrücke eindeutig machen und so zu einer desambiguierten Sprache ***S'*** über demselben Grundvokabular, mit denselben Kategorien und analogen syntaktischen Operationen und Regeln übergehen; bzgl. ***S'*** läßt sich dann auch eine analysierende Relation für ***S*** angeben.

Zu jeder interpretierten Sprache ***S*** gibt es ferner eine Menge B von Bedeutungen ihrer Ausdrücke. Die Bedeutung eines komplexen Ausdruckes X ergibt sich dabei aus der Bedeutung der Grundausdrücke, die in X vorkommen, sowie aus der Art und Weise, wie sie in X syntaktisch zusammengesetzt sind. D.h. es muß sich eine Zuordnung f von Bedeutungen aus B zu den Grundausdrücken von ***S*** angeben lassen, und den syntaktischen Operationen (oder Regeln) von ***S*** müssen semantische Operationen entsprechen. Sind gewisse Grundausdrücke von ***S*** mehrdeutig, so lassen sich ihnen in ***S'*** mehrere eindeutige Grundausdrücke zuordnen. Da ein Ausdruck X nur dann mehrdeutig ist, wenn er mehrdeutige Grundausdrücke enthält oder wenn er syntaktisch mehrdeutig ist, so lassen sich dann den Ausdrücken von ***S'*** eindeutig Bedeutungen aus B so zuordnen, daß für R(X, Y) die Bedeutung von X eine mögliche Bedeutung von Y ist.

Zur *Kritik* dieser These ist jedoch anzumerken:
1. Der Begriff des wohlgeformten Ausdrucks ist für natürliche Sprachen kein scharfer klassifikatorischer Begriff. Es gibt Grade der Grammatizität von Sätzen einer natürlichen Sprache, die syntaktischen Regeln gelten mehr oder minder streng, sie lassen sich (in Grenzen) neuen Zwecken anpassen. Das ist ein Aspekt der *Plastizität* natürlicher Sprachen: sie sind nicht nur diachronisch variabel, d.h. in ihrer geschichtlichen Entwicklung, sondern auch synchronisch gesehen, so wie sie sich in einem bestimmten Zeitpunkt darstellen.

---

[3] Vgl. Bar-Hillel (50).

2. Entsprechendes gilt für die Semantik natürlicher Sprachen: Die Bedeutungen der Sätze sind nicht in der Weise wohlbestimmt und fest umrissen, daß man von zwei Ausdrücken immer eindeutig sagen könnte, sie seien entweder synonym oder nicht.
3. Natürliche Sprachen weisen ferner auch in dem Sinne eine Plastizität auf, daß ihre Grundausdrücke wie ihre grammatischen Strukturen vieldeutig sind, daß dieselben Wörter oder Fügungen in verschiedenen Kontexten Verschiedenes bedeuten. Wenn man sie auch in dem Sinn desambiguieren kann, daß man das Grundvokabular und die Zahl der syntaktischen Operationen, bzw. Regeln entsprechend erweitert, so verliert man damit doch eine wesentliche Leistung der Sprache: mit einer möglichst geringen Anzahl von Grundausdrücken und Fügungen auszukommen, ohne starke und den Informationswert der Sätze infrage stellende Mehrdeutigkeiten und Vagheiten in Kauf zu nehmen. Nun soll eine desambiguierte Sprache nicht die natürliche Sprache ersetzen und ihre kommunikative Rolle übernehmen, sondern nur der grammatikalischen Beschreibung dienen. Wenn man aber natürliche Sprachen in der Grammatik nicht präziser beschreiben will, als sie tatsächlich sind, und auch ihre Plastizität grammatikalisch erfassen will, so müßte man auch komparative syntaktische und semantische Begriffe verwenden, komparative Begriffe des Wohlgeformtseins, der Synonymität etc.
4. Dem semantischen Modell nach D8.1-4 liegt eine realistische Bedeutungstheorie zugrunde, nach der Bedeutungen vorgegebene Entitäten sind, die den (wohlgeformten) Ausdrücken einer Sprache bei ihrer Interpretation zugeordnet werden. Philosophisch gesehen sind jedoch die realistischen Bedeutungstheorien nicht haltbar, und daher läßt sich dieses Modell nur als eine bequeme Fiktion ansehen. Darauf gehen wir im nächsten Abschnitt genauer ein.
5. Auch die Idee einer rekursiven Bestimmung der Bedeutungen, auf die sich dieses Modell stützt, ist für natürliche Sprachen fragwürdig. Im großen ganzen ist es sicher richtig, daß sich die Bedeutung eines komplexen Ausdrucks aus den Bedeutungen der Grundausdrücke bestimmt, die in ihnen vorkommen, und aus der Art und Weise ihrer syntaktischen Zusammenfügung. Man kann aber oft auch sagen, daß sich die (genaue) Bedeutung der Grundausdrücke in einem Satzkontext erst aus diesem Kontext ergibt. D.h. die Bedeutungszuordnungen in den natürlichen Sprachen sind tatsächlich nicht rein rekursiv, und es ist daher die Frage, ob sich alle semantischen Phänomene natürlicher Sprachen durch rekursive Interpretationen darstellen lassen.

Wesentlich stärker als (I) ist die These, daß eine *logische Grammatik* die Rolle einer universalen Grammatik übernehmen kann. Man könnte versuchen, sie so zu formulieren:

II) Jede Sprache ***S*** läßt sich in der Form ⟨***T***, R⟩ für ein geeignetes R darstellen.

Ein Problem dieser These liegt schon darin, daß die Menge J der Kategorien von ***T*** eng begrenzt ist. Die traditionellen grammatikalischen Kategorien kommen in J nicht vor, wie z.B. *Substantiv, Adjektiv, Verb, Relativpronomen, Fragesatz,* etc. Andererseits enthält J kategoriale Unterscheidungen, die in der traditionellen Grammatik keine Rolle spielen. Es ist also zu erwarten, daß die analysierende Relation R für Natursprachen, wenn sie sich in der Form ⟨***T***, R⟩ darstellen lassen, sehr kompliziert ist; d.h. daß die Tiefenstruktur eines Satzes Y in dieser Grammatik, die durch einen Satz X von ***T*** mit R(X, Y) dargestellt wird, sich sehr stark von seiner Oberflächenstruktur unterscheidet.

Es scheint kaum möglich zu sein, die These II durch allgemeine Überlegungen zu begründen, sondern nur so, daß man für die einzelnen Natursprachen, oder jedenfalls exemplarisch für eine solche Sprache, die Relation R in allen Details angibt. Das ist aber bisher nur für elementare und kleine Fragmente von Natursprachen geschehen. Es ist also nicht ersichtlich, wie man die logische Grammatik apriorisch als universelle Grammatik rechtfertigen kann.

Problematisch ist auch, ob die Definition der Bedeutungen in der Semantik von ***T*** ausreicht, allen semantischen Phänomenen von Natursprachen gerecht zu werden. Auch die Bedeutungen im Sinne von 7.4 sind vermutlich nicht ausreichend, da sie sich nur auf die syntaktischen Strukturen in ***T*** beziehen. Wir haben bereits im 7. Kapitel gesehen, daß es zur Erfassung einiger natursprachlicher Phänomene notwendig ist, den Interpretationsbegriff von ***T*** zu erweitern. Daher ist die These II sicherlich so nicht korrekt, sondern man wird nur entweder die These aufstellen können, daß es *eine* Logiksprache ***S*** *gibt,* so daß sich alle natürliche Sprachen in der Form ⟨***S***, R⟩ darstellen lassen – das ist aber in Ermangelung einer genaueren Bestimmung dessen, was eine „Logiksprache" ist, eine sehr vage Behauptung – oder man kann das Programm verfolgen, durch geeignete Modifikationen von ***T*** eine solche Logiksprache ***S*** konkret anzugeben.

Wir wollen im folgenden Abschnitt ein grundsätzliches Problem erörtern, dem ein solches Programm begegnet, und dem man nicht durch so einfache Modifikationen Rechnung tragen kann, wie sie im 7. Kapitel besprochen wurden.

8.2 Das Problem einer typenfreien Sprache

Bei Anwendungen der typenlogischen Sprache *T* zur Analyse natursprachlicher Sätze erweisen sich die kategorialen Restriktionen in *T* oft als hinderlich. Jede Funktionskonstante von *T* gehört einer bestimmten Kategorie $\tau(\rho)$ zu und läßt sich daher ausschließlich auf Argumente der Kategorie ρ anwenden. Das hat in vielen Fällen seinen guten Sinn, denn während z.B. „rot" und „Stein" Prädikate sind, die sich nur auf konkrete Dinge anwenden lassen, sind „Farbe" oder „Sportart" Prädikate, die sich nur auf Begriffe anwenden lassen. Es gibt aber auch viele Fälle, in denen wir dasselbe Prädikat auf Argumente verschiedener Kategorien anwenden. *Schwer* kann z.B. ein Objekt (Kategorie ν), aber auch eine Tätigkeit (Kategorie $\sigma(\nu)$, bzw. $\sigma(\iota(\nu))$) sein, *transitiv* können zweistellige Relationen der Kategorie $\sigma(\rho, \rho)$ für beliebige ρ sein, usw. Man kann in solchen Fällen, wie das letzte Beispiel zeigt, nicht immer von einer Mehrdeutigkeit der Prädikate sprechen.

Es stellt sich daher die Frage, ob man nicht die typenlogischen Restriktionen zugunsten einer größeren Flexibilität der Sprache liberalisieren kann. Der Einfachheit halber erörtern wir diese Frage im folgenden nur für extensional interpretierte Sprachen.

Es ist zunächst möglich, mit ν als einziger Grundkategorie auszukommen. Denn man kann zwei Objekte im Individuenbereich U einer Interpretation Φ über U nach D6.2-2 als das Wahre und das Falsche auszeichnen und Sätze wie Eigennamen für diese Objekte behandeln, wie das z.B. Frege in den „Grundgesetzen der Arithmetik" tut. Eine solche Reduktion der Kategorien allein bringt aber für die Analyse von Natursprachen wenig Gewinn.

Eine erhebliche Liberalisierung der Restruktionen in T_1 ergibt sich dagegen, wenn man die Mengen E_τ der möglichen Extensionen der Kategorie τ so erweitert, daß z.B. ein Prädikat der Kategorie $\sigma(\sigma(\nu))$ nicht nur für Argumente der Kategorie $\sigma(\nu)$, sondern auch für solche der Kategorien $\nu(\nu)$, $\nu(\sigma)$, $\sigma(\sigma)$, σ und ν erklärt ist. Wenn wir im Sinn der vorstehenden Bemerkung Wahrheitswerte als Individuen ansehen und so mit ν als einziger Grundkategorie arbeiten, können wir diesen Gedanken so präzisieren: Wir ordnen den Kategorien τ Zahlen $s(\tau)$ zu und definieren $s(\nu)=1$, $s(\tau(\rho)) = \max(s(\tau), s(\rho)) + 1$. Dann erweitern wir die Sprache T_1 zu einer Sprache T_1*, in dem wir fordern:

a) Ist F eine Konstante der Kategorie $\tau(\rho)$ und a ein Term der Kategorie ρ' mit $s(\rho') \leqslant s(\rho)$, so ist F(a) ein Term der Kategorie τ.

b) Ist A[a] ein Term der Kategorie τ, a eine Konstante und x eine Variable der Kategorie ρ, die in A[a] nicht vorkommt, und ist A[b] kein Term für Konstanten b einer Kategorie ρ' mit $s(\rho') > s(\rho)$, so ist $\lambda x A[x]$ ein Term der Kategorie $\tau(\rho)$.
c) Sind a und b Terme, so ist $a \equiv b$ ein Term der Kategorie ν.

Wir setzen ferner:

$$E_{\nu}^{+} = U \text{ und } E_{\tau(\rho)}^{+} = E_{\tau}^{+\ \bigcup_{s(\rho') \leqslant s(\rho)} E_{\rho'}^{+}}.$$

Es ist dann $E_{\nu}^{+} = E_{\nu}$, $E_{\nu(\nu)}^{+} = E_{\nu(\nu)}$, $E^{+}_{\nu(\nu)(\nu)} = E_{\nu(\nu)(\nu)}$, aber $E_{\nu(\nu(\nu))}^{+} = E_{\nu}^{E_{\nu} \cup E_{\nu(\nu)}}$, usw. Die Mengen der möglichen Extensionen werden also *kumulativ* bestimmt, so daß ein Funktor der Kategorie $\tau(\rho)$ nicht nur für Argumente der Kategorie ρ erklärt ist, sondern auch für Argumente solcher Kategorien ρ', deren *Schicht* $s(\rho')$ nicht kleiner als $s(\rho)$ ist. Wenn wir nun in D6.2-2 die Mengen E_{τ} durch die Mengen E_{τ}^{+} ersetzen, erhalten wir einen passenden Interpretationsbegriff für $\boldsymbol{T}_1$.

Eine solche Liberalisierung von $\boldsymbol{T}$ macht bei einer Anwendung zur Analyse natursprachlicher Sätze den Gebrauch von partiellen Interpretationen wünschenswert, da z.B. nicht alle Funktoren der Kategorie $\nu(\nu(\nu))$ auch für alle Argumente der Kategorie ν erklärt sein werden.

Es stellt sich nun die Frage, ob man nicht auf alle Kategorienunterscheidungen überhaupt verzichten, d.h. eine *typenfreie Sprache* aufbauen kann. Wertverläufe von Funktionen lassen sich ja als Objekte auffassen, und statt Konstanten für Funktionen können wir Namen für die Wertverläufe dieser Funktionen verwenden, da ein Ausdruck $\lambda x F(x)(a)$ dasselbe bedeutet wie $F(a)$.

Eine solche typenfreie Sprache liegt der klassischen Logik zugrunde. In ihr lassen sich aber *Antinomien,* d.h. beweisbare Widersprüche konstruieren.

Die einfachste logische Antinomie ist die von B. Russell, die dieser in einem Brief vom 16.6.1902 an Frege mitteilte. Sie ergibt sich, wenn man die Klasse aller Klassen betrachtet, die sich selbst nicht als Element enthalten, und fragt, ob sie sich selbst als Element enthält oder nicht. Nehmen wir das erstere an, so folgt daraus, daß sie sich selbst nicht enthält; nach dem Prinzip $(A \supset \neg A) \supset \neg A$ gilt also das letztere. Daraus folgt aber, daß sie sich selbst enthält. Wir erhalten also einen Widerspruch, der sich in der üblichen symbolischen Notation, in der „ϵ" die Elementschaftsrelation bezeichnet und „λ" die Klassenabstraktion, so formulieren läßt:
$\lambda x \neg (x \epsilon x) \ \epsilon \ \lambda x \neg (x \epsilon x) \equiv \neg (\lambda x \neg (x \epsilon x) \ \epsilon \ \lambda x \neg (x \epsilon x))$.

Wie K. Grelling und L. Nelson in (07) gezeigt haben, kann man die Konstruktion der Antinomie von Russell wie folgt verallgemeinern: Ist r(x, y) eine nacheindeutige Relation, so daß gilt

a) $\bigwedge xyz(r(x,y) \wedge r(x,z) \supset y=z)$,

und definiert man

b) $c := \lambda x \bigvee y(r(x,y) \wedge \neg(x \epsilon y))$,

so gilt, falls es ein a gibt mit

c) $r(a,c)$,

$a \epsilon c \equiv \bigvee y(r(a,y) \wedge \neg(a \epsilon y))$ nach (b), wegen (c) und (a) also $a \epsilon c \equiv \neg(a \epsilon c)$.

Im Falle der Russellschen Antinomie ist r(x, y) die Relation x=y. Wie J. Bartlett in (61) gezeigt hat, kann man aber für r(x, y) z.B. auch setzen $x=\lambda z(z=y)$, $x=\lambda z(z \neq y)$, $x=\lambda z(y \epsilon z)$ oder $x=\lambda z \neg(y \epsilon z)$.

Nach diesem Schema lassen sich auch *semantische Antinomien* konstruieren. Dazu nehmen wir an, daß der Objektbereich unserer Sprache auch Namen für ihre Terme enthält, und führen eine Namensrelation n(a, b) ein, so daß n(a, b) besagt, daß der Ausdruck a einen Namen bezeichnet für das durch den Ausdruck b bezeichnete Objekt „$n(a, \lambda x(x=x))$" besagt also z.B. soviel wie „a ist ein Name für die Klasse aller Objekte, die mit sich selbst identisch sind". Diese Relation ist nacheindeutig.

Man erhält z.B. die Antinomie von Grelling, wenn man in dem obigen Schema „n" für „r" setzt. c ist dann die Klasse aller Klassennamen, die *heterologisch* sind, d.h. die in den Klassen nicht enthalten sind, die sie bezeichnen. Und es ergibt sich, falls a ein Name für c ist, daß a heterologisch ist genau dann, wenn a nicht heterologisch ist.

Wir brauchen hier nicht auf die übrigen Antinomien einzugehen, da das Konstruktionsschema von Grelling und Nelson bereits genügt, die Problematik deutlich zu machen [4].

Die Antinomien nach dem Schema von Grelling und Nelson verwenden das *Cantorsche Diagonalverfahren,* das sich so charakterisieren läßt: Es soll gezeigt werden, daß es keine Abbildung einer Menge A von Objekten auf eine Menge B von einstelligen Begriffen auf A gibt. Dazu geht man indirekt vor und nimmt an, es gebe eine solche Abbildung, d.h. eine Relation r(x, f), die auf AxB definiert ist und für die gilt:

---

4 Für eine ausführliche Darstellung der Antinomien vgl. z.B. Fraenkel, Bar-Hillel und Levy (73), Kap. I oder Kutschera (64), Kap. I.

1a) $\bigwedge xfg(r(x,f) \wedge r(x,g) \supset f=g)$, und

1b) $\bigwedge f \bigvee x r(x,f)$.

Dabei stehe „f=g" für „$\bigwedge x(fx \equiv gx)$".

Wenn man weiter annimmt

2) B ist abgeschlossen gegenüber Definierbarkeit mit logischen Mitteln (hier: den Mitteln der P.L. 2. Stufe),

so erhält man einen Widerspruch. Denn man kann definieren

3) $Cx := \bigvee f(r(x,f) \wedge \neg fx)$.

„C" bezeichnet nach (2) einen Begriff aus B, so daß es nach (1b) ein Objekt a aus A gibt mit r(a, C). Dann gilt aber nach (3) und (1a)

4) $Ca \equiv \neg Ca$.

Die Ableitung dieses Widerspruchs aus (1) und (2) kann man, wenn nicht beide Annahmen wie im Falle der Antinomien beweisbar sind, als Widerlegung der nicht beweisbaren Annahme auffassen.

Man hat auf verschiedenen Wegen versucht, mit den Antinomien fertig zu werden [5]. Ein Weg besteht darin, die Gesetze der klassischen Prädikatenlogik zu modifizieren. Da etwa in der Antinomie von Russell neben dem Abstraktionsprinzip nur elementare aussagenlogische Prinzipien verwendet werden, müßte man also schon die klassische Aussagenlogik abändern. Für eine solche Modifikation fehlt bisher aber eine intuitiv überzeugende Begründung [6]. Die klassische Aussagenlogik entspricht, mit einer unten zu diskutierenden Einschränkung, wohl am besten der „natürlichen" Logik der Sprache.

Wenn man an der klassischen P.L. festhält, so kann man, wie das A. Tarski in (44) vorgeschlagen hat, die semantische Antinomien vermeiden, indem man nur *semantisch offene* Sprachen verwendet, d.h. Sprachen, die keine Namen für ihre wohlgeformten Ausdrücke enthalten, und in denen sich dann auch semantische Begriffe und Beziehungen, wie der Wahrheitsbegriff und die Namensrelation, nicht ausdrücken lassen; in denen also die Objektsprache nicht die gleichen Ausdrucksmittel enthält wie die Metasprache. Intuitiv gesehen ist auch das wenig überzeugend, da wir ja deutsch über die deutsche Sprache sprechen können. Die natürlichen Sprachen sind also seman-

---

5 Vgl. zum folgenden auch die ausführlichen Erörterungen z.B. in Fraenkel, Bar-Hillel und Levy (73) oder in Beth (59).

6 Wie die Antinomie von Curry zeigt (vgl. Curry (42)), genügt es z.B. nicht, das Prinzip vom ausgeschlossenen Dritten aufzugeben, d.h. z.B. eine intuitionistische Aussagenlogik zu verwenden.

tisch geschlossen, und man würde der Anwendbarkeit von Kunstsprachen bei der Analyse natürlicher Sprachen zu enge Grenzen ziehen, wenn man nur semantisch offene Kunstsprachen zuließe. Zudem geht es nicht nur darum, daß man keine Namen für die Terme der Sprache in sie einführen kann; wie das angegebene Konstruktionsschema für Antinomien zeigt, genügt es für die Ableitung eines Widerspruchs, stattdessen Namen für beliebige Objekte, z.B. Zahlen zu verwenden, sofern diese sich nur auf die in der Sprache ausdrückbaren Begriffe abbilden lassen. Daher konnte auch K. Gödel in seinem Beweis für die Unvollständigkeit der Arithmetik die Konstruktion der semantischen Antinomie von Richard übernehmen [7].

Wenn man die klassische P.L. beibehält, so kann man zur Vermeidung der logischen Antinomien im wesentlichen zwei Wege einschlagen:

1. Man hält an einer typenfreien Sprache fest, modifiziert aber das Abstraktionsprinzip so, daß nicht jedem Begriff eine Klasse entspricht. (Bzw. man unterscheidet zwischen *Klassen* und *Mengen* läßt nicht jedem Begriff eine *Menge* entsprechen.) Das ist der Weg der *axiomatischen Mengenlehre.* Er ist jedoch intuitiv unbefriedigend, da nicht ersichtlich ist, wieso manche Begriffe Klassen (bzw. Mengen) definieren, andere aber nicht.
2. Man verwendet eine *Typenlogik,* in der Ausdrücke wie $\neg(a\epsilon b)$ nur dann syntaktisch wohlgeformt sind, wenn b von einer höheren Kategorie ist als a. Dann ist insbesondere die Bildung von Ausdrükken wie $\neg(c\epsilon c)$ im Falle der Antinomie von Russell oder von $\neg(\lambda z(z=c)\epsilon c)$, $\neg(\lambda z(z\neq c)\epsilon c)$, $\neg(\lambda z(c\epsilon z)\epsilon c)$ und $\neg(\lambda z\neg(c\epsilon z)\epsilon c)$ im Falle der Antinomien von Bartlett nicht möglich.

Zu einem solchen Ansatz gelangt man durch folgende Überlegung: Die Extensionen der Begriffe der Menge B im Cantorschen Diagonalverfahren müssen einerseits durch gewisse Bestimmungen definiert sein, damit man von wohlbestimmten Begriffen sprechen kann und die Menge B sich abgrenzen läßt. Auch die Bestimmung der Relation r setzt voraus, daß die Begriffe aus B wohlbestimmt sind. Andererseits kann man aber mit Hilfe von r in mannigfacher Weise auch Begriffe auf A bestimmen. Wenn diese Begriffe nun im Sinne von (2) auch Elemente von B sein sollen, so gibt es für sie zwei Bedingungen, nach denen ihre Extension festgelegt wird: die ursprüngliche Definitionsbedingung und die neue, die auf r Bezug nimmt. Und diese beiden Bedingungen können sich, wie (3) zeigt, widersprechen.

---

[7] Vgl. Gödel (31) sowie die Darstellung in Stegmüller (59).

Von einer konzeptualistischen oder konstruktivistischen Position aus, für die Begriffe nur durch Definitionen entstehen, kann man diesen Sachverhalt so beschreiben: Ist A gegeben, so kann man auf A eine Menge B von Begriffen definieren. Erst wenn B und die Elemente von B definiert sind, lassen sich Relationen r auf AxB definieren. Mit Hilfe solcher Relationen lassen sich dann neue Begriffe auf A erklären, von denen manche extensionsgleich mit solchen aus B sein können. Man kann das aber nicht für alle diese Begriffe voraussetzen, und man kann insbesondere nicht sagen, daß diese neuen Begriffe über A selbst der Menge B angehören. Man gelangt so zu einer Hierarchie von Begriffen über A, die sich daraus ergibt, daß die gewissen Entitäten erst dann definiert werden können, wenn andere bereits definiert sind. Insbesondere gilt ein Verbot der *imprädikativen Begriffsbildung:* Kein Begriff kann unter Bezugnahme auf eine Menge definiert werden, der er selbst angehört. Daher kann der Begriff C nach (3) kein Element von B sein. Damit gelangt man zu einer *verzweigten Typenlogik,* die noch stärkere kategoriale Restriktionen enthält als die *einfache Typenlogik,* die wir bisher behandelt haben, da sie unter den Begriffen der Kategorie $\sigma(\rho)$ noch verschiedene Stufen betrachtet.

Der Nachteil dieses Ansatzes liegt darin, daß sich so starke kategoriale Unterscheidungen in natürlichen Sprachen nicht finden, und daß es viele in einem so allgemeinen Sinn „imprädikative" Begriffsbildungen gibt (wie z.B. „Die Spezies mit dem kleinsten Umfang aus der Menge der Spezies der Gattung *Rosa*"), die durchaus harmlos sind.

Die *einfache Typenlogik* betrachtet demgegenüber in einer nichtkonstruktiven Weise die Menge aller Begriffe über A als vorgegeben, so daß insbesondere (2) gilt. Dann muß sie aber verbieten, daß es Relationen nach (1) gibt, daß also insbesondere Klassen zu oder Namen von Begriffen aus B Elemente von A sind, und muß diese Objekte einer höheren Stufe zurechnen. Während die Typenunterscheidung von Begriffen, wie wir gesehen haben, eine gewisse intuitive Plausibilität hat, ist die Typenunterscheidung im Bereich der Klassen und Namen jedoch weniger überzeugend.

Wir wollen uns daher überlegen, ob es nicht einen anderen Weg zur Vermeidung der Antinomien gibt. Dazu gehen wir zunächst von der Frage aus, ob die Widersprüche nicht verschwinden, wenn wir B nicht als Menge aller vollständigen Begriffe auf A bestimmen, sondern als Menge aller partiellen Begriffe auf A, d.h. als Menge der Funktionen aus $\{w, f\}^{(A)}$. Wir hatten ja in 7.1 gesehen, daß die meisten umgangssprachlichen Prädikate nur partiell erklärt sind. Wir finden dann, daß sich das Cantorsche Diagonalverfahren nicht mehr anwenden läßt. Der Satz „Ca ≡ ¬Ca" stellt nur dann eine Kontradiktion dar, wenn „Ca" wahr oder falsch ist. Die Cantorsche Konstruktion läßt sich dann einfach als Beweis dafür auffassen, daß das nach (3) definierte Prädikat „C" nicht für das Argument „a" erklärt ist; daß es also nicht möglich ist „C" vollständig auf A zu definieren. Es sieht also so aus, als würde es die Verwendung partieller Begriffe und Funktionen erlauben, sowohl mit einer typenfreien Sprache zu arbeiten, als auch das Abstraktionsprinzip beizubehalten und semantisch geschlossene Sprache zuzulassen. Der Preis, den man dafür zu zahlen hat, besteht darin, daß nicht allen wohlgeformten Ausdrücken eine Extension zugeordnet wird; ja daß es, wie die Antinomien zeigen, Sätze gibt, denen sich *prinzipiell* keine Extension zuordnen läßt. Diesen Preis muß man aber, wie wir in 7.1 betont haben, im Umgang mit natürlichen Sprachen ohnehin zahlen.

Aber sehen wir genauer zu: Wenn wir wie in 7.1 partielle Funktionen als wohlbestimmte Extensionen ansehen, die bei einer Interpretation den Funktionstermen zugeordnet werden, so können wir ein einstelliges Prädikat U einführen, für das gilt: Ist A ein Satz, so ist U(A) wahr, falls A wahr ist oder indeterminiert, und falsch, falls A falsch ist. Ersetzen wir dann (3) durch

3′) $C'x := \vee f(r(x, f) \wedge U(\neg fx))$,

so ist C′ ein auf A vollständig definierter Begriff. Gilt r(b, C′), so ist also der Satz C′b wahr oder falsch, also $U(\neg C'b) \equiv \neg C'b$, und wir erhalten wie früher einen Widerspruch $C'b \equiv \neg C'b$ [8].

Eine Verwendung partieller Interpretationen und Funktionen im Sinne von 7.1 oder einer 3-wertigen Logik führt also tatsächlich nicht zu einer Eliminierung der Antinomien.

Wir müssen daher, wenn wir den Antinomien durch Verwendung partieller Funktionen beikommen wollen, einen zweiten Gedanken hinzufügen, der sich aus allgemeinen sprachphilosophischen Überlegungen ergibt [9]: Abstrakte Entitäten wie Funktionen, Begriffe, Klassen, Zahlen, Propositionen und dergleichen sind nicht in derselben Weise „gegeben" wie konkrete Dinge (Tische, Steine oder Blumen). Wir deuten z.B. Prädikate nicht dadurch, daß wir ihnen vorgegebene Begriffe zuordnen, sondern ihre Bedeutung ergibt sich aus ihrem Gebrauch, aus ihrer kommunikativen Funktion, und Begriffe sind

---

8 „f=g" ist nun so zu verstehen, daß f und g denselben Definitionsbereich $A' \subset A$ haben und auf A′ übereinstimmen.

9 Vgl. dazu Kutschera (71), 2.3 und 2.4.

nichts anderes als Abstraktionen aus Prädikaten auf der Grundlage ihrer (durch gleiche Gebrauchsweisen definierten) Synonymität. Der Gebrauch eines Prädikats F wird aber durch Wahrheitsbedingungen für die Sätze Fa angegeben; d.h. Prädikate werden nur im Kontext von Sätzen gedeutet. Wenn wir so von dem Gedanken abgehen, daß eine Interpretation einer Sprache allen wohlgeformten Termen selbständige Bedeutungen zuordnen muß, der den realistischen Bedeutungstheorien zugrundeliegt, wie wir sie bisher betrachtet haben, so wird eine Sprache gedeutet durch Gebrauchsregeln für ihre Sätze, d.h. eine Interpretation wird durch Wahrheitsregeln oder -bedingungen für ihre Sätze angegeben, die entweder bestimmte Sätze kategorisch als wahr oder als falsch auszeichnen, oder festlegen, daß ein Satz wahr, bzw. falsch ist, wenn gewisse andere Sätze wahr, bzw. falsch sind [10].

Die Entwicklung einer derartigen *Wahrheitsregel-Semantik* würde den Rahmen dieses Buches weit überschreiten. Hier genügt es, zu sagen, daß sich eine solche Wahrheitsregel-Semantik für eine typenfreie Sprache entwickeln läßt, in der das Abstraktionsprinzip gilt und die auch semantisch geschlossen sein kann [11]. Durch solche Regeln wird im Gegensatz zu Systemen der 3-wertigen Logik nicht festgelegt, daß ein Satz keinen Wahrheitswert hat oder daß ein Funktionsterm eine partielle Funktion bezeichnet. Daß einem Satz kein Wahrheitswert zugeordnet wird, ist vielmehr eine metatheoretische Feststellung über das Regelsystem, ähnlich wie die Unbeweisbarkeit einer Formel in einem Kalkül nicht durch dessen Regeln festgelegt wird, sondern ein metatheoretisches Resultat darstellt. Und daß ein Funktionsterm für eine unvollständige Funktion steht, ergibt sich nur daraus, daß er nach den Wahrheitsregeln nicht für alle zulässigen Argumente erklärt ist.

Ob ein System von Wahrheitsregeln jedem Satz der zugrundeliegenden Sprache einen Wahrheitswert zuordnet, ist jeweils durch eine metatheoretische Überlegung zu prüfen. Das Prinzip der Wahrheitsdefinitheit ist also ein metatheoretisches Resultat, kein objekttheoretisches Prinzip eines solchen Systems. Im Fall einer typenfreien Sprache der Klassenlogik zeigt sich dann, daß es nicht gilt, und daß speziell den antinomischen Sätzen keine Wahrheitswerte zugeordnet werden.

---

[10] Einen ähnlichen Gedanken entwickelt D. Davidson in (70). Für erste Ansätze zu einer Präzisierung der Wahrheitsregel-Semantik vgl. Kutschera (69).

[11] Das resultierende Logiksystem weist gewisse Verwandtschaften auf mit dem typenfreien System, das W. Ackermann in (52) angegeben hat.

Ein solcher semantischer Ansatz entspricht wohl am besten sprachphilosophischen Einsichten, und er nähert sich am stärksten der natürlichen Sprache und ihrer Logik an, für die man, wie wir schon unabhängig von der Antinomienproblematik gesehen haben, ohnehin wohlgeformte aber bedeutungslose Sätze in Betracht ziehen muß, während das für die klassische Logik eine wesentliche Modifikation bedeutet.

Diese Überlegung zeigt die Grenzen der realistischen Interpretationssemantik auf, wie sie auch der intensionalen Logik zugrunde liegt. Wir werden im nächsten Abschnitt jedoch zeigen, daß sich ihre Verwendung für einfache Sprachen wie die der P.L. auch auf der Grundlage einer nichtrealistischen Bedeutungstheorie rechtfertigen läßt.

8.3 Intensionen und sprachliche Konventionen

David Lewis hat in (69) durch seine Analyse sprachlicher Konventionen den Ansatz für eine Bedeutungstheorie geliefert, die intuitiv überzeugend ist [12]. Wir können hier nicht näher auf den Konventionsbegriff von Lewis eingehen. Es genügt die folgende grobe Charakterisierung:

Eine Verhaltensstrategie R ist eine *Konvention* in einer Gemeinschaft P, wenn (1) die Mitglieder von P in Übereinstimmung mit R handeln, (2) die gemeinsame Befolgung im Interesse aller Mitglieder von P ist, und wenn (3) alle Mitglieder von P auch wissen, daß die Bedingungen (1) und (2) gelten.

Eine sprachliche Konvention ist eine Konvention für Sprechakte, d.h. für Äußerungen von Sätzen. Solche Konventionen haben zwei Komponenten; eine Sprecher- und eine Hörerkomponente (SK und HK). Sind z.B. „D" und „B" performative Operatoren für „Behaupten" und „Befehlen" im Sinne von 7.5, so lassen sich diese Komponenten so formulieren:

SK(D): Eine Äußerung von D(A) (d.h. von A als Behauptung) wird vom Sprecher nur dann getan, wenn der durch A ausgedrückte Sachverhalt besteht.

HK(D): Auf eine Äußerung von D(A) reagiert der Hörer mit der Annahme, daß der durch A ausgedrückte Sachverhalt besteht.

SK(B): Eine Äußerung von B(A) (d.h. von A als Befehl) wird vom Sprecher gegenüber dem Hörer nur dann getan,

[12] Vgl. dazu auch die Darstellung und Diskussion in Kutschera (76).

wenn er will, daß dieser den Sachverhalt, daß A, realisiert, und ein Weisungsrecht ihm gegenüber hat.

HK(B): Ist der Sprecher gegenüber dem Hörer weisungsberechtigt, so reagiert dieser auf die Äußerung B(A) damit, daß er den Sachverhalt, daß A, realisiert.

Diese Formulierungen verstehen sich nur als ganz grobe Näherungen, die aber als Beispiele genügen.

Sprecher- und Hörerkomponente bilden zusammen eine Strategie für Sprechakte der Form D(A) und B(A). Sie werden in der Sprachgemeinschaft befolgt und jeder hat ein Interesse daran, daß sie befolgt werden; denn sie ermöglichen es, sich mit solchen Sprechakten zu verständigen, Mitteilungen zu machen und Befehle zu geben. Sie dienen der Koordinierung der Handlungen und der Kooperation von Sprecher und Hörer, die im Interesse der Beteiligten liegt.

Für Handlungen gibt es einen allgemeinen, nicht auf sprachliche Handlungen beschränkten Begriff des Verstehens und des Bedeutens: Wir sagen, daß wir eine Handlung ***H*** einer Person X in ihrer Relevanz für X *verstehen,* wenn wir die Absicht, das Ziel kennen, das X damit verfolgt, und wenn wir sie aufgrund der gegebenen Umstände unter dieser Zielsetzung als sinnvoll begreifen. Etwas technischer formuliert: Wir verstehen ***H***, wenn wir ***H*** nach entscheidungstheoretischen Kriterien aufgrund der Präferenzen und der Erwartungen von X als rational erkennen. Die *Bedeutung* einer Handlung ***H*** von X für X selbst ist die Rolle, die X ***H*** für die Verwirklichung seiner Absichten zumißt – sie kennen wir also, wenn wir ***H*** verstehen [13]. Daneben kann ***H*** auch eine Rolle für andere Personen spielen, die in der Handlungssituation beteiligt sind. Die Bedeutung von ***H*** für sie besteht dann in der Rolle, welche die Tatsache, daß X ***H*** tut, für ihr eigenes Handeln und ihre eigenen Zielsetzungen spielt. Wir verstehen also die Handlung ***H*** von X in ihrer Relevanz für eine Person Y, wenn wir die Präferenzen und Erwartungen von Y kennen; wenn wir wissen, was Y unter der Bedingung vorzieht, daß X ***H*** tut.

Wenn wir diese Begriffe auf kommunikative Akte übertragen, so können wir sagen: Der Hörer H versteht eine Äußerung ***A***, z.B. eines Satzes B(A), durch den Sprecher S, wenn er erstens die Bedeutung von ***A*** für S versteht und zweitens die Bedeutung von ***A*** für sich selbst. Da Sprechakte rein konventionelle Akte sind, die allein aufgrund von Konventionen eine Bedeutung haben, ist ***A*** nur aufgrund der Kenntnis der Konvention für Äußerungen von B(A) ver-

---

[13] Dieser Begriff der Sprecherbedeutung ist zuerst von H.P. Grice in (57) diskutiert worden.

ständlich. Sind S und H Mitglieder einer Sprachgemeinschaft P, in der eine durch SK(B) und HK(B) definierte Strategie R für Äußerungen von B(A) eine Konvention ist, so kennt H R und nimmt an, daß S sich an R hält und daß S *A* tut, um ein Ziel zu erreichen, das im gemeinsamen Interesse liegt. Wenn sich S an R hält, muß also in der Äußerungssituation T die Bedingung erfüllt sein, daß S gegenüber H weisungsberechtigt ist und will, daß H den Sachverhalt realisiert, daß A. H weiß also, daß S daran interessiert ist, daß H A realisiert, und daß S glaubt, daß H auch daran interessiert ist, das zu tun. Daher erkennt H die Handlung *A* von S in T als sinnvoll für S, d.h. er versteht die Bedeutung von *A* für S, insbesondere die Absicht, die S mit *A* verfolgt, nämlich H zu der Reaktion zu bewegen, A zu realisieren.

H versteht zweitens auch die Bedeutung von *A* für sich selbst: H ist unter den Bedingungen, daß S gegenüber H weisungsberechtigt ist und will, daß H A realisiert, daran interessiert, das zu tun, weil R eine Konvention ist, die dem gemeinsamen Interesse dient. Die Handlung *A* von S zeigt H also an, daß es für ihn zweckmäßig ist, A zu realisieren. H versteht somit auch die Bedeutung von *A* für sich selbst.

Der Vorteil dieser Bedeutungstheorie gegenüber der realistischen Semantik, wie auch gegenüber der Gebrauchstheorie der Bedeutungen oder der Sprechakttheorie, liegt also darin, daß die Funktion von Sprechakten und ihre Bedeutung auf dem Weg über die Analyse sprachlicher Konventionen in einer sehr natürlichen und überzeugenden Weise mithilfe allgemeiner handlungstheoretischer Begriffe erklärt wird.

Es ist nun zu fragen, ob und in welchen Grenzen sich von dieser Basis aus die Verwendung der intensionalen Semantik rechtfertigen läßt. Gehen wir zunächst von einer p.l. Sprache wie *L* aus, die auch die Indexausdrücke „s" (für „ich") und „h" (für „du") enthalten möge, sowie die performativen Operatoren „D" und „B", so kann man die Begriffe der intensionalen Semantik so einführen:

In einem ersten Schritt wird der Bezug von GK a festgelegt. Die Zuordnung von Objekten zu GK ist unproblematisch, sofern sie für konkrete Dinge stehen; problematisch sind nur die Zuordnungen von abstrakten Entitäten wie Attributen oder Propositionen, da sich diese in nichtrealistischer Auffassung erst durch Abstraktion aus bedeutungsvollen Prädikaten oder Sätzen ergeben. Die GK können als sprachliche Verstärkung oder als Ersatz von hinweisenden Gesten eingeführt werden, ein Ersatz; der sich durch seine Situationsunabhängigkeit empfiehlt.

Damit liegen die Werte $\Phi_{i,j}(a)$ für GK a fest.

In einem zweiten Schritt werden Konventionen R(F) für elementare Sätze der Gestalt $D(F(a_1, \ldots, a_n))$ eingeführt im Sinne von SK(D) und HK(D). Stellen die Indices i (detaillierte) Umstände dar, so können wir sagen: Eine Äußerung $\langle D(F(a)), j\rangle$ ist in i *wahr*, wenn sie in i im Sinne von R(F) korrekt ist (d.h. wenn sie keine Verletzung von R(F) darstellt); sie ist falsch, wenn sie im Sinne von R(F) unkorrekt ist.

Dabei sei j ein Bezugspunkt im Sinne von 7.3, den wir hier der Einfachheit halber als ein Paar $\langle j_1, j_2\rangle$ auffassen, wobei j_1 der Sprecher und j_2 der Hörer ist. Ist U die Menge der Designate der GK, so können wir den Wert $\Phi_{i,j}(F)$ bestimmen als Menge der Objekte $\Phi_{i,j}(a)$, für die $\langle D(F(a)), j\rangle$ wahr ist in i. Wenn wir ferner setzen: $\Phi_{i,j}(F(a))=w$ genau dann, wenn $\Phi_{i,j}(a) \in \Phi_{i,j}(F)$, so gilt: $\Phi_{i,j}(F(a))=w$ genau dann, wenn $\langle D(F(a)), j\rangle$ in i wahr ist. Entsprechend verfährt man für mehrstellige PK.

Für solche elementaren Sätze B(A) kann man dann auch SK(D) und HK(D) so formulieren:

SK(D): Wenn ein Umstand i vorliegt, so ist eine Äußerung $\langle D(A), j\rangle$ in i nur dann korrekt, wenn $\Phi_{i,j}(A)=w$ ist.

HK(D): Wenn ein Umstand i vorliegt, so reagiert j_2 auf eine Äußerung $\langle D(A), j\rangle$ in i mit der Annahme, daß $\Phi_{i,j}(A)=w$ ist.

Durch die Konventionen R(F) wird eine Menge I von Umständen, Situationen, oder, wie wir früher gesagt haben: von *Welten* ausgezeichnet, in denen Äußerungen elementarer Sätze D(A) sinnvoll sind. Wir können annehmen, daß I für alle solche Konventionen dieselbe Menge ist.

Der dritte Schritt der Rekonstruktion der Interpretation besteht darin, daß man ausgeht von logischen Konventionen, nach denen eine Äußerung $\langle D(\neg A), j\rangle$ in i genau dann wahr ist, wenn die Äußerung $\langle D(A), j\rangle$ in i falsch ist, während eine Äußerung $\langle D(A \wedge B), j\rangle$ in i genau dann wahr ist, wenn die Äußerungen $\langle D(A), j\rangle$ und $\langle D(B), j\rangle$ beide in i wahr sind. Wenn man also die Funktion Φ für solche Sätze so definiert, daß gilt $\Phi_{i,j}(\neg A)=w$ genau dann, wenn $\Phi_{i,j}(A)=f$, und $\Phi_{i,j}(A \wedge B)=w$ genau dann, wenn $\Phi_{i,j}(A)=\Phi_{i,j}(B)=w$, so erhält man allgemein, daß gilt $\Phi_{i,j}(A)=w$ genau dann, wenn die Äußerung $\langle D(A), j\rangle$ in i wahr ist.

Dieses Prinzip läßt sich auch auf Allsätze ausweiten: Es besteht eine Konvention, nach der eine Äußerung $\langle D(\bigwedge x A[x]), j\rangle$ in i genau dann wahr ist, wenn eine Äußerung von D(A[a]) wahr ist, egal welches Objekt aus U die GK a bezeichnet.

Auf diese Weise läßt sich eine Interpretation Φ für alle Satzradikale auf der Basis von Konventionen für Prädikate in Behauptungskontexten und von logischen Konventionen einführen, die Bedingungen für die Behauptbarkeit von logisch komplexen Sätzen unter Rückgriff auf Bedingungen für die Behauptbarkeit von Teilsätzen angeben.

Die Konstruktion einer solchen Interpretation von Satzradikalen dient dazu, diese semantisch so zu bestimmen, daß man die Konventionen für andere Redetypen, wie z.B. für Befehle, in der einfachen Form angeben kann, wie das oben geschehen ist. Wenn die Konstanten, logischen Operatoren und Satzradikale für den Fall der behauptenden Rede durch Konventionen semantisch definiert sind, so bedarf es nurmehr der Deutung der anderen performativen Operatoren, um allen Sätzen eine Bedeutung zu verleihen.

Wir können nun SK(B) und HK(B) so formulieren:

SK(B): Eine Äußerung ⟨B(A), j⟩ ist in i korrekt, wenn j_1 will, daß j_2 die Proposition $\lambda i \Phi_{i,j}(A)$ realisiert, und j_2 gegenüber ein Weisungsrecht hat.

HK(B): Wenn j_1 gegenüber j_2 ein Weisungsrecht hat, so reagiert j_2 auf eine Äußerung ⟨B(A), j⟩ damit, daß er die Proposition $\lambda i \Phi_{i,j}(A)$ realisiert.

Diese Überlegungen zeigen an einem einfachen Fall, wie man systematisch von sprachlichen Konventionen zur intensionalen Semantik gelangen kann, und daß diese lediglich ein Hilfsmittel zur Beschreibung sprachlicher Konventionen ist. Damit wird auch die Verwendung der intensionalen Semantik für p.l. Sprachen sprachphilosophisch gerechtfertigt. Diese Rechtfertigung versagt jedoch für den Fall höherer Sprachtypen, da sich Termen für abstrakte Entitäten nicht direkt ein Bezug zuordnen läßt. Sie lassen sich vielmehr, wie das auch schon im letzten Abschnitt deutlich wurde, nur nach dem Schema der logischen Konventionen, d.h. durch Wahrheitsbedingungen oder -regeln im Satzkontext deuten.

Literaturverzeichnis

Ackermann, W. (52): Widerspruchsfreier Aufbau einer typenfreien Logik, Math. Zeitschrift 55(1952), 364–384 und 57(1953), 155–166.

Adams, E. (70): Subjunctive and indicative conditionals, Foundations of Language 6(1970), 89–94.

Austin, J.L. (62): How to Do Things with Words, Cambridge/Mass. 1962.

Bar-Hillel, Y. (50): On syntactical categories, Journal of Symbolic Logic 15(1950), 1–16.

Bartlett, J. (61): Funktion und Gegenstand, Dissertation, München 1961.

Becker, O. (30): Zur Logik der Modalitäten, Jahrbuch für Philosophie und phänomenologische Forschung 11(1930), 497–548.

Beth, E.W. (59): The Foundations of Mathematics, Amsterdam 1959.

Black, M. (49): Language and Philosophy, Ithaka/N.Y. 1949.

Blau, U. (73): Zur 3-wertigen Logik der natürlichen Sprache, Papiere zur Linguistik (München) 4(1973), 20–96.

Bochenski, I.M. (56): Formale Logik, Freiburg 1956.

Bolker, E. (66): Functions resembling quotients of measures, Transactions of the American Mathematical Society 124(1966), 292–312.

Bolker, E. (67): A simultaneous axiomatisation of utility and subjective probability, Philosophy of Science 34(1967), 333–340.

Carnap, R. (47): Meaning and Necessity, Chicago 1947, ²1956; deutsch: Bedeutung und Notwendigkeit, Wien, 1972.

Chisholm, R.M. (63): Contrary-to-duty imperatives and deontic logic, Analysis 23(1963), 33–36.

Chrisholm, R. (65): Leibniz's law in belief contexts, in A.T. Tymieniecka (Hrsg.): Contributions to Logic and Methodology in Honor of J.M. Bochenski, Amsterdam 1965, 243–250.

Clark, M. (64): Knowledge and grounds: A comment on Mr. Gettier's paper, Analysis 24(1964), 46–48.

Cresswell, M.J. (73): Logics and Languages, London 1973; deutsch: Die Sprachen der Logik und die Logik der Sprache, erscheint in dieser Reihe.

Curry, H.B. (42): The inconsistency of certain formal logics, Journal of Symbolic Logic 7(1942), 115–117.

Danielsson, S. (68): Preference and Obligation, Uppsala 1968.

Davidson, D. (70): Semantics for natural languages, in B. Visentini (Hrsg.): Linguaggi nella società e nella tecnica, Mailand 1970, 177–188.

Feys, R. (37): Les logiques nouvelles des modalités. Revue Néoscolastique de Philosophie 40(1937), 517–553 und 41(1938), 217–252.

Fraassen, B. van (69): Presuppositions, supervaluations, and free logic, in Lambert (69), 67–91.

Fraenkel, A., Bar-Hillel, Y. und Levy, A. (73): Foundations of Set Theory, Amsterdam ^{2}1973.

Frege, G. (92): Über Sinn und Bedeutung, Zeitschrift für Philosophie und philosophische Kritik N.F. 100(1892), 25–50. Abgedr. in Frege: Funktion, Begriff, Bedeutung, hrsg. von G. Patzig, Göttingen 1962.

Gallin, D. (75): Intensional and Higher-Order Model Logic, Amsterdam 1975.

Gettier, E.L. (63): Is justified true belief knowledge?, Analysis 23(1963), 121–123.

Gödel, K. (31): Über formal unentscheidbare Sätze der Principia Mathematica und verwandter Systeme, Monatshefte für Mathematik und Physik 38(1931), 173–198.

Goodman, N. (55): Fact, Fiction, Forecast, London 1955, ^{2}1965.

Grelling, K. und Nelson L. (07): Bemerkungen zu den Paradoxien von Russell und Burali-Forti, Abh. der Fries'schen Schule 2(1907/08), 300–334.

Grice, H.P. (57): Meaning, Philosophical Review 66(1957), 377–388.

Harman, G.H. und Davidson, D. (Hrsg.) (72): Semantics of Natural Language, Dordrecht 1972.

Henkin, L. (50): Completeness in the theory of types, Journal of Symbolic Logic 15(1950), 81–91.

Hintikka, J.J. (61): Modality and quantification, Theoria 27(1961), 110–128.

Hintikka, J.J. (62): Knowledge and Belief, Ithaca/N.Y. 1962.

Hintikka, J.J. (63): The modes of modality, Acta Philosophica Fennica (1963): Modal and many-valued logics, 65–81.

Hintikka, J.J. (69): Epistemic Logic and the Methods of Philosophical Analysis, in Hintikka: Models for Modalities, Dordrecht 1969, 3–19.

Hocutt, M. (72): Is epistemic logic possible? Notre Dame Journal of Formal Logic 13(1972), 433–453

Hughes, G.E. und Cresswell, M.J. (68): An Introduction to Modal Logic, London 1968; deutsch: Einführung in die Modallogik, erscheint in dieser Reihe.

Jeffrey, R.C. (65): The Logic of Decisions, New York 1965. Deutsch: Die Logik der Entscheidungen, München 1967.

Kanger, S. (57): Provability in Logic, Stockholm 1957.

Karp, C.R. (64): Languages with Expressions of Infinite Length, Amsterdam 1964.

Kneale, W. und M. (62): The Development of Logics, Oxford 1962.

Koopman, B.O. (40): The axioms and algebra of intuitive probability, Annals of Mathematics 41(1940), 269–292.

Krantz, D.H., Luce, R.D., Suppes, P. und Tversky, A. (71): Foundations of Measurement, New York 1971.

Kripke, S. (59): A completeness theorem in modal logic, Journal of Symbolic Logic 24(1959), 1–14.

Kripke, S. (63a): Semantical analysis of modal logic I, normal propositional calculi, Zeitschrift für mathematische Logik und Grundlagen der Mathematik 9(1963), 67–96.

Kripke, S. (63b): Semantical considerations on modal logics, Acta Philosophica Fennica (1963): Modal and Many-Valued Logics, 83–94.

Kripke, S. (65): Semantic analysis of modal logic II, non-normal modal propositional calculi, in: J.W. Addison, L. Henkin und A. Tarski (Hrsg.): The Theory of Models, Amsterdam 1965, 206–220.

Kripke, S. (70): Naming and Necessity, in Harman und Davidson (72), 253–355.

Kutschera, F. v. (64): Die Antinomien der Logik, Freiburg 1964.

Kutschera, F. v. (67): Elemantare Logik, Wien 1967.

Kutschera, F. v. (69): Ein verallgemeinerter Widerlegungsbegriff für Gentzen-Kalküle, Archiv für mathematische Logik und Grundlagenforschung 12(1969), 104–118.

Kutschera, F. v. und Breitkopf, A. (71): Einführung in die moderne Logik, Freiburg 1971.

Kutschera, F. v. (71): Sprachphilosophie, München ^{1}1971, ^{2}1975.

Kutschera, F. v. (73): Einführung in die Logik der Normen, Werte und Entscheidungen, Freiburg 1973.

Kutschera, F. v. (75): Epistemic interpretation of conditionals, in A. Kasher (Hrsg.): Language in Focus: Foundations, Methods and Systems, Dordrecht 1976, 487–501.

Kutschera, F. v. (75a): Normative Präferenzen und bedingte Obligationen, in H. Lenk (Hrsg.): Normenlogik, Pullach b. München 1975, 137–165.

Kutschera, F. v. (75b): Semantic Analyses of normatice concepts, Erkenntnis 9(1975), 195–218.

Kutschera, F. v. (75c): Partial interpretations, in E. Keenan (Hrsg.): Formal Semantics of Natural Language, Cambridge 1975, 156–174.

Kutschera, F. v. (76): Conventions of Language and intensional semantics, Theoretical Linguistics 2(1975), 255–283.

Lambert, K. (Hrsg.) (69): The Logical Way of Doing Things, New Haven/Conn. 1969.

Lambert, K. (Hrsg.) (70): Philosophical Problems in Logic, Dordrecht 1970.

Lenzen, W. (76): Recent work in epistemic logic, erscheint in American Philosophical Quarterly.

Lewis, C.I. und Langford, C.H. (32): Symbolic Logic, New York 1932.

Lewis, D. (68): Counterpart theory and quantified modal logic, Journal of Philosophy 65(1968), 113–126.

Lewis, D. (69): Convention, Cambridge/Mass. 1969.

Lewis, D. (70): General semantics, Synthese 22(1970), 18–67.

Lewis, D. (71): Counterparts of persons and their bodies, Journal of Philosophy 68(1971), 203–211.

Lewis, D. (73): Counterfactuals, Oxford 1973.

Lewis, D. (73a): Causation, The Journal of Philosophy 70(1973), 556–567.

Montague, R. (70): Universal grammar, Theoria 36(1970), 373–398. Deutsche Übersetzung mit Kommentar von H. Schnelle, Braunschweig 1972.

Quine, W.V. (51): Two dogmas of empiricism, Philosophical Review 60(1951), abgedr. in Quine (64).

Quine, W.V. (53): Reference and Modality, in Quine (64), 139–159.

Quine, W.V. (64): From a Logical Point of View, Cambridge/Mass. ^{2}1964.

Scott, D. (70): Advice on modal logic, in K. Lambert (70), 143–173.

Schütte, K. (60): Beweistheorie, Berlin 1960.

Searle, J.R. (69): Speech Acts, Cambridge 1969.

Stalnaker, R.C. (68): A theory of conditionals, in N. Rescher (Hrsg.): Studies in Logical Theory, Oxford 1968.

Stalnaker, R.C. und Thomason, R. (70): A semantic analysis of conditional logic, Theoria 36(1970), 23–42.

Stegmüller, W. (59): Unvollständigkeit und Unentscheidbarkeit, Wien 1959.

Tarski, A. (44): The semantic conception of truth and the foundations of semantics, Philosophy and Phenomenological Research 4(1944), 341–375.

Wittgenstein, L. (53): Philosophische Untersuchungen, hrsg. von G. Anscombe und R. Rhees, Oxford 1953.

Woodruff, P.W. (70): Logic and truth-value gaps, in Lambert (70), 121–142.

Wright, G.H. von (51): An Essay in Modal Logic, Amsterdam 1951.

Stichwortverzeichnis

Verzeichnis der Symbole

Objektsprachliche Symbole

Formallogische Symbole

$\neg$	nicht (D1.2-1d)
$\wedge$	und (D1.1-2b)
$\vee$	oder (D1.1-2a)
$\supset$	wenn – dann (D1.2-1c)
$\equiv$	genau dann, wenn (D1.1-2c), Identität (D6.2-2).
$\bigwedge$	für alle Dinge (D1.2-1f)
$\bigvee$	es gibt ein Ding (D1.1-2d)
$\bigwedge.$	für alle existierenden Dinge (D1.7-1a)
$\bigvee.$	es gibt ein existierendes Ding (D1.7-1b)
$=$	ist identisch mit (D1.5-2)
$\neq$	ungleich (D1.5-1)
ι	dasjenige Ding (D1.6-2)
$\iota.$	dasjenige existierende Ding (D1.7-1c)
E	existiert (1.7)
$\bigvee^{=1}$	es gibt genau ein Ding (D1.6- 1)
$\bigvee.^{=1}$	es gibt genau ein existierendes Ding (D1.7-1d)
$+$	Adjunktion disjunkter Propositionen (4.4)
λ	Funktionalabstraktion (D6.3-2)
μ	Intensionsbildender Operator (D6.3-2)
δ	Extensionsbildender Operator (D6.3-2)
η	Bedeutungsbildender Funktor (7.4)

Modallogische Symbole

N	Notwendigkeit (D2.4-1, D3.2-1d, D4.3-2, D4.4-7, D5.2-1, D5.3-2b, D6.3-3a)
M	Möglichkeit (D2.2-3, D3.2-1c)
C	Kontingenz (D2.2-3b)
$\dot{\supset}$	strikte Implikation (D2.2-3c)
$\dot{\equiv}$	strikte Äquivalenz (D2.2-3d, D6.3-3b)
K	Bedingte Notwendigkeit (D3.2-1b, D3.2-2)
L	Bedingte Möglichkeit (D3.2-1a, c)

K_s Starke bedingte Notwendigkeit (D3.3-1)
G starker Glauben (D4.2-2, D4.3-3, D4.3-4, D4.4-8a)
G^+ schwacher Glauben (D4.4-4, D4.4-8b)
W Wissen (D4.2-1, D4.3-1)
$\leqslant$ komparative Möglichkeit (D3.4-4a)
$\leqslant.$ komparative Wahrscheinlichkeit (D4.4-2, D4.4-5, D4.4-6), Güte (D5.3-1), Analytizität (D7.2-6)
O Gebotensein (D5.1-3, D5.3-2a)
V Verbotensein (D5.1-1a, D5.1-2a)
E Erlaubtsein (D5.1-1b, D5.1-2b)
I Indifferentsein (D5.1-1c, D5.1-2c)
P ist gut (D5.1-5a, b)
S ist schlecht (D5.1-4a)
J ist indifferent (D5.1-4b)

Metasprachliche Symbole

Objektsprachliche formallogische Symbole werden auch als metasprachliche Symbole verwendet.

:= Definitorische Gleichheit
$\vdash$ Ableitbarkeit, bzw. Beweisbarkeit (1.3)
$\rightarrow$ (gültiger) Schluß (D1.2-3, D2.4-4)
A[a] Substitution von a für * in A[*] (1.1, 7.4)
$\Phi' \underset{a}{=} \Phi$ Die Interpretation Φ und Φ' stimmen überein bis auf höchstens die Werte $\Phi'(a)$ und $\Phi(a)$ (D1.2-1, D2.4-1)
[A] Die Proposition, daß A (D3.2-2)

Mathematische Symbole

$\langle a_1, \ldots, a_n \rangle$ das n-tupel mit den Gliedern $a_1, \ldots, a_n$
$\cup$ Klassenvereinigung
$\cap$ Klassendurchschnitt
$\bigcup$ große Vereinigung
$\bigcap$ großer Durchschnitt
$\subset$ Inklusion
A^n n-te Cartesische Potenz von A
$\boldsymbol{P}(A)$ Potenzmenge von A
$+$ Vereinigung disjunkter Mengen
$\in$ Elementschaftsrelation
$\{a\}$ Einermenge mit dem Element a
Λ Die leere Menge
$\{x{:}...x...\}$ Klasse der x mit der Eigenschaft ...x...